지금 살아남은
승자의
이 유
먹히는 브랜드의 비밀

지금 살아남은 승자의 이유

먹히는 브랜드의 비밀

1판 1쇄 인쇄 2022. 9. 13
1판 1쇄 발행 2022. 9. 20

지은이 김영준

발행인 고세규
편집 박완희·심성미 디자인 지은혜 마케팅 박인지 홍보 이한솔
발행처 김영사
등록 1979년 5월 17일(제406-2003-036호)
주소 경기도 파주시 문발로 197(문발동) 우편번호 10881
전화 마케팅부 031)955-3100, 편집부 031)955-3200 | 팩스 031)955-3111

값은 뒤표지에 있습니다.
ISBN 978-89-349-4406-5 03320

좋은 독자가 좋은 책을 만듭니다.
김영사는 독자 여러분의 의견에 항상 귀 기울이고 있습니다.

홈페이지 www.gimmyoung.com   블로그 blog.naver.com/gybook
인스타그램 instagram.com/gimmyoung   이메일 bestbook@gimmyoung.com

김영준 지음

지금 살아남은 승자의 이유

먹히는 브랜드의 비밀

김영사

모든 경쟁의 원리는 반복된다

모든 기업의 경쟁은 반복된다. 미국의 대호황기였던 19세기 말 '도금시대The Gilded Age'의 철강·석유 기업부터 21세기의 빅테크 기업에 이르기까지. 시대와 산업, 취급하는 상품은 서로 달라도 기업들이 벌이는 경쟁의 양상과 방식은 대체로 비슷하게 반복되어 왔다. 상품을 만드는 방식은 달라도, 경쟁에서 이기기 위해 전략을 세우고 의사결정을 내린다는 기본 원리는 동일하기 때문이다. 여기서 많은 이가 간과하는 부분은 전략 수립과 의사결정은 외부 상황에 영향을 받는다는 사실이다.

포커를 예로 들어보자. 포커는 단순히 설명하자면 각 플레이어가 두 장의 카드를 받고 이후 바닥에 공개되는 카드와 조합하면서 패를 만들어 승부를 겨루는 게임이다. 이 때문에 포커의 핵심이 '더 좋은 패를 만드는 것'이라고 생각하기 쉽다. 하지만 진짜 핵심은 '상대방의 패를 예측함과 동시에 상대방의 예측에 어떻게 대응할지 결정하는 것'이다. 내가 아무리 좋은 패를 가지고 있다고 해도, 상대방이 이를 알아차렸다면 크게 이기지 못한다. 마찬가지로 내 패가 아무리 좋아도, 상대방의 패를 제대로 예측하지 못한다면 질 수 있다. 이는 포커가 혼자 하는 게임이 아니라 상대 플레이어가 존재하는 게임이기 때문이다. 그래서 나의 패에만 초점을 두지 않고 상대방의 관점에서 예측하고 대응하는 것이 중요하다.

포커뿐 아니라 경쟁에서의 전략 수립과 의사결정은 상호성에 바탕을 둔다. 결정 당시에 주어진 조건과 상황도 전략 수립과 의사결정에 매우 큰 영향을 준다.

전작인 《멀티팩터: 노력으로 성공했다는 거짓말》에서 중국의 사드 보복에 따른 코스메틱 시장의 변화와 그에 대한 LG생활건강과 아모레퍼시픽의 대응 방식에 관해 쓴 바 있다. 코스메틱 업계 만년 2위였던 LG생활건강은 중국의 사드 보복 이후 적극적인 대응을 통해 아모레퍼시픽을 추월했다. 그 대응이란 화장품 소비층의 중심이 유커遊客(중국인 관광객)에서 따이공代购(보따리상)으로 바뀜에 따라, 따이공에게 더 많은 물량을 공급하고 타오바오淘宝网 등의 중간도매상들과 적극적으로 접촉하여 매출을 늘리는 것이었다.

이걸 두고 LG생활건강은 변화하는 시장 환경에 적극적으로 대응했으나 아모레퍼시픽은 그러지 못했기 때문에 추월이 발생했다는 분석이 있다.

하지만 이러한 전략과 선택은, 중국 현지 유통망이 상대적으로 취약하고 특정 브랜드에 한해서만 강한 경쟁력을 가졌던 LG생활건강이기에 할 수 있는 것이었다. 반대로 아모레퍼시픽은 중국에 독자적인 유통망을 구축한 상태였고 저가부터 고가까지 브랜드 라인을 폭넓게 갖추고 관리하는 상태였다. 그래서 자사의 유통망에 해가 되고 브랜드 관리에서 문제가 될 수 있는 따이공과 현지 중간도매상을 통한 판매 방식에 소극적일 수밖에 없었다.

그때 이 두 기업의 전략과 의사결정에 관한 이야기를 마무리하며 '현 시장에 최적화된 LG생활건강도 향후 시장이 급변할 때 어떤 결과를 얻을지 모른다'라고 썼는데, 지금 그러한 일이 벌어지고 있다. 2021년 여름 이후로 LG생활건강의 주가는 계속 하락하고 있다. 그 이유는 중국 시장의 매출이 무너지고 있기 때문이다. 코로나19 팬데믹과 중국의 제로 코로나 정책은 중국 코스메틱 시장의 성장 둔화를 불러왔다.

이러한 상황에서 따이공들은 LG생활건강에 할인율을 높여달라고 요청했고, 브랜드 이미지 하락을 우려한 LG생활건강은 이를 거절했다("LG생활건강, 부메랑이 된 '따이공 전략', 하루 새 시총 2.3조 증발", 〈한국경제〉, 2022.1.10). 그러자 따이공들은 LG생활건강을 외면하기 시작했고 그 결과 안 그래도 어려운 상황에서 더욱 큰 어려움에 직면하게 된 것이다.

그동안 LG생활건강이 고속 성장을 이룬 요인으로 잘 분산된 사업 포트폴리오가 주로 언급되었다. 코스메틱 사업뿐 아니라 코카콜라 보틀링과 같은 음료 사업과 세제, 치약 등 생활소비재 사업이

있기에 한 사업 부문이 흔들려도 다른 부문이 지탱해준다는 것이
다. 하지만 지금의 주가 하락 상황에서 잘 분산된 사업 포트폴리오
는 강점이 아니라 약점이 되었다. LG생활건강의 주가가 높았던 당
시의 PER(주가수익률)은 약 34배로, 화장품 업계의 PER인 32배보
다 높게 평가받는 편이었다. 하지만 2022년 5월 기준 LG생활건강
의 PER은 약 17배로, 코스메틱 산업 대비 PER이 낮은 음료 사업
과 생활소비재 사업이 주가를 더 떨어뜨리는 현상이 나타났다.

　한 시기의 강점은 언제든지 약점으로 바뀔 수 있다. 현재의 LG
생활건강이 대표적인 예다. 몇 년 전만 하더라도 성공적인 대응이
자 전략으로 여겨지던 것이 지금은 취약점으로 바뀐 것이다. 때문
에 LG생활건강은 코스메틱 분야에서 중국 시장 수출의존도를 줄
이고 미국 시장을 키우려 하고 있다. 이것이 앞으로 어떠한 영향을
미칠지는 향후 시장이 어떠한 방향으로 변화하는가에 달렸다.

　이것이 경쟁이다. 기업 분석에 있어 경쟁의 상호성, 그리고 의사
결정 당시의 상황과 조건이란 요소를 배제해버리면 우리는 그 기
업의 성공이나 실패, 더 나아가 경쟁을 제대로 이해하지 못하게 된
다. 모든 경쟁에는 경쟁자가 존재하는 법인데, 경쟁자의 존재를 빼
버린다면 절반의 정보만 남는다. 이래서는 경쟁을 제대로 조망하
고 분석하기 어렵다. 경쟁자의 존재 없이 한 기업의 내부적 관점에
서만 바라볼 경우, 우리는 결과를 이미 알고 있기에 특정 기업과
경영자가 훌륭했다는 결론으로 끝나기 쉽다. 특정 상대가 훌륭했

다는 것을 아는 것이 과연 우리에게 어떤 도움이 될까?

우리가 성공 사례에 주목하는 이유는 교훈을 얻고 그 성공을 복제하길 원해서다. 하지만 아쉽게도 상당수의 책이나 콘텐츠는 특정 기업의 관점을 다루는 선에서 그친다. 이러한 자료도 좋은 자료이고 도움이 되지만, 기업과 산업을 제대로 이해하기엔 부족하다. 그래서 기업이 아닌, 기업이 벌이는 경쟁이란 상황에 초점을 맞추어 살펴볼 필요가 있다. 시대가 다르고 산업이 다를 수는 있어도 경쟁의 원리는 다양한 양상으로 반복되기 때문이다.

나는 2021년부터 MBC의 유튜브 채널 '14F'에서 〈돈슐랭〉이란 코너를 진행 중이다. 식품을 만들어 파는 기업과 브랜드, 그리고 관련 경제 현상을 주로 다루고 있지만, 그렇다고 해서 〈돈슐랭〉을 브랜드 스토리 콘텐츠라고 생각하진 않는다. 유튜브에도 브랜드를 다루는 콘텐츠는 이미 많았기에 그것들과는 다른 차별화를 추구했다. 내가 잡은 방향은 결국 개별 기업이나 브랜드가 아닌, 그들이 얽히고설키는 경쟁 그 자체였다. 이 책을 쓰면서 브랜드 그 자체보단 경쟁 상황에서 각 기업과 브랜드가 어떻게 대처하는지에 초점을 두었다.

이 책의 핵심 주제는 경쟁이다. 경쟁에서 기업들은 어떠한 선택을 내리며, 왜 그렇게 행동했는가에 좀 더 포커스를 두었다. 그리고 의사결정 당시의 상황과 조건에 주목하고, 그러한 선택이 내려진 맥락을 이해하고, 이를 바탕으로 선택과 전략에 관해 이야기하고자 했다.

　개인과 기업을 막론하고 우리는 모두 경쟁을 해야 하는 상황에 노출되어 있으며, 경쟁에서 생존하기 위해 최선을 다한다. 그렇다면 치열한 생존 경쟁에서 우리는 어떻게 해야 할까? 다양한 경쟁 사례를 살펴봄으로써 그 해답을 찾을 수 있을 것이다.

　모든 경쟁의 원리는 반복되기 때문이다.

2022년 9월

김영준

PART

1

—

경쟁하는 기업가

훌륭한 기업가란 어떤 기업가일까? 기업가란 표현이 잘 와닿지 않는다면 리더로 바꿔서 생각해봐도 좋다. 아마 자신이 생각하는 이상적인 리더의 요소가 머릿속에 떠오를 것이다. 구성원들의 의견을 잘 조율하면서도 부드러운 리더십으로 남들을 따르게 만들고, 직원들에 대한 비판에 조심하는 등 도덕적으로도 흠잡을 데 없으면서도 사회와 환경에 매우 큰 관심을 가지고 기여하는 훌륭한 인간의 모습에 가까울 것이다. 그런데 잘 생각해보자. 이 모습이 수행을 많이 쌓은 성인의 모습과 얼마나 차이가 나는가? 그렇다면 질문을 바꿔보자. 경쟁에서 이기는 기업가는 어떤 모습의 기업가인가? 아마 앞서 떠올린 이상주의적 기업가와는 조금 다른 모습을 떠올릴 확률이 높을 것이다.

실제로도 그렇다. 승부사의 대명사인 마이클 조던은 팀에 승리를 불러오는 리더지만 팀 내에서는 폭군처럼 행동한 것으로 유명하다. 2010년대까지 기업가의 이상향처럼 추구되던 스티브 잡스 또한 폭군에 가까웠다. 애플 복귀 이후엔 많이 유해졌다지만 과거에 비해서인 거지 여전히 폭군의 면모를 가지고 있었다.

넷플릭스의 공동 창업자였던 마크 랜돌프가 쓴 《절대 성공하지 못할 거야》를 살펴보면 공동 창업자이자 현 CEO인 리드 헤이스팅스는 냉혹하면서도 타인의 감정을 이해하는 데 서투르다.[1] 엄청난 자선가이자 현인 같은 이미지를 가진 빌 게이츠 또한 이런 이미지를 얻게 된 시점이 마이크로소프트가 반독점법의 철퇴를 맞고 CEO 자리를 스티브 발머에게 물려준 이후였다. 그리고 반독점법의 철퇴를 맞게 된 계기는 그가 마이크로소프트의 시장 지배력을 이용하여 수단과 방법을 가리지 않고 넷스케이프 같은 경쟁자를 압박했기 때문이었다.

모든 기업가가 이러한 이미지를 가진 것은 아니지만 우리가 기업가라고 하면 떠올릴 만한 인물 대다수는 이러한 이미지다. 바로 이 때문에 진보 성향의 사람들은 기업가를 무자비하고 비도덕적인 사람으로 바라보는 경향이 있으며, 반대로 보수 성향의 사람들은 영웅적 존재로 바라보는 경향이 있는 것이다. 현실은 언제나 양극단의 가운데에 있음을 생각한다면 양쪽 시각 모두 기업가의 진짜 모습을 어느 정도 반영하면서도 왜곡했다고 볼 수 있다.

그렇다면 기업가는 왜 그런 모습을 하게 되었을까? 또 경쟁하는 기업가는 무엇이 다를까? 이러한 내용을 최근 몇 년 동안 가장 논란이 많았던 기업과 경영자의 사례를 통해 알아보고자 한다.

성공에 필요한
고유의 자질이 있을까?

브 랜 드   #남양유업 #서울우유 #매일유업 #파스퇴르유업

주 제 어   #노이즈 마케팅 #네거티브 마케팅

2021년 4월 13일, 서울 중구 LW컨벤션 센터에서 '코로나 시대의 항바이러스 식품 개발 심포지엄'이 열렸다. 평소라면 주목받지 못했을 이 행사는 한 발표 덕분에 엄청난 유명세를 치렀다. 남양유업 항바이러스면역연구소장이 불가리스가 "인플루엔자바이러스를 99.999퍼센트까지 사멸하는 것을 확인했고, 코로나바이러스 억제 효과 연구에서도 77.8퍼센트 저감 효과를 보였다"[2]라고 주장한 것이다. 당시 강도 높은 사회적 거리두기가 5개월째 이어지고 있었고, 그로 인한 사람들의 피로감도 매우 높았기에 이 발표 내용은 금세 장안의 화제로 떠올랐다.

반응은 주식시장에서부터 즉각적으로 나타났다. 그날 35만 원에서 시작해 약보합세를 유지하던 남양유업의 주가는 장 마감을 20분 남긴 3시 10분부터 급등하기 시작해 38만 원에 마무리되었다. 단 20분 동안 10퍼센트가 오른 것이다. 그다음 날인 14일에는 44만 5천 원에서 시작해 잠깐이지만 48만 9천 원까지 상승했다.

만약 여러분이 13일에 남양유업 주식을 사서 14일 개장 초반에 팔았다면 단 하루 만에 약 40퍼센트의 수익률을 거둘 수 있었다는 뜻이다. 이러한 격렬한 반응은 주식시장에만 그치지 않았다. 코로나바이러스 억제 효과를 기대한 소비자들이 몰리면서 곳곳에서 불가리스 품절 사태가 벌어지기도 했다.

이러한 현상은 곧바로 엄청난 논란을 불러일으켰다. 식약처에 문의 전화가 폭주했고, 질병관리청은 '사람을 대상으로 한 연구'가 아니라며 남양유업의 연구 결과에 반박했다. 바이러스 자체에 불가리스를 넣은 실험을 근거로 코로나바이러스 억제 효과를 주장하는 것도 어이없지만(혈관에 불가리스를 주입하면 바이러스가 먼저 죽을까? 사람이 먼저 죽을까?) 이 연구의 발표자가 남양유업의 임원이란 점이 많은 사람을 헛웃음 짓게 만들었다.

식약처는 남양유업을 식품표시 광고법 위반으로 고발했고, 불가리스를 생산하는 남양유업 세종 공장은 영업정지 2개월 처분을 받았다. 이는 다시 한번 남양유업 제품 불매 운동으로 이어졌다. 이 사건이 바로 여러분도 알고 있는 '불가리스 사태'다. 홍원식 남양유업 회장이 사퇴를 선언하고 오너 일가의 지분을 모두 매각하겠다고 나서자 겨우 진정될 정도로 사회적인 파장이 거셌다.

여기서 관전 포인트는 남양유업 주가가 홍원식 회장의 사퇴 기자회견 당일 10퍼센트 오르고, 한앤컴퍼니(한앤코)의 남양유업 인수 발표 이틀 만에 59퍼센트 급등했다는 점이다. 그동안 사람들이 남양유업과 오너 일가를 어떻게 인식하고 있었는지를 잘 보여주는 사례다.

하지만 남양유업을 둘러싼 잡음은 여기서 끝나지 않았다. 홍원식 회장은 한앤코와 주식 매매 계약을 체결하고도 계약 이행을 지연했고, 결국 거래 종결 예정일에 약속 장소에 나타나지 않으며 '노쇼 논란'을 일으켰다. 계약 파기가 법정 공정으로 이어졌음은 물론이다.

지금까지(2022년 초) 밝혀진 바에 따르면, 현재 벌어지고 있는 논란의 핵심은 '홍원식 회장의 남양유업 고문직 보장, 백미당 분사 및 오너 일가에 대한 임원진 예우'다. 홍 회장 측은 이를 포함한 별도의 합의가 매각의 전제조건이라고 말하지만, 한앤코 측은 이러한 내용을 담은 별도 계약서를 본 적이 없다고 주장한다. 그러나 남양유업이 매물로 나온 원인이 경영 쇄신임을 고려하면 이러한 조건은 한앤코에서 받아들이기 어렵다.

한앤코와 분쟁이 발생하자 홍원식 회장은 대유위니아와 손잡고 '한앤코에 승소 시 매각'이라는 조건부 매매 계약을 체결했다. 이에 한앤코는 홍 회장을 상대로 총 3회의 '의결권 행사 금지' 가처분 소송을 걸었고 모두 승소한 상태다. 계약금을 날리게 된 대유위니아까지 소송을 걸면서 홍원식 회장은 양면 전쟁을 치러야 하는 상황에 빠졌다. 연이은 사태는 소비자와 투자자를 비롯한 자본시장 참가자 모두에게 충격을 안겼다.

　남양유업은 매출로나 시가총액으로나 우리나라 500대 기업에 속하는 큰 기업이다. 다양한 브랜드와 상품군을 갖추고 있어 국내 소비자라면 누구나 아는 기업이기도 하다. 그런 기업이 상식 밖의 행보를 연거푸 보인 것이다. 혹자는 "남양이 또 남양했다"라고 표현하기도 한다. 2013년 '대리점 상품 강매 사건' 때부터 거듭된 논란의 연장선에서 불가리스 사태를 바라보는 것이다. 이러한 관점은 틀리지는 않았지만 제대로 된 것도 아니다. 이걸로는 설명되지 않는 부분이 있다.

　기업의 성공 스토리를 다루는 콘텐츠는 일반적으로 기업 내부의 '훌륭한 요소'에 집중한다. 그중에서도 특히 사업 방향과 조직문화를 좌우하는 경영자의 리더십에 주목한다. 그렇다면 홍원식 회장이 불러일으킨 일련의 사태는 어떻게 이해해야 할까?

　논란의 중심인 그가 남양유업의 최대 리스크라는 것이 공통된 시각이다. 하지만 홍원식 회장이 그토록 형편없는 경영자라면 남양유업은 어떻게 국내 1위 유업 브랜드 타이틀을 차지할 수 있었을까? 많은 사람이 간과하는 사실이지만 그는 치열한 경쟁 끝에 남양유업을 업계 1위로 키운 인물이기도 하다. 그렇다면 이전까지 더없이 유능했던 기업가가 2010년대부터 갑자기 딴사람이 된 것일까? 남양유업의 경영진에게 심각한 문제가 있다면 왜 다른 훌륭한 기업들은 남양유업에 밀렸던 것일까?

　이 질문에 대한 답은 남양유업이 속한 유업계의 경쟁을 돌이켜

봐야 알 수 있다.

남양유업의 탄생

남양유업의 탄생은 1954년으로 거슬러 올라간다. 남양유업의 전신인 남양상사는 홍두영·홍선태 형제가 비료 수입업을 하던 곳이다. 당시 국내의 주요 산업이 농업이었던 만큼 농업 산출량을 늘려주는 비료 수입업은 대단히 유망한 업종이었다. 그런데 비료 수입 업체가 왜 갑자기 유업에 뛰어든 것일까? 바로 1962년에 기습적으로 시행된 화폐개혁 때문이었다. 구권의 거래가 사실상 막혀버린 데다 신권이 충분히 풀리지 않자 현금 부족 현상이 벌어졌다. 보유한 현금이 많은 가계에는 큰 문제가 발생하지 않았지만, 현금 나갈 곳이 많은 기업은 치명적인 타격을 받았다. 다른 기업과 마찬가지로 부채액이 폭증한 남양상사는 결국 부도를 맞는다(이때의 뼈저린 경험으로 인해 홍두영 회장은 남양유업 설립 이후 무차입 경영을 선언했고, 홍원식 회장도 아버지의 경영 기조를 이어받았다. 이로 인한 탄탄한 재무구조는 한앤코가 남양유업 인수를 결정한 요인 중 하나로 평가받는다).

그러나 완전히 망한 것은 아니었다. 1963년 정부가 축산 진흥 5개년 계획을 발표하자 홍두영 회장은 축산 선진국인 일본, 미국, 덴마크를 방문하여 유아용 조제분유(이하 분유)란 신규 아이템을 발굴해냈고 이것이 남양유업의 첫 상품이 되었다.

　지금의 분유는 1865년 독일인 화학자 유스투스 폰 리비히가 개발한 이유식의 상품화 버전이다. 분유 산업은 1868년 앙리 네슬레의 분유 출시를 기점으로 본격적으로 성장하기 시작했다. 산업혁명 후기에는 여성 노동자가 늘어났는데, 그중에는 영아인 자녀를 둔 여성도 많았다. 열악한 노동환경으로 인해 모유 수유가 어려워 고민하던 엄마들에게 분유의 등장은 일대 혁신이었다. 출시 초기에는 높은 가격 때문에 아이가 아플 때 먹이는 비상 식품 정도로만 쓰였지만, 시간이 지나 대량 생산체제가 완전히 자리를 잡으면서 아이를 키우는 가정의 필수품이 되었다.

　이러한 분유의 등장 및 보급 배경을 염두에 두면, 1960년대 한국의 사회 분위기는 19세기 말에서 20세기 초로 이어지는 유럽과 유사했다. 산업화로 성장하는 도시, 도시로 몰려드는 인구, 높은 출산율, 위생 조건 개선과 의학 기술 발전으로 낮아지는 영아 사망률… 국내에서도 분유 산업이 성장하기 좋은 환경이 형성되었다. 더군다나 축산낙농업은 당시 정부에서 정책적으로 밀어주던 산업이었다.

　이러한 상황 속에서 1964년 남양유업이 설립되었다. 창업 초기부터 농림부(현 농림축산식품부)의 외화 배정 추천에 선정되어 15만 달러를 지원받아 원유 생산 공장을 지으면서 비교적 순조롭게 출발했으나, 외화 배정 과정에서 특혜 논란에 휩싸이기도 했다. 지금이야 돈만 있으면 얼마든지 달러를 살 수 있지만, 당시에는 달러

자체가 매우 귀했기 때문에 정부가 기업들에 달러를 구매할 수 있게 할당을 내려줘야 살 수 있었다. 이러한 상황에서 이미 분유를 생산하는 기업이 아닌, 이제 갓 설립된 남양유업이 선정되었기에 논란이 생긴 것이다.[3] 이는 남양상사의 부도에도 불구하고 홍두영 회장의 업계 영향력이 건재했음을 추정케 한다.

홍두영 회장의 권력과 재력은 1960년대에 해외여행을 다녀왔다는 사실만으로도 드러난다. 당시는 여권이 제한된 목적으로만 발급되었고, 여행 경비 또한 지금과 비교할 수 없을 정도로 엄청났다. 홍두영 회장이 보통 사람은 아니었던 것이다. 남양유업은 1967년 남양분유를 출시하며 국내 분유 시장에 정식 데뷔했다.

그런데 이때 국내 분유 시장은 주인 없는 공터가 아니었다. 강력한 선두주자 서울우유가 군림하고 있었다. 1937년 경성우유동업조합으로 출발해 1961년 서울우유협동조합으로 재편된 이래 전국 최대 규모의 우유 생산망과 유통망을 갖춘 곳이었다. 우유에 이어 1963년엔 연유, 1964년엔 버터, 1965년엔 분유까지 사업 범위를 넓혔는데, 서울우유의 분유는 면세 제품에 포함돼 가격이 매우 저렴했다.[4] 한마디로 사업 규모, 시장 진입 시기, 가격 경쟁력 등에서 남양유업보다 앞서 있었다.

하지만 남양유업은 이러한 불리한 조건에도 불구하고 서울우유와의 일대일 시장 점유율 대결에서 1974년 6 대 4로 첫 승리를 거두고 추월에 성공했다. 남양유업은 어떻게 서울우유의 벽을 넘을 수 있었을까?

정확한 분석을 위해서는 시대적 배경과 경쟁사의 상황인 '외부 요인'과 기업의 역량과 전략에 해당하는 '내부 요인'을 동시에 봐야 한다. 외부 요인을 먼저 살펴보자.

첫째로 당시 서울우유는 오랜 내홍을 겪고 있었다. 1961년 조직을 개편한 이후 임원 간의 파벌 싸움이 극에 달하면서 비효율적인 경영과 자금난이 일상화되었다.[5] 이에 더해 조합장을 비롯한 내부 구성원의 횡령이 이어지자 1960년대 후반부터 1970년대 초반까지 서울우유는 경영 마비 상태에 빠졌다.[6]

둘째로 서울우유가 자랑하던 전국 대리점 유통망도 1970년대 중반 손실 영업점 정리 등 구조조정을 거치며 활기를 잃었다. 이해 관계가 서로 다른 조합원들의 합의를 통해 운영되는 협동조합은, 오너가 의사결정권을 독점한 사기업에 비해 사업 추진력이 약하기 마련이다. 그런데 조합 전체가 협동 의지를 잃고 마비되니 서울우유는 남양유업의 공세에 전혀 대응할 수 없었던 것이다.

외부 요인에 더해 남양유업의 내부 요인도 훌륭했다. 첫째로 서울우유보다 남양우유의 분유가 비싼 이유를 소비자에게 설득시키기 위해 고급화 전략을 사용했다. 덴마크 업체와의 기술 제휴로 만든 (서울우유 분유보다 품질이 뛰어난) 고급 분유로 이미지 메이킹을 한 것이다.

둘째로 임산부와 수유기 엄마들에게 남양분유를 알리고 판매하기 위해 전국의 산부인과와 소아과에 영업사원들을 보냈다. 지금이야 분유 업체의 병원을 대상으로 한 방문판매가 법으로 금지되어 있지만, 규제 등장 이전에는 매우 성행했다. 이것이 프리미엄 마케팅과 맞물려 아이에게 더 좋은 음식을 먹이고 싶어 하는 부모에게 어필된 것이다.

1960년대에 벌써 프리미엄 마케팅을 활용한 점에서 알 수 있듯이 남양유업은 이미지가 매우 중요하다는 것을 알고 있었다. 남양유업의 이미지 메이킹 전략을 대표하는 또 다른 사례는 '남양분유'와 '우량아'를 결합한 과대선전이다. 영양실조가 만연하던 1950~1970년대에는 각 지자체에서 주관한 '우량아 선발대회'가 국민적인 인기를 끌었다. 남양유업에서는 이를 이용해 '1969년 서울시 우량아 선발대회에서 입상한 최우량아 전부가 남양분유를 먹고 자랐다'라는 내용의 신문 광고를 냈다.[7] 그러나 이는 허위 광고였고, 경고 조치를 받고도 다시 광고를 집행하다가 결국 서울시에 고발당하기까지 했다.[8] 이는 달리 말하면 법적 리스크를 감수해도 좋을 만큼 우량아 연계 마케팅이 효과를 발휘했다는 뜻이다. 남양유업은 1972년부터는 아예 MBC와 손잡고 '전국 우량아 선발대회'를 공동 주최하며 홍보 활동을 이어갔다.

여러모로 남양유업은 서울우유보다 훨씬 기민하고 전략적이었다. 1970년대 초반 정부의 분유 가격 억제 정책으로 프리미엄 마케팅에 제동이 걸렸을 때는 발 빠르게 신제품을 개발해 구제품을 대체했다. 단일 상품에 의존하지 않고 다양한 소비자를 타 깃으로 신상품을 거듭 출시하며 사업 규모를 확장해갔다. 이러한 차별점을 저력 삼아 후발주자인 남양유업은 분유 시장에서 정통 강자를 추월하고 새로운 일인자로 떠올랐다. 출산 붐을 타고 1960~1980년대에 분유 시장 전체가 어마어마하게 성장하면서, 이 시장의 지배자였던 남양유업도 거대기업으로 성장해나갔다. 하지만 엄밀히 따지자면 그때까지 남양유업은 제대로 된 경쟁자를 맞닥뜨린 적이 없었다. 그리고 한국낙농이라는 강력한 맞수가 등판하면서 분유를 둘러싼 경쟁은 제2 라운드를 맞게 된다.

분유 경쟁 제2 라운드

한국낙농은 1969년 농어촌개발공사(현 한국농수산식품유통공사, 이하 농개공)에서 설립한 자회사다. 사업 목적은 우유를 주재료로 한 상품을 개발 및 판매하여 낙농가의 수입을 증대하는 것이었다. 여기까지만 보면 흔한 공기업이지만 특이사항이 있다. 당시 농개공이 이런 자회사를 20개 넘게 운영 중이었단 점이다. 농어민의 경제력 개선을 위해 농수산물을 가공·수출할 사업체를 세우다 보니 말 그대로 문어발처럼 많은 자회사를 거느리게 된 것이다. 하지만 전시성으로 차린 회사도 많고, 사기업들과 활동 영역이 겹치다 보니 모두 제대로 경영되지 못한 채 적자만 기록했다.[9] 농개공은 자회사

들의 매각을 결정하고 한국낙농도 합작 투자 방식으로 민영화했
다. 이때 한국낙농에 민간자본으로 참여해 지분 60퍼센트를 차지
하며 대표이사에 취임한 인물이 바로 김복용 회장이다.

김복용 회장은 1960년대에 제분업과 원양어업으로 성공한 사
업가였는데 농개공의 제안을 받자 기존 사업을 정리하고 유업에
올인했다. 사업가답게 그는 매우 기민하게 움직였다. 대표적인 사
례가 바로 자금 조달 방식이다. 한국낙농의 모회사가 농개공이라
는 점을 적극적으로 활용해 IBRD(국제부흥개발은행)로부터 1971년
에 700만 달러, 1976년에는 1,500만 달러(당시 환율로 약 100억
원)의 차관을 지원받았다. 그리고 1972년에 매일우유를 출시하고
1974년에는 매일분유를 선보이면서 본격적으로 남양유업과의 경
쟁에 돌입했다.

한국낙농의 성장세는 대단히 가팔랐다. 1972년에야 첫 제품
을 출시했음에도 불구하고 1976년 남양유업과 비슷한 매출인 약
85억 원을 기록한 것이다.[10] 이는 IBRD 차입금을 이용한 빠른 투
자 유치 덕분이기도 했지만 김복용 회장이 업계 1위였던 남양유업
의 마케팅을 적극적으로 벤치마킹한 덕분이기도 했다. 남양유업이
그랬듯이 산부인과와 소아과 방문 영업을 적극적으로 진행했고,
우량아 선발대회를 선점한 남양유업에 대항하기 위해 타깃 소비
자층인 임산부를 위한 '어머니 교실'을 열었다.[11]

상황이 이렇다 보니 남양유업도 한국낙농을 견제하지 않을 수

없었다. 두 회사의 경쟁 양상은 1980년 한국낙농이 매일유업으로 사명을 바꾸고 1981년 공정거래법의 발효와 함께 공정거래위원회(이하 공정위)가 들어설 무렵 혈투로 변했다. 왜 하필 공정위 등장 시점부터 혈투로 변했을까? 그 이유는 이전까지 존재하지 않던 경쟁의 '룰'이 생겼고, 룰을 어긴 경쟁자를 고발하는 방식의 상호 견제가 가능해졌기 때문이다.

시작은 1981년 9월 파주의 한 보육원에서 어린이 집단 식중독 사건이 터지면서부터였다.[12] 보육원에서 우유병을 제대로 소독하지 않은 탓이었지만, 하필 그곳에서 먹인 분유가 남양분유였기에 남양유업이 구설수에 휩싸였다. 남양유업으로서는 소비자의 불안을 잠재울 필요가 있었기에 '남양유업은 분유의 대명사' '공주 공장은 동양 최대 규모' '남양분유는 세계 톱 레벨의 분유' 같은 문구를 담아 대규모 광고를 집행했다.

광고를 본 후발주자 매일유업은 공정위에 허위·과장 광고로 신고한다. 보육원 식중독 사건의 여파로 남양분유를 향한 소비자의 신뢰도가 흔들리는 상황에서 허위·과장 광고 구설수를 보탬으로써 남양유업의 시장 점유율을 더욱 끌어내리려 한 것이다. 남양유업 또한 매일유업이 내세운 '모리나가 기술로 개발된 매일분유 G80' '국내 최초 엄마 젖에 가깝게 개발된 이상적인 유아용 분유' '특허기술에 의한 카제인 분해 시설' 등의 문구를 허위·과장 광고로 신고하면서 양사의 맞고발전이 본격화되었다.

공정위는 심사 끝에 남양유업에는 '과장' 광고에 따른 경고 조치를 하고, 매일유업에는 '허위·과장' 광고에 따른 광고 중단 및 해명·사과 광고 게재를 명령했다. 즉, 양사 모두 잘못하기는 했지만 매일유업에 문제가 더 많다고 판결하고 더 강한 처분을 내린 것이다.[13] 이 사건을 기점으로 양사의 맞광고와 맞신고가 일상이 되었다.

1982년에는 남양유업에서 L-시스틴을 함유한 분유를 출시하면서 '세계 유명 분유에는 모두 L-시스틴이 첨가되어 있다' 'L-시스틴이 첨가되지 않은 분유는 단백질이 20~30퍼센트 흘러간다' 'L-시스틴의 양을 비교하고 엄마 젖과 거의 같은 남양분유를 선택하라' 같은 문구를 넣은 광고를 싣는다. 자사 제품이 매우 우수하다는 메시지에 그치지 않고 타사 제품이 열등하다는 뉘앙스까지 담은 문구였다.

매일유업은 허위·과장 광고 신고와 남양유업을 비방하는 광고 게재로 맞대응했다. '인공 첨가물을 사용하지 않는 것이 매일유업의 개발 이념' '매일분유는 별도 첨가물 없이 성분 강화로 L-시스틴 함유량을 높였다' '인공 L-시스틴은 머리카락이나 동물 털을 탈색·가공한 것'이라는 내용의 매우 수위 높은 네거티브 광고였다. 남양유업 또한 매일유업을 허위·과장 광고로 고발했음은 물론이다. 결국 공정위는 두 기업 모두에 허위·과장 광고에 따른 광고 즉시 중지 및 사과 광고 게재를 명령했다.[14]

이후에도 두 기업은 허위·과장 광고와 고발, 그리고 징계를 주고받으며 신문 지면을 장식해갔다. 한 치의 양보 없는 핑퐁 게임이 계속되었고 기업 이미지도 나란히 바닥을 향했다. 다만 1980년대 후반 이후로는 매일유업이 이런 비방전에서 한발 비켜서는 모습을 보였다. 김복용 회장의 장남인 김정완 현 매일홀딩스 회장이 1991년 상무로 승진하며 새로운 경영 노선을 택했기 때문이기도 하지만, 가장 결정적인 이유는 우유 업계의 '공공의 적' 파스퇴르유업의 등장이었다.

파스퇴르유업의 등판

우유를 자주 마시는 사람이라면 우유가 생각보다 잘 변질하지 않는다는 사실을 알고 있을 것이다. 미개봉 상태로 냉장고에 둔다면 유통기한을 1~2주 정도 넘겨도 상하지 않고 최대 한 달까지도 큰 문제가 없다. 하지만 원래부터 이랬던 것은 아니다. 19세기까지만 하더라도 젖소로부터 우유를 짜면 3일을 못 넘기고 상했고, 상하지 않더라도 생우유를 마시면 브루셀라병에 걸리기 쉬웠다. 이 때문에 우유는 철저하게 마을 내에서 생산되고 소비되는 상품이었다. 연유를 발명한 게일 보든과 분유를 만든 앙리 네슬레가 세운 기업이 거대기업으로 성장할 수 있었던 것도 쉽게 변질되는 우유를 장기 보존 가능한 상품으로 만든 덕분이다.

하지만 현대에는 살균처리를 통해 미생물의 번식을 막으면서 우유를 마음 놓고 마실 수 있게 되었다. 이 살균 기술이 바로 1864년 루이 파스퇴르유업이 발견한 저온살균법이다. 하지만 우유를 가열한다는 개념에 거부감을 가진 사람들로 인해 20세기 초 이후부터 본격적으로 활용되었고 현재는 파스퇴르식 LTLT(저온 장시간 살균법)보다 HTST(고온 단시간 살균법)가 주로 활용되고 있다. 바로 이 덕분에 우유를 한 달 넘게 보존할 수 있게 된 것이다.

파스퇴르유업은 이름에서 알 수 있듯이 국내 최초로 LTLT 우유를 도입한 곳이다. 이 기업을 창업한 최명재 회장은 여러모로 1세대 기업가에 해당하는 인물이었다. 경성경제전문학교(현 서울대학교 경영대학)를 나와 상업은행에서 첫 커리어를 시작했는데, 은행 봉급으론 먹고살기 힘들다는 이유로 1960년에 은행을 나와 택시 기사가 되었다. 지금의 관점에서야 은행원을 그만두고 택시 기사를 한다는 것이 이해되지 않겠지만, 당시는 자동차가 드물었고 택시 산업이 본격적으로 성장하던 시절이었으니 지금으로 치자면 스타트업으로 이직한 것과 마찬가지인 셈이다. 택시 기사로 돈을 벌어 답십리의 정비 공장을 인수해 운영하던 그는 택시 30대를 마련해 택시 회사를 설립한다. 그 후 이란으로 건너가 건설 자재를 운송하는 운수업으로 엄청난 돈을 벌더니 이란의 팔레비 왕조 붕괴 직전에 한국으로 건너와 잃은 돈 없이 큰 부자가 된다.

이렇게 번 돈으로 뭘 할까 고민하던 중에 레이건 미국 대통령이 목장에서 말을 탄 모습이 멋있다는 이유로 목장업에 뛰어든다. 이 때는 우리나라 정부에서도 목축업을 대대적으로 육성하던 때였으니 타이밍도 잘 맞았다. 이렇게 목장을 운영하던 중에 일본에서 저온살균 우유의 존재를 알게 된다. 그리고 국내에 들어온 최명재 회장은 59세이던 1986년에 회사를 설립하고 우유 생산을 시작했으니 그게 바로 파스퇴르유업이었다.

앞서 현대 우유 산업에서 일반적인 살균법은 HTST라고 이야기했는데 이는 장기보존성이 더 높고, 많은 양을 살균하기에 유리하며 비용 측면에서도 강점이 있기 때문이다. 하지만 LTLT는 저온살균으로 인해 맛의 변질이 적어 좀 더 맛이 좋다는 강점이 존재한다. 이 때문에 가격이 기존 우유의 2배였음에도 '저온살균을 한 고급 우유를 먹어야 한다'라는 광고와 압구정 소비자들의 입소문을 통해 파스퇴르유업의 우유는 알음알음 알려지기 시작했다.

이렇게 '맛이 더 좋은 고급 우유'라고만 했으면 별문제 없었겠지만 앞서 언급했듯이 최명재 회장이 거기서 그칠 사람이 아니었다는 게 문제였다. 파스퇴르유업이 HTST로 살균한 우유를 '영양소가 대거 파괴된 우유'이며 '저온살균을 한 파스퇴르 우유가 진짜 우유'라는 광고를 내며 논란을 일으키기 시작한다.[15] 이 광고 덕분에 파스퇴르 우유는 고급화 포지셔닝을 할 수 있었지만 당연하게도 기존 업계의 반발을 불러올 수밖에 없었던 것이다.

결국 공정위에서 허위·과장 광고로 판정하고 시정명령과 함께 사과 광고 게재라는 징계를 내렸지만 파스퇴르유업은 여기에 불복하고 이의 신청을 낸다. 그리고 이의 신청이 기각되자 행정 소송을 제기했지만 이 역시도 패소한다. 그럼에도 불구하고 파스퇴르유업은 여기서 멈추지 않고 오히려 허위·과장·비방 광고의 강도를 더 높였다. 아예 특정 업체를 타기팅하여 비방하기도 했는데 대표적인 것이 한·덴마크유가공사의 덴마크우유를 '원유를 엄선치 않고 세균이 많은 것을 사들여 가공하므로 건강에 해롭다'라고 비방한 사건이었다. 이런 식으로 경쟁사에 대한 노골적인 비방을 해온 것이다.

파스퇴르유업의 주 타깃이 남양유업이었다. 남양유업은 우유에선 서울우유에 뒤처져 있었으나 대표 상품인 분유와 함께 다양한 신제품을 안착시키면서 당시 업계에서 가장 경쟁력이 높았던 기업이었다. 그렇기에 분유와 발효유까지 출시한 파스퇴르유업으로서는 남양유업을 공격해야 할 이유가 차고도 넘쳤다. 그래서 '남양유업이 동물 사료용·공업용 분유를 만드는 기계로 외국에서 사용이 금지된 화학첨가물을 넣어 분유를 제조하고 있다'라는 광고를 쏟아냈다.[16] 남양유업은 이 광고에 대한 가처분 신청을 걸었고 파스퇴르유업은 불복에 불복을 거듭하면서도 법정 공방을 6년이나 이어갔다.

이렇게 파스퇴르유업이 논란을 벌이자 1989년 소비자보호원에서는 '저온살균 우유와 고온살균 우유 간에 영양 차이가 없다'라는 내용을 발표하며 이 논란을 진정시키려고 나섰다. 그런데 파스퇴르유업은 소비자보호원을 비방하는 광고를 대대적으로 싣는 걸로 맞대응했고 이 때문에 소비자보호원이 최명재 회장을 허위사실 유포에 의한 명예훼손과 업무방해혐의로 고소하는 일이 벌어진다.[17]

이렇게 계속 파스퇴르유업이 허위·과장·비방 광고를 이어가자 공정위에서 직접 고발 조치에 나선다. 공정위에서 부당 표시와 허위·과장 광고를 금지하고 사과 광고를 신도록 시정명령을 내렸음에도 파스퇴르유업이 이를 무시했기 때문이었다. 그리고 대법원에서 확정 판결이 나오자 남양유업과 매일유업을 포함한 한국유가공협회는 파스퇴르유업의 대법원 패소 사실을 신문 광고로 내며 대대적인 호소를 펼친다. 문제는 파스퇴르유업은 여전히 승복할 마음이 없었다는 것이다. 이 때문에 공정위로부터 다섯 번이나 검찰 고발을 당할 정도였다.

파스퇴르유업이 이런 식으로 시장을 교란한 것은 이런 노이즈·네거티브 마케팅이 시장 후발주자인 파스퇴르유업의 이름을 알리는 데 큰 도움이 되었기 때문이다. 매일 떠들썩하게 논란을 만들어내니 소비자 입장에선 '그런가?' 하는 생각에 파스퇴르 제품을 구매하게 되고 파스퇴르란 브랜드를 인지하게 되는 것이다. 파스퇴르유업이 상습적인 위반으로 발생하는 벌금과 배상금을 감수하면서까지 계속 허위·과장·비방 광고를 이어나간 것도 그걸 감수하고 얻는 이익이 훨씬 컸기 때문이다.

  그 정점이 1995년에 벌어졌던 '고름 우유 파동'이었다. 한 방송
사에서 유방염을 앓는 젖소 우유에 대한 보도를 하자 그 직후 파
스퇴르유업은 '우리는 고름 우유를 팔지 않습니다'라는 광고를 냈
다. 파스퇴르유업이 늘 해왔던 방식이다. 광고 내용은 파스퇴르유
업에선 고름 우유를 팔지 않는다는 것이지만, 이를 뒤집으면 경쟁
사는 고름 우유를 판다는 뉘앙스로 읽힌다. 이 때문에 한국유가공
협회에서는 '파스퇴르 우유가 고름 우유임이 밝혀졌다'라는 내용
의 광고로 아주 강하게 맞대응을 한 것이다.

  결국 공정위는 양쪽 광고 모두 허위·비방 광고로 판결하고, 허
위 광고 중지하고 법 위반 사실을 신문에 싣도록 명령한다. 파스
퇴르유업이 이걸 순순히 따를 곳이 아니었기에 한국유가공협회가
공정위의 시정명령으로 낸 법 위반 사실 공표 광고를 자사의 광고
에 활용하여 마치 고름 우유 전쟁에서 파스퇴르유업이 승리한 것
처럼 교묘하게 활용을 하는 수작을 부린다.[18]

  하지만 이러한 고름 우유 논란은 선을 넘어도 너무 많이 넘은 행
동이었고 이 논란으로 우유 소비가 위축되어 우유 업계 전체에 위
기감을 불러일으킨다. 1989년의 우지 파동으로 라면 업계 전체가
불황에 빠진 것을 알고 있기에 우유 업계에서도 위기의식을 느낀
것이다. 이로 인해 파스퇴르유업도 뒤늦게 전보다 비방을 줄였지만
그로부터 몇 년 지나지 않아 외환위기가 터지고 부도를 맞고 만다.

부정적인 기질의 아이러니

최명재 회장 개인은 경쟁사 제압이란 목표를 위해서 수단과 방법을 가리지 않는 사업가이면서도 이렇게 지독하게 번 돈을 민족사관학교에 다 털어 넣는 복잡다단한 모습을 가진 인물이었다. 하지만 어쨌거나 그의 지독한 면모가 원래부터도 엉망이었던 우유 업계의 경쟁을 더욱 심한 진흙탕 싸움으로 몰고 간 점은 무시할 수 없는 부분이다. 그렇다면 매일유업과 파스퇴르유업의 이야기가 대체 홍원식 남양유업 회장과 무슨 관계가 있을까? 그것은 이 진창 속 유업 경쟁의 주역이 홍원식 회장이기 때문이다.

홍원식 회장은 1974년에 남양유업에 입사하여 1977년에 이사로 승진한 후, 상무와 전무를 거쳐 1988년에 부사장으로 승진했다.[19] 시점을 고려하면 1970년대 후반까지 경영 수업을 거친 후, 늦어도 1980년대 중반부터 본격적으로 경영에 참여한 것으로 보인다. 홍원식 체제하의 남양유업에 대해서는, 2010년대 이후에 생긴 소비자의 거부감과는 별개로 높은 평가를 내릴 수밖에 없다. 대표적인 것이 바로 1991년에 출시된 불가리스다.

1980년대 후반, 호상(떠먹는) 요구르트 시장이 급성장하면서 한국야쿠르트가 슈퍼100을 출시하며 요플레를 추월하고 두각을 드러냈다. 그런데 이 시장을 잠재운 게 불가리스가 주도한 드링크 요구르트였다. 심지어 남양유업에 대한 소비자 불신이 큰 현재도 드링크 요구르트 시장에서 불가리스가 여전히 1위일 뿐 아니라, 전체 요구르트 브랜드 중에서도 불가리스를 넘어서는 브랜드는 요플레뿐일 정도다.

그뿐 아니라 1994년엔 아인슈타인 우유, 1996년엔 프렌치카페, 2003년 맛있는우유GT, 2005년 17차, 2010년 프렌치카페 카페믹스, 2011년 초코에몽, 2014년 백미당 등 지금도 주력으로 팔리는 상품들을 연이어 성공시키면서 분유 기업으로 유명했던 남양유업을 종합 유업 기업으로 안착하는 데 성공했다는 평가를 받고 있다. 또한 경쟁 업체와 비교했을 때 성공작을 꾸준히 출시할 정도로 상품개발력도 좋은 편이다. 바로 이 상품개발력이 한앤코가 경영 정상화를 했을 때 기업 가치를 높게 회복할 수 있을 거라 보는 핵심 근거 중 하나로 꼽히기도 한다. 즉, 개발 능력이 뛰어나고 사업 다각화가 잘 이루어진 현재 남양유업의 모습이 홍원식 회장의 경영 하에서 완성된 것이다.

이는 남양유업이 단순히 상품만 잘 만들어서가 아니다. 온갖 수단과 방법을 가리지 않고서 경쟁사들을 누르는 데 능했기 때문이다. 이 점에선 2세대 경영자인 홍원식 회장은 오히려 1세대 경영자인 김복용 회장과 최명재 회장을 닮은 측면이 있다. 매일유업도, 파스퇴르유업도 1세대 경영자들이 경영일선에 있었을 땐 노이즈 마케팅과 네거티브 마케팅에 매우 능한 모습을 보였다. 이러한 방법이 도덕적으로 옳다고 하기는 어렵다. 하지만 매우 치열한 경쟁 상황에서는 소비자에게 브랜드를 확고하게 각인시키고 매출을 늘리는 데 큰 도움이 된다. 실제로 소비자들이 남양유업에 거부감을 가지고 불매 운동을 시작하게 된 사건이 2013년의 대리점 갑질 사건이지 노이즈·네거티브 마케팅이 아니었던 점을 생각해보자.

오히려 노이즈·네거티브 마케팅은 남양유업의 상품이 시장에 확고하게 자리를 잡게 만드는 데 큰 역할을 했다. 2010년에 프렌치카페 카페믹스를 출시했을 때 벌였던 '카제인나트륨 논란'이 대표적이다. 당시 남양유업은 프렌치카페 카페믹스에는 '카제인나트륨을 넣지 않았다'라고 대대적으로 광고했는데 이 덕분에 소비자들은 카제인나트륨을 몸에 나쁜 첨가물로 인지하게 되었다. 하지만 카제인이 우유 단백질임을 감안하면 이는 어이없는 논란이다. 물은 좋은 것이지만 일산화이수소는 위험한 물질일까? 이로 인해 카제인나트륨이 인체에 유해하다는 증거가 없음에도 유해한 것처럼 보이게 할 소지가 있다는 이유로 식약처으로부터 비방 광고 판정과 함께 시정명령까지 받았지만 남양유업은 카제인나트륨을 유해한 첨가물처럼 보이도록 유도하는 마케팅을 지속했다.[20] 그리고 이런 네거티브 마케팅 덕분에 남양유업은 동서식품 80퍼센트, 네슬레 20퍼센트로 고착화된 커피믹스 시장에서 후발주자란 불리함에도 불구하고 순식간에 점유율을 30퍼센트대까지 끌어올릴 수 있었다.

널리 알려진 사례가 프렌치카페 카페믹스여서 그렇지, 이러한

마케팅은 홍원식 회장 경영 체제하에서 꾸준히 이뤄졌다. 1989년
에 슬라이스 치즈 로젠하임을 출시하면서 기존 업계에서 사용하
고 있는 보존제를 유해 물질로 몰고 남양유업만 방부제를 쓰지 않
는다는 광고를 하면서 일으킨 논란[21]은 21년 후에 벌어진 프렌치
카페가 벌인 논란과 완벽한 판박이다. 1994년엔 매일유업이 맘마
밀을 출시하면서 '청정 지역의 햅쌀을 사용했다'라는 광고를 하자
여기에 '남양의 스텝로열은 농약으로 오염된 밀가루를 쓰지 않는
다'라는 광고로 맞대응한 일도 마찬가지다. 당시 두 회사가 벌인
이 논란 때문에 한국제분협회가 밀가루에 대한 오해를 퍼뜨린다
며 남양유업을 제소하기도 했다.[22] 1997년에 '1등급 원유만 사용
합니다'라는 광고 문구를 두고 벌인 1등급 원유 논란도 결국 이러
한 방식의 마케팅이 점유율과 매출 확대에 상당히 효과적이었기
때문에 지속한 것뿐이다.

성공과 실패를 부르는 기질

사회적인 물의를 일으켰던 '불가리스 사태'도 이 관점에서 다시
되짚어볼 필요가 있다. 홍원식 회장 경영 체제하의 남양유업은
1980~1990년대를 거치며 뛰어난 상품개발력과 그들의 마케팅력
을 무기 삼아 종합 유업 기업으로 성장할 수 있었다. 앞에서 이야
기한 유업 시장의 경쟁 상황에서 알 수 있듯이 그 시대는 남양유

업뿐 아니라 주요 경쟁사들이 노이즈·네거티브 마케팅을 일상적으로 벌이던 때였다. 이러한 시장에서 20년 이상 마케팅에 적극적으로 참여하고 초창기의 성공을 경험해왔다면 문제가 있는 마케팅이 아니라 당연한 것으로 생각할 가능성이 크다.

어떤 의미에선 남양유업의 성공 공식 중 하나였다고도 볼 수 있다. 여러 번 강조하듯이 노이즈·네거티브 마케팅은 도덕적으론 문제가 있지만 그 효과가 매우 좋기 때문에 지금도 수많은 기업과 자영업자가 채택하는 방식이기도 하다. 심지어 불가리스 사태 때도 문제가 터지기 직전까진 일부 대형 마트의 불가리스가 품절이 날 정도로 효과적이었다. 하지만 이 효과적인 마케팅엔 반대급부가 있다. 초창기엔 업계인들 사이에서만 논란이 될지 몰라도 시장 규모가 커지고 기업 규모가 커지면 결국 소비자도 이 부분을 인지하고 부정적인 감정이 쌓인다는 것이다.

남양유업은 2000년대 후반 기준 200대 기업 안에 들어가는 거대기업이었고, 커피믹스 시장은 커피 전문점의 시대가 열렸음에도 여전히 전체 커피 시장의 56퍼센트를 차지할 정도로 거대한 시장이었다. 이 시장에서 남양유업이 일으킨 파문은 업계를 넘어 남양유업이 한 일을 소비자가 더 확실하게 각인하게 된 계기가 되었다. 모든 일에는 임계점이 존재하는데 점점 그 임계점에 가까워진 것이다. 그리고 2013년의 대리점 갑질 사건에 이르러 남양유업에 대해 소비자가 가지고 있던 부정적인 감정이 폭발해버렸고 소비자

주도의 조직적인 불매 운동으로 이어진 것이다. 이러한 상황에서
팬데믹을 맞아 그들의 성공 공식을 다시 한번 실행했다. 하지만 전
세계적인 감염병으로 온 국가와 소비자의 이목이 집중된 상황이
었단 점에서 임계점을 한참 넘겨버렸고 결국 이것이 현재의 사태
로까지 이어진 것이다.

홍원식 체제의 남양유업을 평가하자면 격렬한 경쟁 상황에서의
투쟁에 강점을 가졌던 기업으로 요약할 수 있다. 다르게 표현하자
면 목표를 위해 법이 허용하는 한도에서 수단과 방법을 가리지 않
는 것인데, 사실 이러한 특성은 1세대 기업가들이 이끌던 기업들
의 특성이기도 하다. 앞서 언급했던 김복용 회장과 최명재 회장
도 이러한 스타일을 갖추고 있었고 시대를 불문하고 수많은 기업
가가 이러한 면모를 보였다. 19세기 미국의 대표적인 기업가인 존
D. 록펠러나 앤드루 카네기에 대해 언급할 때 빠지지 않는 표현이
'무자비함'임을 생각해보면 이해가 쉬울 것이다.

그러한 특성이 남양유업이 2000년대까지 경쟁사의 점유율을 빼
앗아오고 새로운 상품을 소비자에게 각인시키고 매출을 늘리는
데 유리하게 작용했다고 할 수 있다. 하지만 우유 업계가 저성장
국면에 접어들고 기업들이 충분히 거대해지며 세간의 주목을 많
이 받는 상황에서 수단과 방법을 가리지 않는 특성이 문제를 일으
키기 시작한 것이다.

인터넷 커뮤니티의 시대가 되자 이 문제는 더욱 두드러졌다.

2009년엔 육아 커뮤니티 등에 매일유업의 분유에서 사카자키균이 검출되었다는 글을 쓰며 비방하는 글을 올린 사람들이 남양유업 지점 직원과 판매 대리점 업주로 드러난 사건이 벌어졌다. 또한 경찰의 압수수색 결과 남양유업 본사 판매기획팀의 컴퓨터에서도 '사카자키균 검출과 관련해 매일유업 비방글을 지속적으로 게재 요청'한다는 내용의 메일이 발견되기도 했다.[23] 이러한 일이 2013년과 2020년에도 반복해서 발생한 것[24]은 남양유업이 여전히 이러한 특성을 가졌음을 보여주는 사례였다. 그리고 이 특성이 가장 큰 문제로 터졌던 사건이 2013년의 대리점 갑질 사태와 2021년의 불가리스 사태였던 것이다.

　남양유업이 벌인 수많은 논란과 사태는 그저 '남양이 남양했다'라고 넘겨버리기엔 너무나도 큰 시사점이 존재한다. 우리는 흔히 기업과 기업가의 좋은 점이 성공을 불러오고 나쁜 점이 실패를 불러온다고 여긴다. 하지만 남양유업과 홍원식 회장의 경우는 어떤가? 앞에서 남양유업이 밟아온 궤적을 보면 알 수 있듯이 이 기업은 2000년대 후반 들어서 갑자기 문제를 일으킨 게 아니라 늘 일관된 모습을 보여주었다. 즉, 같은 특성이 성공과 몰락을 모두 가져온 것이다.

　그렇다면 우리는 이를 어떻게 해석해야 할까? 홍 회장 체제의 경영 방식은 도덕적으로 지탄받을 부분이 많다. 하지만 한편으로는 그 방식이 1980년대 후반부터 2000년대까지의 치열한 경쟁에선 매우 효과적이었다는 것 또한 인정해야 한다. 물론 부정적으로 인식되는 특성들이 성공의 요인 중 하나라는 사실은 선뜻 받아들이기엔 거부감이 먼저 든다. 이 문제는 다음 장에서 좀 더 자세히 다루기로 하자.

확실한 것은 홍 회장 체제의 남양유업이 밟아온 궤적이 현재 다 되돌림이 되고 있단 것이다. 그럼에도 불구하고 가족의 임원 대우와 본인의 고문직 임기 최소 8년 이상을 요구한 것을 보면 문제가 무엇인지를 자각하진 못한 것으로 보인다. 어쩌면 당연한 것인지도 모른다. 홍 회장은 40년 가까이 자신의 방식을 고수했고, 그 방식이 그간 큰 문제를 일으키지 않았을 뿐만 아니라 오히려 회사를 성공 가도로 이끌었다. 이렇게 살아온 사람이 한순간에 자신의 방식이 잘못되었다고 인정하기는 어려운 법이다. 그렇기에 한앤코와 홍원식 회장의 법정 분쟁은 길어질 것으로 보인다.

도덕적인 기업가는
좋은 기업가인가?

브 랜 드 　#벤앤제리스

주 제 어 　#사회적 기업 #ESG 경영

예전에 한 모임에서 '성공한 스타트업 대표의 소시오패스 성향'을 주제로 이야기를 나눈 적이 있다. 당시 나는 "스타트업 특유의 경쟁적인 성향이 작용한 결과 소시오패스 성향을 지닌 일부 스타트업 대표가 더 두드러지는 것 같다"라는 의견을 냈는데 이때 모임에 있던 스타트업 업계에 계신 분께서 이의를 제기했다. "작가님, 그건 아닌 것 같습니다." 혹시 내가 말실수를 한 건가 싶어 어떻게 대처해야 하나 생각하던 찰나에 그분이 이런 말을 덧붙였다. "일부가 아니라 전부겠죠."

　기업의 경영자가 일반 시민과 다른 부분이 있다는 이 말은 이제 제법 상투적인 이야기로 받아들여지는 것 같다. 2021년 겨울에 등장한 트위터 계정 '스타트업 김대표'가 화제가 된 것이 대표적이다. 많은 사람이 '스타트업 김대표'에 공감을 한 이유는 해당 트윗들이 실제 녹취와 제보, 제안을 바탕으로 했기 때문이기도 하지만 기업가의 사고방식이 일반인과는 좀 다르다는 것을 사람들이 무난하게 받아들이기 때문이라고 생각해볼 수 있다.

이런 이야기가 나올 때면 스티브 잡스, 일론 머스크 등의 기행이 언급되면서 대체로 공감하는 모습을 보인다. 여기에 조금 더 논리적으로 이러한 경향성을 언급하고자 하는 사람들은 이런 분야에서 자주 인용되는 '연구에 따르면 미국 CEO의 21퍼센트가 사이코패스라더라'라는 설명을 덧붙이면서 말이다. 대부분 출처가 불분명하게 인용되는 이 연구는 2016년 호주 본드대학에서 박사 과정을 밟고 있던 범죄심리학자 네이선 브룩스가 발표한 연구로, 내용의 자극성 때문에 화제가 되었으나 실험 방법에 대한 비판이 제기되어 결국 논문이 철회되었단 사실은 잘 알려져 있지 않다. 오히려 다른 연구들에선 이러한 수치가 과장된 것일 수 있다고 나온다. 2019년에 진행된 메타분석 연구에 따르면 사이코패스 성향이 강할수록 리더가 될 가능성이 살짝 높아지지만 리더로서의 효율성은 낮아졌다.[25] 즉, 리더에 해당하는 기업가 집단이 남들보다 특별히 더 사이코패스라 보긴 힘들다는 이야기다.

기업가들이 남들보다 비도덕적인 사이코패스가 아니란 결과에 실망할 수도 있겠지만 중요한 부분은 그다음에 나온다. 변혁적 리더십(구성원들에게 비전을 제시하고 태도와 가치관의 변화를 끌어내 장기적 목표를 달성해나가는 리더십)과 비공식적 리더십(조직 내에서 공식적인 리더는 아니더라도 주변 사람에게 영향을 주고 그들이 자신을 따르게 만드는 리더십)이 사이코패스 성향이 낮거나 높은 때에는 낮게 나타난 반면, 사이코패스 성향이 중간 정도일 때 가장 높은 것으로 나왔다. 즉, 기업가의 자질과 성과 측면에서 어느 정도 사이코패스 기질이 필요하긴 하다는 의미다. 왜 그런 걸까?

한 국가의 시민으로서 요구되는 자질은 도덕과 규칙을 잘 지키고, 상대 시민을 존중하고, 배려하고, 타인과 더불어 살아가는 것 등이다. 이러한 태도가 몸에 잘 배어 있을수록 사람들에게 '좋은 사람' '선한 사람'이란 평가를 받게 될 가능성이 크다. 사실 여러 종교에서도 이런 사람이 되라고 말한다. 종교가 과거부터 사회 구성원들을 하나로 묶고 삶의 양식을 제공하던 것을 생각해보면 당연한 일이라고 할 수 있다. 그런데 여기에 무언가 빠져 있다는 생각이 들지 않는가? 그것은 바로 경쟁이다. 시민은 단합하고 서로 협력해야 하는 존재이기에 원론적으로는 서로 경쟁하지 않는다. 하지만 실제론 사회에서의 다양한 위치에서 서로 경쟁한다. 그리고 이 경쟁 상황에서는 훌륭한 시민으로서의 덕목이 경쟁에 부적절한 경우가 존재한다. '사이코패스 성향'이란 단어를 '목적과 성과 우선의 성향'이라고 바꾸면 아마 좀 더 이해가 쉬울 것이다.

일반적으로 경쟁을 이야기할 때 스포츠에 많이 비유를 하는데, 축구에 비유해보자. 상대방이 공격해오는 상황에서 당신은 수비를 해야 하는 입장이다. 이때 상대방과 몸싸움 없이 발만 뻗어서 공만 빼앗는 것이 최고의 수비겠지만, 이것은 나와 상대방의 실력이 어마어마하게 차이가 날 때나 가능한 일이다. 실력 차가 크지 않다면 거칠게 몸을 부딪치며 상대방이 제대로 된 플레이를 할 수 없게 만들어야 하고 필요하면 반칙도 해야 한다. 예를 들어 상대방을 붙잡는 것은 반칙에 해당하지만 그대로 뒀다간 위험한 상황을 만들 것 같으면 당연히 반칙으로 경기 흐름을 끊어야 한다.

이런 치열한 상황에 훌륭한 시민의 덕목이 적용된다면 어떨까? 일단 잘못하면 상대방이 넘어지거나 다칠 수 있으니 태클 자체가 어려울 것이다. 원칙적으로 반칙도 하면 안 되니 상대방이 마음대로 플레이하도록 내버려 둘 것이고 그만큼 우리 팀은 위기에 처할 것이다. 서로 재미를 위한 친선경기라면 이것이 그리 큰 문제는 안 될지 모른다(같이 뛰는 사람은 욕을 하겠지만). 하지만 월드컵 결승전이나 리그 우승을 결정짓는 경기라면 어떨까?

상대방이 경기에 제대로 집중하지 못하게 만들기 위해 말로 떠드는 것을 '트래시 토크trash talk'라고 하는데 프로 스포츠에서는 이미 일상화되어 있다. 훌륭한 시민이라면 상대방을 무시하거나 조롱하거나 심리적으로 괴롭히는 말을 해선 안 되지만 스포츠에서는 어느 정도 용납이 되고 있다. 바로 이 점이 경쟁 상황과 평상시가 다른 상황이라는 것을 잘 보여준다.

중국 춘추시대의 송양공은 아예 이 둘을 구분하지 못해서 '송양지인宋襄之仁'이란 고사가 나왔다. 내용은 이렇다. 초나라와 송나라의 전쟁에서 송나라는 병사가 적었지만 전장에 먼저 도착한 덕분에 강을 건너는 초나라 군대를 요격할 수 있는 상황이 되었다. 병사들이 강을 건널 땐 대형이 흐트러지고 움직임이 둔해지니 송나라에 유리한 상황이 된 것이다. 이때 부하들이 송양공에게 '초나라 병사들이 강을 건너는 동안에 공격하면 이길 수 있다'라고 하며 공격할 것을 요청했다. 그런데 송양공은 단박에 거절했다. 강을 건넌 초나라 병사들이 아직 제대로 전열을 정비하지 못해 우왕좌왕하고 있을 때도 부하들이 공격을 요청했지만 또 거절했다. 거절한 이유는 다음과 같았다. "군자는 다른 사람이 어려울 때 곤궁에 빠뜨리지 않고, 다른 사람이 전열을 갖추지 못했을 때 공격을 하지 않는 법이다." 때문에 서로 대형을 다 갖춘 후에야 공격 명령을 내렸고 병력이 부족했던 송양공의 군대는 참패하고 말았다.

송양공 같은 태도에 대해 역사는 어떻게 평가할까? 유약하고 무능하다는 평가가 일반적이다. 한 개인으로서는 상대방의 약점을 이용하지 않는 것이 훌륭한 태도일지 모르지만, 경쟁을 이끄는 리더로서는 무능한 것이다. 경쟁 상황이라는 것은 그만큼 다른 상황이라고 할 수 있다. 각 기업과 사업체들의 생존이 걸려 있는 기업의 경쟁 또한 마찬가지다. 경쟁 상황에 걸맞은 태도와 자질 또한 평상시와 완전히 다를 수밖에 없다. 앞서 언급한 메타분석 연구 또한 결국 이러한 사실을 검증한 것이다. 시민으로서 갖춰야 할 태도와 경쟁의 일원으로서 갖춰야 할 태도가 서로 다르다는 것은 지극히 현실적인 이야기다.

앞서 예로 언급한 축구만 하더라도 사람들 대부분은 일상적인 상황과 경기 중 상황을 구분하며 살아간다. 일상적인 상황에서는 용납되기 힘든 거친 행동과 저돌성은 경기 중에는 종종 '승부욕'이란 이름으로 긍정되기도 한다. 경쟁이란 상황에서의 기업가 또한 마찬가지다. 다만 일주일에 많아야 1~2회 경기를 하는 축구 선수와 달리, 기업가는 한 주에 개인으로 살아가는 일상적인 시간보다 기업가로 살아가는 시간이 훨씬 길다. 또한 엔터테인먼트로 주로 소비되는 축구와 달리, 기업의 경영과 경쟁은 한 국가와 개인의 삶에 밀접하게 연관되어 있기에 부정적인 면모가 더욱 부각될 수밖에 없다.

아마 다르게 생각하실 분도 있을 것이다. ESG 경영이 대세가 된 지금은 그만큼 올바른 기업가와 올바른 기업이 성공할 수 있는 시대가 아니냐고 말이다. 이에 대한 답은 미국의 세계적인 아이스크림 브랜드이자 사회적 기업으로도 유명한 벤앤제리스Ben & Jerry's 사례를 같이 살펴보면서 얻을 수 있을 것이다.

벤앤제리스는 어떻게 사회적 기업이 되었을까?

우리나라에선 고급 아이스크림 하면 하겐다즈를 먼저 떠올리겠지만 미국에선 벤앤제리스가 먼저다. 포브스의 2016년 세계 아이스크림 브랜드 매출 순위[26]에서 매그넘, 하겐다즈, 코르네토에 이어 4위를 차지하고 있는 거대 브랜드이기도 하지만, 이 기업이 유명한 진짜 이유는 사회적 기업으로서의 명성 때문이다. 여느 기업과 달리 이들은 시작부터 사회적 기업을 표방하고 나섰다.

1978년 설립된 벤앤제리스는 씹는 질감이 강조된 아이스크림으로 유명하다. 쿠키앤크림 맛 아이스크림을 예로 들자면 다른 브랜드에선 쿠키가 부스러기 수준으로 들어가 있는 경우가 많지만 벤앤제리스는 쿠키를 그대로 부숴 넣었다고 느낄 수 있는 수준이다. 이는 창업자인 벤 코헨이 후각 장애를 가지고 있어서 씹히는 질감을 중요시했기 때문인데 이것이 벤앤제리스 아이스크림 하면 떠오르는 이미지가 된 것이다. 1970년대 하겐다즈가 미국에서 대성공을 거두면서 유지방 함량이 높은 슈퍼 프리미엄 아이스크림이 대세가 되었는데, 벤앤제리스는 여기에 씹는 맛을 더해서 차별성을 부여했다. 덕분에 큰 인기를 끈 것이다.

하지만 브랜드로서의 정체성과 차별화는 벤앤제리스가 지닌 사회적 기업이라는 특성에서 비롯된다. 처음부터 사회적 기업으로 시작할 수 있었던 것은 창업자인 벤 코헨과 제리 그린필드 둘 다 히피였던 영향이다. 두 사람은 1951년에 태어나 1960년대 후반부터 이어진 사회평화 운동과 베트남전 반전시위 등을 직접 경험하며 자랐다. 당시 히피즘의 대유행에 이 두 사람도 영향을 받았고, 그 결과 1978년에 자신의 동네나 고향이 아니라 당시 히피들의 이주가 활발했던 버몬트주에 가게를 차린 것이다. 자신들이 좋아하는 아이스크림을 팔면서 사회활동 참여에 열심이었던 건 이런 배경 때문이다.

벤앤제리스는 품질 좋은 상품을 베이스로 하여 지역 행사에 적극 참여하며 아이스크림을 후원하고 지역 단체에 이익의 일부를 기부하는 등 버몬트 주민들과 함께 지역밀착형 기업으로 성장했다. 당시 이 기업이 얼마나 지역 친화적이었는지를 알려주는 두 가지 에피소드가 있다.

첫째는 1984년에 벤앤제리스가 주식 공모를 시작했을 때, 버몬트 주민에게만 주식을 살 수 있게 개방한 일이다. 덕분에 버몬트 주민의 1퍼센트가 벤앤제리스의 주식을 가지면서 지역과 함께 성장하는 브랜드로 소비자들에게 확실히 어필할 수 있었다.

둘째는 1984년에 당시 하겐다즈를 보유한 필스버리가 벤앤제리스의 급격한 성장을 보고 유통 업체에 벤앤제리스에서 납품받지 말라고 압력을 넣은 일이다. 이때 벤앤제리스는 고객들에게 이 일이 부당하다는 것을 알리면서 항의의 뜻을 담은 범퍼스티커와 필스버리 CEO에게 보낼 편지를 함께 발송했다. 그 결과 어땠을까? 벤앤제리스를 좋아하기도 하지만 주주이기도 했던 버몬트 주민들이 이에 호응해 필스버리에 항의하고 언론사에서 뉴스로 다루면서 필스버리는 결국 압력 행사를 그만두었다.

좋은 상품과 지역 친화성 덕분에 벤앤제리스는 미국 동북부를 대표하는 아이스크림 브랜드로 성장할 수 있었다. 하지만 이 기업이 진정한 성장의 궤도에 올라선 것은 1986년, 대형 아이스크림 기업 드라이어스Dreyer's와 유통 계약을 맺으면서부터다. 1980년대 미국에선 슈퍼 프리미엄 아이스크림 시장이 폭발적으로 성장하고 있었는데, 드라이어스의 제품군에는 슈퍼 프리미엄 아이스크림이 없던 상황이었다. 이걸 보완하기 위해 벤앤제리스로부터 제품을 납품받는 유통 계약을 맺은 것이다. 벤앤제리스 입장에서도 버몬트, 메사추세츠, 뉴욕 정도로 제한되었던 유통망의 한계를 벗어나 전국적으로 판매를 할 수 있었으니 매우 좋은 계약이었다. 이 덕분에 성장에 날개를 달았고 1982년에 100만 달러에 못 미치던 매출은 1989년에 5,800만 달러로 크게 증가했다.

　벤앤제리스의 규모가 커질수록 이들의 기부 및 사회 활동의 규모도 커졌다. 이는 주식 공모 당시 투자설명서를 작성하면서 정관에 기부 금액의 기준을 명확하게 표시한 덕분이었다. 처음엔 세전 이익의 5퍼센트로 설정했다가 벤 코헨의 요구로 7.5퍼센트로 올렸는데, 이런 기부 활동을 위해 비영리 단체인 벤앤제리스 재단Ben & Jerry's Foundation을 별도로 만들어 운영할 정도로 적극적이었다. 그뿐 아니라 1988년엔 '1Percent for Peace'라는 사회운동 조직을 창단했다. 당시 평화운동가들 사이에서 나오던 '미국 국방 예산의 1퍼센트를 미국과 소련 간의 문화 및 경제 교류에 할당해야 한다'라는 아이디어를 살린 것이었다. 지금이야 기업의 기부 활동과 비영리 재단 운영이 일반적이지만 당시가 1980년대 초반이었던 것을 생각하면 여러모로 선구적이고 파격적이었던 셈이다.

시대를 앞서는 행보는 기부 활동에만 그치지 않았다. 1980년대에 이사회의 다양성을 위해 여성 임원과 흑인 임원을 임명한 일, 아이스크림에 넣을 복숭아 공급처를 찾을 때 흑인 복숭아 농장주를 찾은 일, 노숙자 및 고용되기 어려운 사람들을 고용하는 그레이스톤 베이커리와 브라우니 납품 계약을 맺은 일, 1989년에 공정무역에 참여하여 공정무역 커피를 아이스크림 재료로 사용한 일 등 하나하나 거론하자면 몇 페이지를 써야 할 정도로 1980년대에 사회적 기업으로서 파격적인 행보를 밟았다.

벤앤제리스는 대외활동 면에서 탁월할 뿐 아니라 직원들에게도 좋은 직장이었는데 대표적으로 시장 임금보다 더 높은 생활 임금을 지급했다. 이는 2000년 유니레버에 인수될 때도 고용 승계와 함께 필수 이행 사항으로 계약서에 넣을 만큼 창업주들이 신경을 많이 썼던 부분이다. 또한 벤앤제리스에서 가장 임금이 낮은 직원과 높은 직원의 임금 차이가 5배를 넘지 않는 5-1룰을 시행했다. 내부 구성원 간의 급여 차를 줄여 균형을 맞추고 갈등을 줄이기 위해서였다. 이 정책에 대해 당시 직원들이 호의적으로 반응했음은 물론이다.[27]

이처럼 벤앤제리스는 사회적 책임을 형식적으로 추구한 것이 아니라 이를 깊이 내재화한 기업이었다. ESG 경영이 시대적 흐름이 된 지금의 시각에서 보아도 1980년대부터 1990년대 초반까지 벤앤제리스의 행보는 매우 높은 평가를 받을 만하다. 1970~1980년

대에는 벤앤제리스뿐 아니라 파타고니아, 더바디샵 등과 같이 히
피 기업가들이 세운 환경과 사회를 중시하는 기업들이 많이 등장
했다. 벤앤제리스는 그중에서도 두드러지는 기업이었다. 실제로
벤 코헨이 세운 회사의 세 가지 목표는 다음과 같았다.

① 세계 최고의 아이스크림 만들기
② 진보적인 사회 변화 촉진
③ 직원 및 주주에게 적절한 재정적 수익 제공

지금의 MZ세대가 추구하는 환경, 동물복지, 사회적 책임, 노동
과 인권 관련 활동을 펼치면서도 충분한 수익을 낸 것이다. 이 때
문에 벤앤제리스는 ESG 기업의 대표 모델이자 성공 사례로 두고
두고 거론되는 기업이 되었다.

여기까지만 보자면 벤앤제리스가 아주 훌륭한 기업으로 보일
것이다. 사회 구성원들이 지향하는 도덕적 덕목과 경쟁, 그리고
수익이 완전히 공존하는 데 성공했기 때문이다. 이는 앞서 '도덕
적 덕목과 경쟁의 덕목은 서로 다르다'라는 말에 대한 가장 적절
한 반례라는 생각도 들 것이다. 하지만 여기서 의문을 가질 필요
가 있다. 그렇다면 벤 코헨은 왜 2000년에 회사를 유니레버에 매
각한 것일까?

지속 가능성의 지속 불가능성

우선 1980년대가 미국 시장에서 슈퍼 프리미엄 아이스크림의 최전성기였다는 점을 언급해야겠다. 높은 유지방 비율이 주는 풍부한 맛은, 전 세계에서 가장 아이스크림을 많이 먹는 미국인의 입맛을 사로잡는 데 성공했다. 그 덕분에 미국 시장에서 아이스크림 수준이 한 단계 높아지고 슈퍼 프리미엄 아이스크림 시장이 폭발적인 성장을 기록할 수 있었다. 이 시장에서 벤앤제리스는 큼지막한 쿠키 덩어리로 상품적 특색을 갖추고 사회적 기업이란 면모로 브랜드의 정체성과 차별성을 확보했다. 덕분에 시장 개척자이자 고급 이미지를 보유한 하겐다즈와 더불어 시장의 양대 산맥으로 폭발적인 성장을 할 수 있었다.

하지만 시장은 무한정 고속 성장을 이어갈 수 없고 결국 성장은 둔화되기 마련이다. 미국의 슈퍼 프리미엄 아이스크림 시장 또한 1990년대 중반 들어 성장률이 둔화되고 정체되었다.[28] 그리고 시장이 둔화되자 고속 성장기에 가려져 있던 벤앤제리스의 문제점들이 드러나기 시작했다. 대표적인 것이 고질적인 관리직 인력난이었다. 벤앤제리스의 5-1룰은 내부 구성원 간의 갈등을 줄이기 위해 도입된 것이지만, 5배의 임금으론 제대로 된 관리자를 구하기 어렵다는 문제를 낳았다. 다른 기업에 가면 그보다 훨씬 더 높은 임금을 받을 수 있으니 관리자 입장에선 굳이 벤앤제리스를 선택할 이유가 없었던 것이다. 벤앤제리스가 추구하는 가치에 열렬히 동의하는 사람만이 임금을 깎고 들어갈 수 있었기에 벤앤제리스는 만성적인 관리자 부족을 겪었고 이는 곧 경영 비효율로 이어졌다. 고성장을 지속할 때야 무리 없이 지나갔지만 성장이 둔화된 상황에선 이러한 문제점이 더욱 크게 느껴지는 법이다.

벤앤제리스를 더욱 큰 위험에 빠뜨렸던 것은 바로 드라이어스였다. 벤앤제리스는 원래 미국 동북부 일부에만 자체 유통망을 가지고 있던 지역 브랜드였다. 이랬던 벤앤제리스가 미국 전역에서 하겐다즈와 맞먹을 수 있는 대형 브랜드로 성장할 수 있었던 것은 전국 유통망을 갖춘 드라이어스 덕분이었다. 하지만 벤앤제리스는 자체 유통망이 없었기에 종속적인 입장일 수밖에 없었고 이는 벤앤제리스가 인수합병에 매우 취약한 구조라는 것을 의미했다. 실제로 드라이어스가 1998년에 벤앤제리스 인수를 시도하자,[29] 여기에 위기감을 느낀 벤앤제리스는 독점유통 계약을 종료하고 디아지오가 소유한 하겐다즈와 유통 계약을 맺어 유통 물량을 분산하기로 결정한다.[30]

하지만 1999년이 되자 문제는 더 복잡해졌다. 네슬레와 디아지오가 아이스크림 파트너스Ice Cream Partners LLC라는 합작회사를 설립하고 미국과 캐나다 아이스크림 사업을 넘긴 것이다. 이는 네슬레가 하겐다즈를 통해 미국 아이스크림 사업에 본격적으로 뛰어든다는 것을 의미했다. 네슬레는 당시 드라이어스의 지분 23퍼센트를 보유하고 있었으며 장기적으로 드라이어스의 완전 인수를 추진 중이었다. 이 말은 벤앤제리스의 전국 유통 채널이 하겐다즈에 사실상 종속된다는 의미였다. 더군다나 드라이어스는 하겐다즈, 벤앤제리스와 경쟁하기 위해 '드리머리'란 슈퍼 프리미엄 아이스크림 출시를 준비 중이었다.[31] 이렇게 되면 드라이어스의 유통 채널에서 드리머리를 더 많이 밀어줄 것이 뻔하므로 벤앤제리스는 하겐다즈와 드리머리에 밀려 3위로 내려갈 것이었다.

유통망이 막히고 시장 점유율이 줄어들고 매출이 감소하면 벤앤제리스의 정체성이라 할 수 있는 기부와 사회적 활동에도 큰 타격이 생긴다. 근로자를 해고하고 임금을 삭감하는 구조조정에 들어가야 하는 것은 물론이다. 이는 벤 코헨이 세운 세 가지 목표 중 직원과 주주에 대한 적절한 보상이란 기둥이 무너진다는 것을 의미했다. 결국 구조조정을 단행하지 않으려면 벤 코헨이 회사를 매각하는 방법밖에 없었다. 그래서 독립회사로서 사회적 활동과 기부를 이어가는 것을 조건으로 유니레버에 매각을 한 것이다.

브래드 에드먼슨이 쓴 《Ice Cream Social》에서 이 매각 협상 상황을 잘 설명하고 있다.[32] 벤 코헨은 벤앤제리스를 유니레버에 매각하면서 4천만 달러를 벌어들였지만 매각이란 결정을 매우 절망적으로 받아들였다. 엑시트에 성공한 기업인으로 박수를 받은 게 아니라 주변인들에게 위로와 애도를 받은 것이다.

벤앤제리스는 사회적 활동과 기부를 통해 브랜드의 정체성과 차별성을 확보했다. 그리고 이것이 벤앤제리스의 성공을 이끈 요인 중 하나라는 것은 확실한 사실이다. 이렇게 구축된 브랜드 덕분에 유니레버에 인수되어서도 아이스크림 시장을 이끄는 대표 브랜드가 될 수 있었다. 하지만 이러한 벤앤제리스의 성공에는 이면이 있다. 벤앤제리스는 경쟁에서 한 발짝 멀리 떨어져 있는 기업이었단 사실이다.

벤앤제리스는 경쟁자와 직접 경쟁한 적이 드물다. 슈퍼 프리미엄 아이스크림 시장의 폭발적인 성장에 발 맞춰 시장을 확대하면서 성장한 기업이기 때문이다. 초기엔 지역에 국한된 아이스크림 업체였고 그나마도 1986년에 드라이어스와 유통 계약을 맺은 이후에는 판매는 아예 드라이어스에 넘기고 생산과 사회적 활동에만 주력해왔다. 창업자인 벤 코헨 또한 경영은 경영자에게 맡기고 자신은 브랜드의 아이콘으로서 사회적 활동을 주도하고 이사회의 의장으로서 의결을 행사하는 일을 했다.

즉, 경쟁사와 점유율을 다투며 치열한 경쟁을 벌이지 않은 것이다. 벤앤제리스가 1999년 아이스크림 업계의 인수합병으로 경쟁해야 할 상황에 노출되었을 때 한 선택은 회사를 매각한 것이다. 즉, 벤앤제리스는 독자적으로 생존하기 어려운 브랜드였고 유니레버의 산하 기업이 되면서 그 유통망을 활용할 수 있었기 때문에 지금의 위치에 이를 수 있었던 것이다.

따라서 벤앤제리스는 도덕적이고 선한 기업이 큰 성공을 거두고 수익을 낼 수 있다는 것을 보여주는 성공적인 사례인 동시에, 다른 기업들은 이렇게 하기가 매우 어렵다는 것을 보여주는 사례이기도 하다.

상품을 생산하는 것은 기업의 내적 영역이지만, 상품을 마케팅하고 판매하는 것은 기업의 외적 영역이며 경쟁자의 존재와 경쟁에 대한 대응이 항상 전제되어 있다. 기업 간에 가장 치열한 경쟁이 발생하는 영역도 바로 이 부분이다. 벤앤제리스는 판매를 다른 기업에 맡김으로써 경쟁에서 비교적 자유로울 수 있었다. 다르게 이야기하자면 지저분한 일을 해야 하는 상황에 처한 적이 없단 말이다.

매각이란 선택지가 없는 경우를 상상해보자. 만약 시장이 정체된 상황에서 하겐다즈가 공격적으로 점유율을 늘리고 있다면 벤앤제리스는 어떻게 해야 할까? 하겐다즈에 점유율을 계속 빼앗기면 결국 직원을 해고하고 임금을 삭감해야 하는 상황이 온다. 이것을 막으려면 역시 공격적인 마케팅과 세일즈를 통해 점유율을 방어하고 하겐다즈의 점유율을 빼앗아야 한다. 조금 더 좋은 매대를 차지하고 유통망을 확보하기 위해 물밑에서 경쟁을 벌여야 한다. 그리고 이 모든 일에는 비용이 든다. 벤앤제리스는 이 모든 상황을 제대로 겪어보지 않았다. 반대로 거의 대부분의 기업은 이 모든 상황에 노출된다.

이렇게 처한 환경이 완전히 다른데 과연 벤앤제리스를 훌륭한 사례라고 할 수 있을까? ESG 경영이 달성 불가능한 헛꿈이라거나 선한 기업은 존재할 수 없다는 의미가 아니다. 이 장의 앞에서 언급한 것처럼 경쟁이란 상황에서 요구되는 자질은 평상시와는 다르다는 의미다.

전시 CEO, 평시 CEO

상황에 따라 필요한 자질이 다르다는 것은 기업가들 사이에서도 어느 정도 알려진 사실이다. 사업가이자 벤처투자자인 벤 호로위츠는 그의 책 《하드씽》에서 전시 CEO와 평시 CEO란 개념을 제시했다.[33] 평시란 '회사가 핵심 시장에서 경쟁사들보다 큰 폭으로 우세한 위치에 있으면서 시장이 커지고 있는 시기'를 말한다. 이런 상황에선 직원을 좋은 말로 다독이고, 갈등을 줄이기 위해 의견을 중재해 구성원들의 합의를 얻고, 규약을 중시하고, 시장 확대에 주력하는 CEO가 유능한 CEO다. 아마 많은 사람이 생각하는 '이상적인 CEO'의 이미지가 바로 이런 모습일 것이다.

그러나 기업 대부분은 이러한 상황에 있지 못하다. 벤 호로위츠의 표현대로라면 '전시 상황'에 있다. 이런 상황에선 구성원의 의견을 조율하는 행동은 사치스러운 일이고 최악의 행동이다.

대표적인 사례가 리처드 루멜트의 《전략의 거장으로부터 배우는 좋은 전략 나쁜 전략》에서 언급된다.[34] 미국 초기 컴퓨터 산업의 대표 기업 중 하나였던 DEC는 32비트 PC의 등장과 함께 기업의 존립이 흔들리는 상황에 처했다. 이때 위기를 타개하기 위해 내부에서 세 가지 전략안이 도출됐고, 이 세 가지 안 모두 양보 없이 치열하게 서로 논쟁을 이어가고 있었다. 하나의 안에 다수 의견이 쏠리지 않고 서로 의견이 첨예하게 엇갈리는 가운데 CEO인 켄 올슨은 어떤 선택을 했을까? 세 가지 의견을 모두 절충한 합의안을 선택했다.

'의견을 절충한 합의안이 가장 좋은 게 아니냐?'라고 생각하실 분도 있을 텐데 실제론 그렇지 않다. 기업이 가진 자원(자본, 인력, 시간)은 한정되어 있다. 한정된 자원을 하나의 목표를 위해 수립된 전략에 집중해야 최대의 효과가 나오는 법인데 자원을 서로 다른 세 가지 안에 분산해버렸으니 이도 저도 아니게 될 수밖에 없었다. 평시라면 구성원 간의 갈등을 봉합하고 줄이는 게 중요하지만 전시에는 문제를 해결하고 생존하는 게 최우선이다. DEC는 이 상황에서 의견이 갈린 세 그룹 간의 정치적 타협을 중요시했고 그 결과 회생의 가능성과 시간을 동시에 날려버렸다.

비슷한 상황에서 인텔의 전 회장이자 CEO였던 앤드루 그로브는 다른 태도를 취했다. 1980년대 일본 기업들이 메모리 반도체 공세를 펴면서 인텔이 급격하게 경쟁력을 잃어가자 메모리 사업부를 직접 잘라낸 것이다. 인텔은 2010년대까지 CPU의 대명사였지만, 1980년대까진 메모리의 대명사였기에 이는 우리나라로 비유하자면 신세계가 백화점 사업을 그만둔 것이나 다름없는 일이었다. 앤드루 그로브가 이 선택을 내릴 때, 그는 구성원들의 합의를 도출한 게 아니라 논쟁하면서 이 방식이 옳다고 밀어 붙였다. 만약 동의와 합의를 구하는 방식이었다면 메모리 부문을 정리하지 못했거나 정리했다 하더라도 시간이 많이 흘러 일어서기 어려운 상황에서였을 가능성이 높다.

호로위츠식 전시 CEO는 승리하기 위해 규약을 위반하기도 하고, 자신이 가고자 하는 방향에 방해가 될 요소는 아주 작은 것까지 신경 쓰는 편집증적 면모를 보이며, 논쟁을 부추기고, 의견 차이를 용납하지도 않는다. 아마 대부분의 사람들이 생각하는 '좋은 CEO'의 모습과는 정반대에 가까울 것이다. 하지만 극한의 경쟁 상황이 이러한 특성이 경쟁에 유리한 요소로 만들기에 전시에 알맞은 CEO가 되는 것이다.

인간적인 단점이 특수한 상황에서 매우 긍정적인 효과를 발휘한 대표적인 사례로 영국의 전시 총리 윈스턴 처칠을 들 수 있다. 처칠은 완고하고, 독선적이고, 호전적이고, 당과 여론에 도전하기를 주저하지 않았고, 말이 거칠었다. 이 때문에 동료 정치인들과 늘 날을 세웠고, 당을 두 번이나 바꾸면서 신뢰하기 어려운 인물로 낙인이 찍혔다. 또한 서툰 판단력이 호전성과 맞물려 무장 강도를 급습하자고 주장했다가 이것이 실패하면서 곤욕을 겪었고, 오스만 제국을 불필요하게 자극하여 모두가 반대하는데도 전쟁을 벌이다

갈리폴리에서 영국군 역사에서도 손꼽히는 패전을 기록했다. 게다가 독립을 외치는 인도에 여당, 야당 모두 자치권을 부여하는 것으로 의견이 모아졌는데도 불구하고 혼자 반대하다가 '영국의 나치'라는 별명까지 붙었다.

하지만 처칠이 전시 총리로 임명된 후 이러한 기질은 정반대로 작용했다. 당시 영국 정치권 내에서 협상을 통한 영국의 독립 유지에 대한 의견이 높았는데도 처칠의 완고하고 호전적인 기질이 이 의견을 따르지 않고 항전을 외치게 만든 것이다. 연합군이 결국 독일을 항복시켰다는 역사를 알고 있는 우리로서는 처칠의 이 결정이 매우 당연하고 쉬운 것처럼 보이지만, 당시 상황을 자세히 살펴보면 정반대의 결정을 내려야 하는 상황이었다. 나치 치하의 독일이 프랑스를 항복시켰던 1940년 6월, 유럽에선 독일에 대항할 수 있는 국가가 영국밖에 남지 않은 상황이었고, 미국은 고립주의를 계속 고수할 뿐 참전 의사를 전혀 보이지 않았다. 게다가 당시는 나치의 악행이 대외적으로 알려지기도 전이라 협상이 훨씬 합리적인 선택으로 보이던 상황이었다. 이런 상황에서 항전을 외친 처칠의 선택은 무모하고, 독선적이고, 상황과 남의 의견 따위 제대로 신경 쓰지도 않는 그의 성격이 긍정적으로 작용한 결과다.

하버드 경영대학원 교수 가우탐 무쿤다는 《인디스펜서블》에서 이런 처칠과 전임 총리였던 네빌 체임벌린을 대조적으로 묘사했다.[35] 체임벌린은 '히틀러의 전쟁 야욕을 막지 못하고 휘둘린 무능한 정치인'이란 평가가 많다. 하지만 체임벌린은 자세한 정보를 수집해서 신중하게 판단하고, 가까운 조언자와 함께 중요한 의사 결정을 내리고, 내각의 의견을 수렴하여 갈등을 중재하는 데 뛰어난 능력을 보였다. 무쿤다는 체임벌린의 이러한 성향이 평화의 시기였으면 굉장히 유능하게 작용했을 테지만, 히틀러라는 존재가 있고 한 치 앞도 알 수 없는 혼란스러운 시기에 필요한 능력은 아니었다고 평가한다. 환경과 상황에 따라 필요한 능력과 기질이 이렇게나 큰 차이가 난다는 것을 보여주는 또 하나의 사례라고 할 수 있다.

결론은 소비자 후생

우리가 긍정적으로 생각하는 특성이 알고 보면 시민적 덕목이나 도덕적 가치와 충돌하는 경우도 있다. 바로 '창의성'이 대표적인 예다. 행동경제학자 댄 애리얼리의 저서 《거짓말하는 착한 사람들》에 따르면 부정행위나 부도덕은 자기합리화에서 비롯되고, 창의성도 이 과정에 영향을 미친다.[36] 즉, 창의성이 높은 사람일수록 자기합리화에 능하고 부정행위도 더 많이 저지른다는 것이다. 얼핏 보면 상관없을 것 같은 창의성과 부정행위가 연관성이 있다는 것은 창의성의 특성 때문이기도 하다.

창의성은 기존의 규칙을 넘어 새로운 접근법으로 문제의 해결책을 제시한다. 이 특성이 인류의 발전과 성장을 불러왔지만, 한편으로는 기존의 규칙을 무시하거나 우회하는 데 활용될 수도 있다는 의미다. 즉, 창의성은 '이득을 위해 부정직한 사람이 되어도 좋다는 자기합리화를 제공하면서도 자신을 정직한 사람으로 여기게 하는 멋들어진 이야기를 제공한다.' 분명 창의성이 기업가의 필수 덕목으로 꼽히지만, 창의성이 기업가에게 이득을 위해 부정직한 사람이 되었는데도 자신을 정직한 사람이라고 믿게 한다는 것도 기억해야 한다. 이 점이 대중이 일반적으로 생각하는 사이코패스의 특성이란 것을 고려하면 시사하는 바가 크다.

결국 극심한 경쟁에 항상 노출된 스타트업과 창업의 세계에서 기업가가 일반 시민과 다른 사고방식과 태도를 보이는 것은 어찌 보면 당연한 일일지도 모른다. 그들의 사이코패스 성향은 기업을 이끄는 리더로서 중요한 자질이자 경쟁 상황에서 필요한 자질이기 때문이다. 이 부분을 곱씹어 보면, 인간의 다양성이 사회에 미치는 영향에 대해 놀라게 된다. 세상에 법 없이도 살 수 있는 올바른 사람들만 있다면 인간은 경쟁에 적합하지 않은 존재가 되었을 것이다. 다시 말해 올바르기만 하면 제대로 된 성과를 달성하기 어렵다는 뜻이다. 인간의 문명과 발전이 인간의 목적 지향성과 성과 추구 성향 덕분에 이루어졌다는 것을 감안하면 평상시의 '나쁜 성격'도 어느 정도 필요하다.

하지만 이러한 깨달음은 우리에게 다른 질문을 던지기도 한다.

예전에 강연에서 '치열한 경쟁 상황은 그 자체로 총력전이기에 때로는 무자비함이 필요한 때도 있다'라는 이야기를 했는데 이때 한 학부모께서 이런 질문을 하신 적이 있다. "아이들을 키우는 입장에선 말씀하신 내용을 어떻게 설명해야 할지 걱정도 됩니다. 경쟁에선 도덕적으로 문제가 있는 행위도 용납된다는 뜻인가요?" 아마도 도덕과 현실의 괴리에서 고민하던 것을 물으셨을 것이다.

우리가 아는 거대기업들이 도덕적으로 옳은 일만 해서 그 자리에 올랐다는 건 착각이다. 각 기업의 행적을 되짚어보면 참으로 다양한 방법으로 경쟁자를 배제하려 하거나 우위를 점하려 하는 모습들을 발견할 수 있다. 그러니까 각자 다양한 방식으로 꼼수를 쓰거나 수작을 부리는 것이다. '필요하면 반칙도 해야 한다'라는 말은 바로 이런 맥락에서 나왔다. 앞서도 언급했듯이 무조건 도덕성만 요구하는 경우 기업가로서 필요한 자질을 발휘하는 것을 막아버릴 수 있다. 경쟁의 본질은 상대방이 잘하는 것을 못하게 막고 내가 잘하는 것으로 부딪쳐 이기는 것이다. 완벽한 도덕성은 경쟁에 어울리지 않는다. 특히 국내에서만 경쟁을 벌이는 것이 아니라 국가를 넘어 경쟁이 벌어지고 있기 때문에 이러한 요구는 세계 시장에서 스스로 불리해지겠다는 것이나 다름없다.

하지만 '필요하면 반칙도 해야 한다'라는 말을 '상대방에게 부상을 입혀도 괜찮다'라는 말과 같은 뜻으로 받아들여서는 안 된다. 서로 목숨을 걸고 하는 전쟁에서도 민간인이나 포로의 학살은 아주 오래전부터 지탄을 받아왔음을 생각해보자. 아무리 그래도 넘지 말아야 할 선은 있다는 의미다. 앞서 언급한 연구에서도 사이코패스 성향이 지나치면 리더십의 효율성과 리더십의 힘 자체가 하락한다고 했다.

문제는 기준선이 불명확하다는 점이다. 대체 경쟁 상황이란 특수성을 어디까지 용납하고, 어디서부턴 용납하지 않아야 할까? 기업가가 경쟁 상황에서 저지르는 비도덕적인 행동을 어디까지 용납해줘야 할까? 매우 어려운 질문이고 이 점에 대한 명확한 합의도 아직 이루어지지 않았다.

나는 판단의 기준이 '소비자 후생'이라고 생각한다. 두 기업이 서로 이겨보겠다고 온갖 수작을 부리든, 신사협정을 맺고 정정당당하게 경쟁하든 소비자의 입장에서는 아무것도 달라질 게 없다. 서로 반칙을 저지르고 무리수를 두더라도 소비자 후생이 증가한다면 그 행위가 범죄가 아닌 이상 용인해도 괜찮다. 하지만 한 기업이 경쟁사를 이겨보겠다고 소비자 후생을 감소하는 행위를 한다면 상황은 달라진다.

예를 들어 기존의 업계에서 판매하는 상품과 질적으로 차이가 없는 상품을 판매하는 A사가 있다고 하자. A사가 차별화를 위해 '기존의 업계 상품은 사실 저질 상품이고 우리 상품이 좋은 것'이라며 네거티브 마케팅을 한다면 어떻게 될까? 소비자가 이러한 마케팅에 넘어가지 않는다면 아무런 문제가 없겠지만 현실은 다르다. 상품의 질적 차이를 판단하는 데는 해당 상품에 대한 제대로 된 이해와 지식이 필요하다.

　판매자는 대체로 이를 알고 있지만 소비자의 대부분은 그렇지 못하다. 이를 '정보 비대칭'이라고 하는데, 이 때문에 소비자가 네 거티브 마케팅에 종종 속아 넘어가는 것이다. 정보 비대칭이 사회적 논란이 될 정도로 문제가 커지지 않는 이상, 제대로 논의되기도 어려울 것이다. 자극적인 가짜 정보는 메시지가 짧고 명료해서 많은 사람이 주목하지만, 가짜 정보에 대한 반박은 길고 상세하게 설명해야 되기 때문에 사람들의 관심을 끌지 못한다. 이런 일이 생각보다 자주 벌어진다. 결과적으로 소비자는 동일한 상품을 구매하면서 더 많은 돈을 내는 셈이다. 또한 이렇게 시장을 교란하는 행위는 소비자가 시장을 불신하게 만들어 보이지 않는 비용이 발생한다. 이런 점들로 인해 소비자의 후생이 감소하는 것이다.

　따라서 기업가에 대한 적절한 규제와 감시, 비판이 필요하다. 기업가가 규제와 감시에서 자유로울수록 더 많은 혁신을 이룰 수 있다고 주장하는 사람들에겐 이 주장이 못마땅할 수도 있다. 하지만 아무리 기업가 자신이 하는 일이 혁신이라고 주장해도 소비자 후생이 감소한다면, 소비자 후생을 빼앗아 자신만의 사익을 위해 쓰는 행위일 뿐이다.

　또한 사이코패스 성향이 중간 정도의 수준일 때 리더십의 효과가 극대화되었다는 연구 결과를 다시금 떠올려보자. 규제와 감시,

비판이 없다면 과연 '적당한 수준'이 지속될 수 있을까? 이것은 경고와 퇴장을 없애면 축구 경기의 수준이 더 향상될 수 있다는 비합리적인 주장과 다를 바 없다.

규제기관과 시민단체의 규제와 감시도 바로 이 '소비자 후생'에 초점을 두어야 한다. 기업가는 성자가 아니다. 경쟁을 고려하지 않고 도덕적 규범만 강조할 경우 기업가는 경쟁력을 잃게 된다. 경기에서 뛰는 선수에게 일반 사회의 룰을 지킬 것을 요구하면서 몸싸움과 트래시 토크를 금지해선 안 된다. 기업가에게 기업가적 특성을 용인하여 경쟁하게 하되 선을 넘는 행위는 규제하고 감시해야 하며, 이 선의 기준은 소비자 후생으로 판단해야 한다.

독점과 담합을 규제해야 하는 이유가 무엇일까? 독점과 담합이 소비자의 후생을 감소하게 하고 이를 사적 이익으로 가져가기 때문이다. 경쟁력이 낮은 구산업에 대한 무조건적인 보호가 나쁜 이유는 무엇일까? 역시 소비자 후생이 감소하기 때문이다. 사회복지가 필요한 이유도 결국엔 국민 후생의 증가다. 경쟁에서 이탈한 사람들을 위한 안전장치가 없다면 후생은 감소한다.

이 장의 내용이 기업가의 부도덕성을 옹호하는 것으로 오독되지 않았으면 한다. 수차례 언급하지만 일상의 상황과 경쟁의 상황은 서로 다르고 이에 따라 갖춰야 할 자질도 분명 다르다. 경쟁에 필요한 자질이 일상적 기준에선 문제가 될 수 있다. 하지만 이를 비난하고 그 경쟁적 자질을 문제 삼기보다 경쟁적 상황의 특성을 이

해하고 소비자 후생을 감소하지 않는 선에서 용인하는 것이 필요
하다. 창의성이 규칙을 무시하고 피하는 용도로 사용되는 부정적
인 측면이 있다고 해서 창의성 자체를 문제 삼아선 안 되는 것처
럼 말이다.

PART

2
—

선점하는 기업,
추월하는 기업

쿠팡의 누적적자는 이미 6조 원을 넘어섰다. 쿠팡은 왜 이렇게까지 어마어마한 손실을 감수하는 것일까? 그것은 잘 알려져 있다시피 시장을 선점하고 장악하기 위해서다. 선점과 장악은 플랫폼 기업들의 숙명과도 같다. 그래서 모든 플랫폼 기업이 꽤 긴 기간 동안 손실을 감수하면서라도 규모를 키워 시장을 차지하고자 하는 것이다. 아마 이 사실은 플랫폼 기업과 빅테크 기업에 관심이 있는 사람들이라면 누구나 알고 있을 것이다.

그렇다면 질문을 한번 뒤집어보자. 대체 선점의 이점이 얼마나 대단하길래 기업들이 막대한 손실까지 감수하는 것일까? 선점의 이점이 크다는 것을 알고는 있지만 대략 짐작만 할 뿐 그것이 어느 정도인지 구체화하기란 쉽지 않다. 시장가치를 금액으로 표현하더라도 수치가 크다는 것을 알지 피부에 와닿는 정도는 아니다.

선점의 이점을 이해하기에 좋은 산업이 있다. 바로 국내 라면 산업이다. 라면 산업만큼 경쟁의 양상이 다양하게 나타난 산업은 그리 많지 않다. 널리 알려진 삼양식품과 농심의 대결로 요약되는 초기 라면 시장의 경쟁은 선점과 추월을 이해하기에 가장 적절한 사례다. 국내 산업사에서 가장 드라마틱하면서도 논란이 많은 추월이 벌어졌던 시장이기 때문이다. 라면 시장의 양대 산맥인 삼양식품과 농심의 경쟁을 살펴보면, 왜 수많은 기업이 시장을 선점하려고 그토록 애를 쓰는지 이해할 수 있을 것이다.

뒤이어지는 팔도, 빙그레, 오뚜기의 추격과 좌절은 군소 업체들의 경쟁과 생존 방식이 무엇인지를 보여준다. 모든 기업이 시장을 선점하고 주도하기를 희망하지만 그렇게 할 수 있는 기업은 극소수다. 대부분은 후발주자이자 군소 경쟁자로서 수명을 이어간다. 그렇기에 라면 시장의 후발주자들이 어떠한 방식으로 경쟁을 하고 생존을 추구했는지를 살펴보는 것은 1위와 2위의 격돌만큼이나 중요하다.

너무나도 익숙한 상품이 다수 등장하기에 우리는 라면 시장을 이미 잘 알고 있다고 생각하지만, 실상은 제대로 알지 못하는 디테일이 많다. 루머를 사실로 믿는 사람이 많다는 문제도 있다. 그렇기에 이 파트를 읽으시는 분들께 당부드리고 싶다. 이 파트를 읽으실 때는 자신이 알고 있다고 생각하는 사실들을 잠시 접어두고 다 읽으신 후에 평가하셨으면 한다.

삼양식품의 선점,
농심의 추월

브 랜 드   #삼양식품 #농심

주 제 어   #선점우위 효과 #후발주자의 추격

재난이 닥칠 것으로 예상될 때면, 우리나라 사람들이 꼭 구매하는 상품이 있다. 바로 라면이다. 지금이야 라면 사재기가 그다지 많이 벌어지지 않지만, 과거엔 전쟁 위기에 놓일 때면 사재기가 벌어졌다. 1994년 김일성 사망 당시나 북핵 위기, 심지어는 1991년 걸프 전쟁처럼 멀리 떨어진 곳에 전쟁이 일어난 때도 사람들은 불안감에 너도나도 라면을 사들였다.

　사람들이 전쟁 위기가 고조될 때 라면을 샀다는 것은 참 재미있는 사실이다. 일반적인 인식과 달리 라면은 비상식량으로 적합하지 않은 상품이기 때문이다. 라면 하나를 먹으려면 물과 화력이 필요하다. 전쟁 통에는 깨끗한 식수와 연료를 구하는 것도 쉽지 않다는 점을 고려하면, 라면은 조리 과정 없이 바로 먹을 수 있는 통조림보다 비상식량으로 부적합하다. 그럼에도 불구하고 사람들이 위기를 느낄 때마다 라면을 사들이는 이유는 장기 보존이 가능한 식량이란 측면에서 라면이 가지고 있는 위상 덕분이다. 주식처럼 소비할 수 있으면서도 저렴하기 때문에 식량난을 대비하기에 라면보다 적합한 상품은 없었다.

라면이 이렇게 온 국민의 필수품이 된 것은 라면 기업들이 치열한 개발전을 벌인 결과다. 라면 시장에는 선발주자가 자리를 지키고, 후발주자가 선발주자를 추격하고, 또 추월하는 경쟁 그 자체가 고스란히 녹아 있다. 특히 1980년대에 후발주자인 농심이 삼양식품을 앞선 사건은 대표적인 추월의 사례다. 이 치열했던 경쟁에 대해 우리는 이미 알고 있다고 생각하지만, 사실 그 디테일을 알지 못하거나 잘못 알고 있는 경우가 많다. 시야를 농심이나 삼양식품이란 개별 기업에 두기보다 산업 전체로 넓혀보면 우리가 놓친 디테일을 발견할 수 있다. 우리가 얻을 수 있는 교훈도 바로 이 디테일에서 비롯된다.

과거 우리나라가 가난한 나라였다는 것은 익히 알려진 사실이다. 1960년대까진 만성적인 식량 부족을 겪는 최빈국 중 하나였다. 특히 쌀 생산량이 소비량보다 많이 부족했다. 바로 이러한 맥락에서 1950년대부터 잡곡을 섞어 먹고(혼식), 밀가루를 먹는(분식) 혼분식 장려 운동이 등장했다.

하지만 본격적인 혼분식 장려 운동은 1962년부터 시작되었는데, 이는 1961년 5·16 쿠데타로 정권을 장악한 군부의 통치 초기에 식량난이 발생했기 때문이다. 1961년의 대홍수, 1962년의 태풍과 가뭄이 연이어 벌어지면서 흉작이 계속되었고, 암거래 시장에서 쌀값이 폭등했다. 역사적으로 식량 가격의 불안정은 정권 불안정으로 이어졌기에 군부 입장에선 식량난을 반드시 해결해야 했다. 이 때문에 1962년 11월에 쌀의 수요 대체와 식생활 개선을 위한 혼분식 장려 운동을 이전과 달리 강제적인 방법까지 동원해서 시행했다. 이러한 배경에서 우리나라의 라면 시장을 개척한 삼양라면이 등장한다.

선점하는 기업, 삼양식품

삼양식품은 동방생명, 제일생명에서 사장직을 거친 전중윤 회장이 설립했다. 보험업계에서 일하던 전중윤 회장이 라면 사업에 뛰어든 건, 꿀꿀이죽으로 끼니를 때우던 노동자들을 보고 일본 출장 때 접했던 라면이 값싼 대체 식품이 되리라고 생각했기 때문이다. 문제는 달러 수급이었다. 지금이야 외화를 구하는 게 어렵지 않지만 당시는 정부의 철저한 관리 아래 각 기업에 외화가 할당되는 방식이었다. 그래서 자금 마련을 위해 중앙정보부 김종필 부장과 독대하여 농림부에 할당된 10만 달러 중 5만 달러를 원화로 사들여 일본으로 건너간다.[1] 하지만 일본 라면 제조사들과의 협상은 결과가 그리 좋지 못했다. 약속 자체를 잡을 수 없거나, 기기값과 기술이전 비용, 로열티가 당시 삼양식품으로서는 받아들이기 어려운 고액이었기 때문이다.

그러다 1963년 4월, 묘조식품 창업자인 오쿠이 기요스미와 협상이 성사되었다.[2] 이 협상에서 오쿠이 사장은 전중윤 회장에게 파격적인 제안을 하는데, 라면 제조 설비는 실비만 받고, 기술지도료와 로열티는 없이 라면 제조 기술을 무상으로 이전해주겠다는 것이었다. 오쿠이 사장이 이렇게 파격적인 조건을 제시한 이유는 '한일관계의 친선화' 때문이라고 전해진다. 조건은 물론이고 목적마저도 파격적인 이 계약을 계기로 1963년 9월 15일에 국내 최초로 생산된 인스턴트 라면이 바로 삼양라면이다.

삼양라면의 출시 가격은 10원이었는데 당연히 처음부터 잘 팔리진 않았다. 소비자는 완전히 새로운 상품을 소비하기보단 익숙한 상품을 소비하는 경향이 있다. 라면은 당시 우리나라 소비자들에겐 낯선 상품이었다.

이름부터가 그랬다. 지금이야 라면이라고 하면 누구나 뜨거운 국물에 꼬불꼬불한 면이 담긴 음식을 떠올리지만, 그때는 라면이 어떤 음식인지 전혀 알려지지 않았던 것이다. 그래서 삼양식품은 직원들을 거리로 보내 서울역, 남대문시장, 극장, 공원, 호텔 등에 조리대를 설치하고 라면 시식회를 열었다. 또 점심 시간에 회사나 공장을 찾아가 라면을 직접 끓여주기도 했다. 뭔지도 모르는 것에 돈을 쓸 사람은 없으니 직접 경험하게 한 것이다.

이러한 노력 덕분에 1960년대에 매출은 매년 200~300퍼센트씩 성장했고, 결국 삼양라면은 라면의 대명사가 되어 우리나라 사람들의 입맛을 길들였다.

삼양라면은 박정희 정부가 시행하던 분식 장려 정책의 황태자 같은 존재였다. 1967년에 쌀 4만 8천 톤의 대체 효과가 있던[3] 삼양라면을 '제2의 쌀'로 본 정부가 전폭적으로 삼양라면을 지원한 것이다. 대통령상과 대통령 표창을 수여하고, 식품업계 최초로 AID 차관을 지원하고,[4] 군납 업체로 선정하고, 수출 입찰 경쟁력 제고를 위해 독점수출권까지 부여하면서[5] 삼양라면은 더더욱 성장에 박차를 가할 수 있었다.

삼양라면의 대성공을 보고 경쟁 업체들도 뛰어들었지만 대부분 몇 년을 못 넘기고 사라졌다. 자체 기술로 상품을 만들기엔 품질이 형편이 없었고, 일본으로부터 기술이전을 받기엔 삼양식품의 무상 이전이란 조건과 비교했을 때 비용 측면에서 경쟁력이 없었다. 거기에 기술이전을 해준 기업이 묘조식품이란 점에서 그 격차는 더욱 컸다. 스프 별첨 방식을 처음 개발하면서 일본 라면 업계의 본격적인 경쟁을 불러온 기업이 바로 묘조식품이었기 때문이다. 거기에 삼양라면의 가격은 쌀의 대체 식품으로써 의도적으로 낮게 책정되어 있었기에 어떻게 해도 가격 경쟁력을 극복하기가 어려웠다.

경쟁에서 선발주자가 유리한 것은 선점우위 효과 덕분이다. 새로운 시장을 창출한 기업은 경험과 인프라, 유통망 구축에서 타사보다 우위에 선다. 또한 시장이 빠르게 성장하면서 그 가운데 선두 기업의 상품과 서비스가 시장의 표준이자 대표로 자리 잡게 된다. 일단 이렇게 자리 잡고 나면 이후 소비자의 인식을 뒤집기란 쉽지 않다. 후발주자에게 일종의 진입장벽으로 작용하는 것이다.

1960년대 삼양식품은 선점우위 효과를 제대로 누렸다. 기술적 우위는 물론이고 생산 비용 우위, 가격 경쟁력 우위, 정부의 지원까지 독차지했다. 이러니 수많은 기업이 라면 시장에 도전했지만 다 참패한 것이다. 더군다나 삼양라면은 시장에서 참패한 기업들의 시설을 인수하면서 시장 지배력을 더욱 강화해갔다.

1960년대 말의 농심도 삼양식품에 밀려 도태를 앞둔 기업 중 하나였다.

추격하는 기업, 농심

묘조식품이 일본에서 라면 업계의 지각변동을 일으키고 있던 때만 하더라도 신춘호 회장은 라면에 관심이 없었다. 라면이 본인 입맛에 맞지 않았던 게 가장 큰 이유였다. 하지만 일본의 라면 시장이 폭발적으로 성장하고 우리나라에서도 삼양라면이 돌풍을 일으키자 뒤늦게 관심을 가지고 라면 사업에 뛰어들었다. 형인 신격호 회장이 동생의 라면 사업 진출에 격렬하게 반대했던 일화가 굉장히 유명하다. 신춘호 회장은 이때 형과 사실상 척지다시피 하면서 독립했고, 자본금 500만 원과 명동 사채시장에서 끌어모은 돈으로

1965년에 롯데공업을 세웠다. 이것이 바로 우리가 아는 농심의 첫 출발이었다.

하지만 야심 찬 출발과 달리 롯데공업의 사정은 다른 경쟁사와 마찬가지로 좋지 못했다. 선발주자의 이점을 가진 데다 다른 모든 부문에서 우위를 차지한 삼양식품을 이길 수가 없었기 때문이다. 특히 격차가 컸던 부문은 유통이었다. 당시 국내의 유통은 제조사가 공장에서 대형 도매상에 납품하면, 이들이 구멍가게라고 불리는 영세 소매상에 납품하여 판매하는 방식이었다.

이 과정에서 얼마나 많은 도매상을 거래처로 확보하느냐가 핵심이었는데, 인지도가 낮은 후발 기업들은 충분한 수의 거래처를 확보하기 어려웠다. 결국 납품 단가를 깎아 거래처에 높은 마진율을 보장해줘야 했고, 이는 고스란히 회사의 부담으로 돌아와 회사는 팔면 팔수록 손해인 상황에 처했다. 그렇게 힘들게 거래처를 확보하더라도 삼양식품의 영업사원이 '계속 납품받고 싶으면 경쟁사와 거래를 끊으라'라는 압력을 넣으면 단번에 거래처가 날아가기도 했다.

이러한 상황은 롯데공업도 마찬가지여서 온 사원이 사활을 걸고 판매를 해야 했다. 삼양식품의 제품이 적은 홍은동, 오류동 등지에서 한정판매를 하거나, 끼워팔기와 경품 제공까지 시도했지만 늘 재고가 넘쳤고, 오히려 이런 전략이 팔수록 손실이 늘어나는 상황을 초래했다. 오죽했으면 롯데공업이 1969년에 운영하던 두 공장 중 하나의 가동을 중단하고 삼양식품에 라면 사업을 매각하는 안을 검토했을까? 그러나 1970년에 두 가지 상품이 작은 성공을 거두며 롯데공업은 전환기를 맞이한다.

1970년 2월에 출시한 롯데짜장면은 롯데공업이 라면에서 거둔 첫 성공작이었다. 짜장면이 지금은 저렴한 대중 음식이지만, 50여 년 전에는 고급 외식 메뉴였다. 중국집 또한 생일이나 졸업식 때 가던 곳이었고 심지어는 상견례 장소로도 활용되었다. 고급 메뉴이던 짜장면을 합리적인 가격의 인스턴트 라면으로 만든 상품이 바로 롯데짜장면이었다. 기존에 면 요리를 라면으로 만든 인기 제품으로는 1960년대 후반에 출시된 삼양 칼국수가 있었다. 롯데짜장면은 삼양 칼국수를 단숨에 제치고 돌풍을 일으켰다. 삼양식품에서 3월에 급하게 삼양짜장면을 출시하며 롯데짜장면을 견제하려고 시도했을 정도다. 물론 품질이 롯데짜장면보다 좋지 않았기 때문에 당연히 잘 팔리지 않았다.[6]

롯데짜장면의 성공으로 롯데공업은 자신감을 얻고 10월에 또 다른 차별화된 상품을 출시했는데, 바로 롯데 소고기라면이었다.

1960년대까지 시장을 주도하던 삼양라면은 일본 묘조식품의 기술을 쓰다 보니 기본 육수가 일본식 라면과 동일한 닭 육수였다. 그러다 박정희 대통령이 '국물이 좀 더 칼칼했으면 좋겠다'라고 말한 것을 계기로, 소고기를 사용하게 되었다.[7] 우리나라 사람들은 전통적으로 소고기를 매우 선호했기 때문에 소고기 육수 베이스

라면에 대한 잠재 수요가 있는 상황이었다. 롯데 소고기라면 출시
는 돌풍을 일으켰다.

삼양식품도 바로 며칠 뒤에 삼양 소고기면을 출시했고, 4개월
만에 정부 우수식품으로 지정받으면서[8] 롯데 소고기라면의 돌풍
을 어느 정도 잠재우는 데 성공했다. 하지만 소고기라면 대결은 롯
데공업의 전환점이 되었다. 삼양식품이 주도하는 시장에 수동적으
로 끌려다니던 입장에서 벗어나 차별화로 주도권을 잡는 경험을
한 것이다. 매출과 점유율에서도 유의미한 성과를 거뒀다. 1969년
엔 10퍼센트에도 미치지 못하는 점유율과 13억 8천만 원의 매출
을 기록했지만, 1971년엔 점유율 23퍼센트, 매출 41억 1천만 원으
로 크게 성장했다.

결국 다른 후발주자들은 모두 사라졌고 롯데공업만이 삼양식품
과 경쟁하는 기업으로 살아남았다.

두 기업의 서로 다른 선택

1970년대 들어 두 기업은 서로 다른 전략을 선택했다. 먼저 라면
시장의 지배자였던 삼양식품은 새로운 성장 산업 발굴에 나섰다.
기업이 사업 다각화를 추진하는 것은 당연한 일이지만 삼양식품
은 그 방향성이 특이했다. 주식 대체 식품과 식생활 개선에 중점을
둔 것이다.[9] 전중윤 회장은 한 인터뷰에서 대관령 목장 건설과 축

산업 진출에 대해 '농가 소득 증대와 식생활 개선이 주목적'이라고 밝힐 정도였다. 1970년대 삼양식품의 방향성이 정확하게 반영되어 있었던 것이다.[10] 1976년에 시리얼을 자체 개발해 판매한 것도 같은 취지에서 이루어진 일로, 롯데공업이 켈로그와 합작회사를 설립해 한국에 시리얼을 들여온 시점보다 4년이나 앞섰다.

1960년대 이후 일어난 분식 장려 운동의 목적은 단순히 쌀을 절약하는 것이 아니었다. 근대화를 서구화와 동일시하면서 서구 음식 문화를 수용하는 것이 발전이라는 생각이 깔려 있었던 운동이었다.[11] '쌀밥 위주의 식단이 제대로 된 영양을 공급해주지 않아서 선진 국가보다 체력이나 체격도 뒤떨어진다'라는 내용이 1980년대 초반까지 정부의 발표 자료에 실렸던 것에서 그 흔적을 찾아볼 수 있다. 분식 장려 운동의 황태자 지위를 차지한 삼양식품이 이 논리를 그대로 받아들여 축산업과 유업에 뛰어들고 시리얼을 생산한 것은, 어찌 보면 당연한 일일지도 모른다.

1970년대 삼양식품은 신용과 전통을 강조하며 공익적 이미지를 어필하던 기업이었기에, 정부의 정책 방향에서 크게 벗어나긴 어려웠다. 그 때문에 본업인 라면 분야는 유통망을 확대하는 정도로만 관리하여 점유율을 유지하고, 신사업인 유업과 관련 산업 확대에 공을 들였다. 전체 매출에서 라면 의존도를 줄이면서 종합 식품 기업으로 성장하는 길을 밟은 것이다.

반면 롯데공업은 전문 분야에 집중하는 길을 택했다. 롯데공업

▼ 롯데공업 매출액

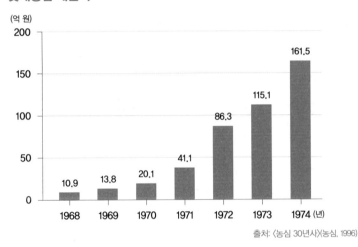

출처: 〈농심 30년사〉(농심. 1996)

은 소고기라면으로 1970년에 작은 성공을 거뒀지만, 아직은 확고
하게 자리를 잡지 못한 상태였다. 그러던 중에 1971년 11월, 일본
의 갓파 에비센을 참고해 만든 것으로 알려진 새우깡을 출시한다.
스낵이란 개념조차 없었던 시대에 새우깡을 등장시켜 스낵 시장을
개척한 것이다. 새우깡은 출시 직후인 1971년에만 20만 5천 박스
가 팔리더니 1972년엔 425만 박스가 팔리는 엄청난 기록을 세웠
고, 롯데공업은 큰 성공을 거뒀다. 롯데공업의 매출도 41억 1천만
원에서 86억 3천만 원으로 2배 이상 증가했다.

　새우깡의 성공에 놀란 삼양식품이 뒤늦게 스낵 시장에 뛰어들어
1972년 4월에 콘칩을 출시했지만 새우깡을 전혀 견제할 수 없었

다. 그래서 카라멜콘과 뽀빠이를 출시하는 등 다품종 전략으로 전환하고, 1972년 말에 새우깡의 유사 상품인 잠보새우를 출시한다. 하지만 맞대결에서 참패하면서 처음으로 롯데공업에 뒤처지게 되었다.[12]

새우깡의 대성공은 단순히 매출이 증가하는 것에만 그치지 않았다. 새우깡에 대한 납품 요청이 쇄도하면서 유통 협상력도 점점 향상되었고 거래처와 판매량도 늘어났다. 그동안 열세였던 라면 유통에서도 활로를 찾았다. 새우깡에 라면을 끼워 팔 수 있었기 때문이다.[13]

여전히 삼양라면의 벽이 높아 롯데공업의 점유율은 20퍼센트대에 머물렀지만, 공세를 취할 수 있다는 것이 이전과는 다른 큰 변화였다. 더 중요한 점은 새우깡 판매를 통해 확보한 현금을 사업 확장과 투자에 쓸 수 있게 된 것이었다. 실제로 롯데공업은 기존의 공장을 증설하고, 새 공장 건설에 착수하는 등 꾸준히 생산 설비에 투자하면서 라면과 스낵 시장의 경쟁력을 더욱 강화해나갔다. 그 결과물이 1975년에 출시한 농심라면이다.

농심라면은 기존의 라면들이 너무 기름지다는 피드백을 참고해, 식물성 기름인 팜유를 사용해 좀 더 담백하게 만든 라면이었다. 1960년대까지 면을 튀길 때 라드를 썼고, 1970년에 나온 소고기라면 이후부터는 우지를 사용했는데, 라드와 우지는 공통적으로 유통 과정에서 기름이 산패되기 쉽다는 단점이 있었다. 팜유로 기름을 대체하면서 산패 문제가 해결되고 보존 기간이 더 길어졌다.[14] 소비자들도 동물성 기름보다 식물성 기름이 몸에 좋다고 인식하고 있었기에, 농심라면은 공장을 쉬지 않고 가동해도 공급량이 부족할 정도로 인기를 끌었다.

1977년에 삼양식품은 팜유를 사용한 라면에 '건강면'이란 이름을 붙여 판매했다. 당시 사람들이 식물성 기름을 우지보다 더 고급으로 평가하고 있었음을 알 수 있다. 시간이 지나 이 기름의 차이가 식품 산업 최대의 스캔들이 되었다는 것을 생각하면 아이러니하다고 할 수 있다.

농심라면은 '형님 먼저 아우 먼저'라는 광고 카피로도 유명했는데 정작 신춘호 회장과 신격호 회장의 사이는 굉장히 나빴다. 두 형제의 사이는 원래도 좋지 않았지만, 롯데공업이 새우깡 이후 감자깡, 꿀꽈배기 등을 출시해 롯데제과가 차지하고 있던 과자 시장에 계속 끼어들자 더욱 나빠졌다. 이 갈등은 결국 신격호 회장이 '롯데'란 상호를 쓰지 못하게 하면서 극단으로 치달았다. 롯데공업이 1978년에 농심으로 상호를 변경한 것도 바로 이 때문이다.

이러한 우여곡절을 겪으면서도 농심은 삼양식품이 주도하던 라면 시장에서 공세적인 태도를 취했고, 농심라면의 성공으로 천천히 시장 지배력이 강화되었다. 그 결과 1970년대 후반 라면 시장은 삼양식품과 농심이 65퍼센트와 35퍼센트로 그 차이가 좁아졌다.

라면 시장의 대격변

1981년에 국내 소비시장에 대격변을 예고하는 일이 일어난다. 바로 공정거래위원회(공정위)와 공정거래법이 등장한 것이다. 박정희 정부 시절에 라면은 생필품이자 비상식량으로 떠올랐고, 정부에서 철저하게 가격을 통제했다. 하지만 공정위의 등장으로 라면은 국가가 통제하는 시장이 아니라 업체끼리 자유롭게 경쟁하는 시장으로 변했다.[15] 또한 소비자들도 1980년대 들어 과거와 달리 배를 채우기 위한 음식이 아니라 맛있고 고급스러운 음식을 점점 선호하기 시작했다. 즉, 1981년을 기점으로 상황이 완전히 달라진 것이다.

1982년에 이런 자유화 흐름에 맞춰 삼양식품과 농심 모두 신제품을 출시한다. 둘 다 프리미엄 라면을 표방했고 가격도 이전보다 더 높았다. 우선 삼양식품에서는 삼양라면에 건조 홍합 등을 넣어 해산물의 맛을 강화한 삼양라면 골드를 출시했다. 기존의 베스트셀러를 고급화했으니 안전한 선택이라고 할 수 있다. 반면 농심은 이번에도 차별화를 시도해 새로운 상품을 출시했다. 우동에서 모티브를 얻어 더 굵은 면과 건더기 스프를 활용한 라면을 만들었는데, 이것이 바로 너구리였다.

신제품 1차전은 출시 시점을 기준으로 보자면 박빙의 승부였다. 하지만 시간이 갈수록 삼양라면의 비싼 가격에 불만을 느끼는 소비자들이 늘어나고, 건조 홍합에서 모래가 나오는 등 품질 관리에서 문제가 발생하면서 삼양라면 골드의 인기는 떨어졌다. 삼양식품에서 너구리의 영향력을 줄이기 위해 동일한 우동 면 콘셉트의 왕서방면을 1983년 1월에 출시한 것으로 보아, 1차전의 결과는 너구리의 판정승으로 보인다.

흔히 1980년대를 삼양식품과 농심의 라면 전쟁 시기로 기억하지만, 제대로 된 맞대결은 1982년에 펼쳤던 1차전이 마지막이었다. 이후에 신제품 개발 전쟁에서 농심은 공격적으로 신제품을 선보인 반면, 삼양식품은 농심의 공세에 수세적인 태도로 대응했기 때문이다.

1983년에는 농심에서 안성탕면을 출시했다. 농심의 안성 공장 완공을 기념하여 붙인 상품명으로, 이름에 '탕'을 넣었다는 점에서 기존의 라면보다 국물 맛을 강조하는 제품이라는 것을 알 수 있다. 즉, 국물에 차별성을 두고 승부를 건 것이다. 안성탕면은 담백한 국물 위주의 라면에서 좀 더 칼칼하고 매운 국물 위주의 라면으로 시장 트렌드가 전환되었음을 알린 제품이기도 하다. 안성탕면 역시 나오자마자 큰 인기를 끌었고, 삼양식품에서는 이번에도 안성탕면의 영향력을 줄이고자 비슷한 콘셉트의 상품을 출시했다. 1984년에 서울탕면, 영남탕면, 호남탕면 등 3종을 출시한 것이다. 하지만 이들 제품 역시 오래가지 못했다.

1984년엔 농심에서 짜파게티를 출시한다. 농심은 1970년 롯데

짜장면을 시작으로 1978년 삼선짜장면, 1983년 농심짜장면 등 짜장라면을 꾸준히 출시해왔다. 하지만 이 라면들은 어디까지나 짜장면이라는 고급 음식의 마이너 카피에 불과했다. 건조 스프로 맛을 내는 것에 한계가 있기 때문에, 직접 기름에 볶아 맛을 내는 진짜 짜장면과는 품질에서 차이가 클 수밖에 없었다.

하지만 짜파게티는 달랐다. 농심 측은 볶은 간짜장 맛이라고 설명하지만, 소비자 대부분은 '짜파게티 맛'으로 정의 내린다. 게다가 이름도 짜장면이 아닌 짜장면과 스파게티를 결합한 짜파게티라고 지어서, 소비자는 짜장면과 다른 음식으로 인지했다. 농심의 차별화 전략으로 탄생한 또 다른 걸작이었던 셈이다.

삼양식품은 이번에도 짜파게티를 견제하기 위해 비슷한 콘셉트의 상품을 출시한다. 바로 1985년 출시된 짜짜로니다. 짜장과 마카로니를 결합해 지은 이름에서부터 짜파게티를 향한 경쟁 의식이 풍긴다. 짜짜로니는 짜파게티의 인기를 떨어뜨리지 못했으나, 지금은 나름대로 인기가 있는 독자적인 상품으로 대접받고 있다. 1994년에 짜장 액상 스프를 도입하여 볶아 먹는 짜장라면으로 새롭게 포지셔닝한 결과다. 삼양라면이 지배하던 라면 시장에 농심이 롯데 짜장면이라는 차별화되는 신제품을 선보여 시장 점유율을 높인 것처럼, 짜파게티가 지배하는 중화라면 시장에 짜짜로니라는 이색적인 상품을 내놓아 돌파구를 마련한 것이다. 물론 중화라면 시장의 변화를 시도한 시기가 너무 늦었고, 출시 당시에는 짜짜로니가 완패했다는 점은 인정해야 한다.

삼양식품과 농심이 1980년대 이렇게 상반된 행보를 보였던 이유는 당시 양사가 각각 어디에 집중했는지를 보면 알 수 있다. 삼양식품은 1980년에 유업 시장에 진출한다. 1970년대에 삼양 대관령 목장으로 대표되던 축산업 진출에서 더 나아가, 우유 및 유제품 시장으로 사업 영역을 확장한 것이다. 1970년대 삼양식품이 식품 기업 전체에서 규모로 1위를 다퉜던 만큼, 시장 확대에 분명 자신감이 있었을 것이다. 또한 유제품 산업이 국민의 영양 상태를 개선할 수 있는 산업이어서 삼양식품의 방향성에도 걸맞았다.

하지만 앞서 남양유업과 우유 업계의 경쟁에서 살펴보았듯이, 1980~1990년대 유업 시장은 국내 산업계 역사를 통틀어 가장 경쟁이 치열했던 시장 중 하나였다. 국가의 정책적 지원 아래 공기업처럼 운영되던 삼양식품이 이 시장을 감당하기엔 역부족이었다. 더군다나 삼양식품은 라면 업계에선 선점의 효과를 누릴 수 있었지만 유업 시장에선 후발주자 중에서도 가장 뒤처진 후발주자였다. 우유 부문에선 서울우유, 매일유업, 남양유업, 빙그레 등이 이미 진입해 있었고, 유가공 부문에서도 남양유업과 매일유업의 벽을 넘기 힘들었다.

삼양식품도 1976년에 콘플레이크를 개발하고, 1980년에 국내 최초로 떠먹는 요구르트(호상 요구르트)를 출시할 정도로 해외 유업 시장 연구 및 벤치마킹에 힘쓰긴 했다. 하지만 국내에서 시리얼이나 떠먹는 요구르트는 생소한 먹거리였고 결국 실패했다. 현재 떠먹는 요구르트의 대표 상품인 빙그레 요플레만 하더라도 1983년에 출시된 이후로 5년간 제대로 팔리지 않았다. 1988년 서울 올림픽 때 외국인 선수들이 먹는 장면을 보고서야 소비량이 늘어났을 정도로 낯선 것이었다.

삼양식품 입장에선 국내 라면 시장 개척에 성공했으니 다른 식품 부문에도 자신감이 있었을지도 모르겠다. 하지만 떠먹는 요구르트나 시리얼은 라면과 사정이 달랐다. 1960년대의 우리나라 소비자들은 라면이라는 개념을 몰랐을 뿐, 국물 있는 면 요리에 익숙했다. 따라서 라면이 국물 있는 면 요리라는 것을 알게 되자 사서 먹기 시작했고 판매량이 급속히 증가한 것이다.

삼양식품과 달리 농심은 라면에 더 많이 투자했다. 1982년 경기도 안성에 완공된 스프 공장이 대표적이다. 당시 라면 스프는 열풍 건조 방식으로 만들었다. 이 방식은 오래전부터 건조 분말을 만들던 일반적인 방식이지만, 열에 노출되는 만큼 맛이 떨어지기 쉬웠다. 농심의 안성 스프 공장은 동결 진공 건조 방식을 도입해 재료 본연의 맛이 변하는 것을 최소화했다. 그 결과 국물 맛은 비약적으로 향상되었다. 이러한 준비 덕분에 1981년에 라면 가격 제한이 풀리면서 새롭게 열린 프리미엄 라면 시장에서 농심이 주도권을 잡을 수 있었다.

그리고 1986년에 라면 신제품 전쟁에 방점을 찍는 상품이 등장한다. 바로 신라면이다. 신라면은 농심의 성공작 중에서 가장 높은 판매고를 기록했다. 얼큰한 맛으로 인기를 끌었던 안성탕면보다 더 매운 맛을 강점으로 큰 성공을 거두었다. 비교적 순한 맛에서 자극적인 맛으로 라면 시장의 흐름이 재편된 것이다. 신라면의 성공으로 23년간 삼양라면이 이끌던 라면 시장의 패러다임이 완전히 바뀌었다. 이후 나온 라면들이 점점 더 매워지는 것을 생각하면 그야말로 시장의 판도를 바꾼 상품이라고 할 수 있다.

농심의 추월, 삼양식품의 패착

시장이 이렇게 변하니 삼양식품의 라면 시장 점유율은 지속적으로 하락할 수밖에 없었다. 고가의 프리미엄 라면을 표방하며 소비자의 취향에 맞춰 다양한 라면을 개발하는 데 성공한 농심과 달리, 삼양식품은 그러한 개발력을 보여주지 못했다. '국내 최초 라면'이라는 타이틀의 주인인 삼양식품의 브랜드 파워는 여전히 강력했지만, 오랫동안 저가 라면 시장만 공략했기에 그 외의 영역에선 오히려 농심에 열세였다. 더군다나 삼양식품은 1985년 청보식품이 라면 사업에 진출할 때 개발과 영업 관련 임직원을 대거 빼앗기면서 인력 공백을 겪기도 했다.[16]

그렇다면 실제 두 회사의 점유율은 어떻게 변했을까? 보건사회부가 발간한 1987년 보건연감에는 1985년부터 1987년까지 라면

96

제조사별 매출 실적과 시장 점유율이 실려 있다. 현재 찾아볼 수 있는 1980년대 라면 업계의 점유율 자료 중 가장 신뢰성이 높은 자료다.

자료에 따르면 1985년에 이미 농심이 삼양식품을 점유율에서 추월하였고 점점 그 격차를 벌려가고 있음을 확인할 수 있다.

1980년대 라면 시장 전체는 어떻게 변했을까? 지금처럼 자료조사기관의 발표 자료나 전자공시시스템을 통해 통계 자료에 쉽게 접근할 수 있었던 시기가 아니었기 때문에 여러 자료를 취합하여 추정하는 것이 최선일 것이다.

▼ 1985~1987년 제면 기업별 매출

	1985		1986		1987	
	매출액	점유율	매출액	점유율	매출액	점유율
농심	1265	41.1	1348	41.0	1643	45.7
삼양식품	1222	39.7	1226	37.3	1310	36.5
한국 야쿠르트	350	11.4	280	8.5	260	7.2
청보식품	240	7.8	296	9.0	166	4.5
빙그레			140	4.3	215	6.0

(단위: 억 원, 퍼센트)

출처: "제면 산업", 〈식품기술〉 3(1)(한국식품연구원, 1990)

　1980년대 초반까지만 해도 점유율에서 6 대 4의 비율을 유지했지만 농심의 신제품이 연달아 성공하면서 이것도 깨지기 시작했다. 특히 1980년대 중반 들어 라면 시장에 신규 업체들이 속속 진입하면서 삼양식품의 아성이 무너졌고 점유율을 빼앗겼다. 이것이 1980년대 당시 삼양식품이 처한 현실이었다.

　물론 농심이 1986년 서울 아시안게임과 1988년 서울 올림픽의 공식 라면 공급 업체로 지정되면서 혜택을 본 것도 사실이다. 하지만 앞서 살펴보았듯이 1980년대 초중반 삼양식품과 농심의 역량 차이를 본다면 농심이 공식 업체로 지정될 만했다고 볼 수도 있다.

▼ **1980년대 라면 시장 점유율**

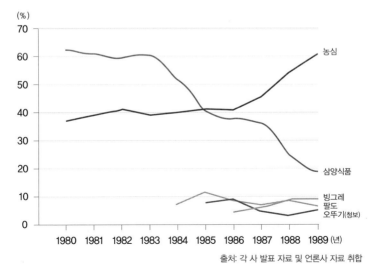

출처: 각 사 발표 자료 및 언론사 자료 취합

결국 1988년에 두 회사의 점유율 차이는 2배로 벌어졌다. 우지 파동 이전에 이미 양사의 차이가 크게 벌어진 것이다.

우지 파동이 없었더라면?

1989년 11월, 식품업계의 최대 스캔들이라고 할 수 있는 우지 파동이 일어난다. '라면 업계가 공업용 소기름으로 면을 튀겼다'라는 익명의 투서가 검찰로 날아온 것이다. 이후 삼양식품의 주가가 폭락하고 공장 가동이 중단되면서 사회적으로 큰 파장을 일으켰다. 7년 9개월 만에 무죄 판결을 받았지만 그동안 삼양식품이란 브랜드가 쌓아온 신뢰와 대표성은 이미 사라진 뒤였다. 이 사건과 농심이 아무 연관이 없었는지를 두고 온갖 음모론과 가짜 뉴스가 생성되기도 했다.

이 사건을 이해하려면 당시의 배경을 자세히 알아야 한다. 농심은 1975년에 농심라면이 성공한 후 가격은 좀 비싸도 보존성과 이미지가 좋은 팜유를 본격적으로 사용하기 시작했다. 1980년대 들어 신제품을 연거푸 성공시키면서 상품 라인업이 모두 교체되자 농심의 라면 중 우지를 쓰는 상품은 사라진다. 그러나 삼양식품은 상황이 좀 달랐다. 신제품의 경우는 팜유를 사용하기도 했지만 대표 상품인 삼양라면엔 계속 우지를 써온 것이다. 삼양라면은 여전히 잘 팔리는 상품이었고, 20년이 넘는 동안 충성 고객도 생겼다.

따라서 우지를 팜유로 바꿔 맛이 변하면 소비자들이 먼저 반발할
게 뻔했다. 결국 삼양식품은 상품의 세대교체에 실패했다. 삼양라
면은 오래된 브랜드의 특성상 변화를 주기가 쉽지 않아 계속 우지
로 라면을 생산한 것이다. 이러한 상황에서 벌어진 우지 파동은 삼
양식품에 큰 타격이 되었다.

그렇다면 한번 가정을 해보자. '우지 파동이 아니었다면 여전히
삼양라면이 1위였을 것'이라는 음모론자들의 주장은 사실일까?
나는 그럴 가능성이 적다고 평가한다.

앞서 1980년대의 라면 업계 점유율 추이에서 보았듯이 우지 파
동은 잘나가던 삼양식품을 한순간에 몰락시킨 사건이 아니라 농
심이 시장 지배적 기업이 되는 데 일조한 사건이었다. 1980년대에
삼양식품은 상품 개발에서 능력이 부족하다는 점을 드러냈다. 따
라서 우지 파동이 없었다고 해도 그 점유율 차를 좁히긴 어려웠을
것이다.

특히 1980년대 중반 라면 시장에 신규 업체들이 등장했을 때,
농심의 점유율은 그대로인데 삼양식품의 점유율만 하락한 점을
다시 살펴볼 필요가 있다. 만약 삼양식품의 경쟁력이 농심과 대등
한 수준이었다면 신규 업체가 등장함에 따라 두 기업의 점유율은
같이 감소해야 한다. 하지만 삼양식품만 점유율이 하락했다는 것
은 삼양식품의 경쟁력이 농심보다 떨어졌다는 의미다. 다시 말해,
외부 요인뿐 아니라 내부 요인에서도 농심이 삼양식품을 크게 추

월한 것이다.

삼양식품의 전중윤 회장이 나라와 국민을 위하는 마음으로 라면 사업을 개척했다는 사실은 충분히 인정받아야 한다. 하지만 기업의 경쟁력은 선한 의도와는 별개로 평가해야 한다. 기업의 경쟁력은 그 기업이 보인 성과로 평가해야 하는 법이다.

삼양식품은 초기엔 경쟁력이 충분했다. 묘조식품의 무상 기술이전 덕분에 기술력과 생산 비용, 가격 경쟁력 측면에서 후발주자가 따라올 수 없을 정도였다. 즉, 투자 업계에서 자주 거론되는 '경제적 해자'가 있었던 것이다. 이를 바탕으로 라면 시장을 개척하였고 선발주자로서의 이점을 활용했다. 1960년대에 등장한 수많은 라면 기업은 모두 삼양식품의 강력한 경제적 해자를 넘을 수 없어서 결국 삼양식품에 인수되었고, 삼양라면은 더욱 독보적인 지위를 확보했다. 농심도 삼양식품에 인수될 뻔했지만 차별화 전략과 이를 뒷받침하는 상품 개발력으로 살아남을 수 있었고 1980년대 들어 삼양식품을 추월할 수 있었다.

결과적으로 삼양식품은 하나의 기업으로서 강한 기업은 아니었다고 평가할 수 있다. 삼양식품의 가장 큰 무기이자 대표 상품이었던 삼양라면의 개발 과정을 다시 살펴보면 삼양식품의 수동적인 면모를 확인할 수 있다. 삼양라면의 최초 레시피는 묘조식품에서 받은 것이었다. 그 뒤 박정희 대통령의 제안으로 좀 더 맵게 레시피를 보완했다.[17] 삼양라면 특유의 소고기 맛을 더한 것은 롯데 소고기라면과 삼양 소고기면이 연이어 등장하고, 소고기 육수 베이스 국물이 인기를 끈다는 사실을 확인한 이후였다. 물론 삼양식품도 끊임없이 레시피에 변화를 주며 맛을 개선해왔을 것이다. 그러나 제품의 주요한 변화가 이처럼 수동적으로 이뤄진 것을 보면 삼양식품의 개발 방향 수립 및 개발 능력이 처음부터 약했던 것이 아닌가 하는 의심이 든다.

물론 잘 팔리는 제품에 굳이 큰 변화를 줄 이유가 없었고, 정부가 라면을 제2의 쌀로 여기면서 정부의 규제도 많이 있었다. 하지만 라면 이외의 부문에서도 시장을 주도할 만한 상품을 출시하지 못했다는 점을 생각해봐야 한다. 성공작을 내는 일이 어렵긴 하지만 1970~1980년대 식품업계의 대표 기업이 거둔 성과라기엔 초라하다. 더군다나 수동적인 대응 방식을 20년 넘게 고수하면서 삼양식품은 시장 지배적인 기업임에도 시장 자체에 변화를 일으키지 못하고 말았다. 그 결과 1981년 라면 시장의 자유화로 프리미엄 라면 시장이 열렸을 때, 제대로 된 상품을 출시하지 못하고 시장 안착에 실패했다.

1970년대 다각화 과정에서 신사업이 아닌 이미 경쟁이 치열한 유업에 진출하기로 한 것도 아쉬운 부분이다. 전중윤 회장이 국민의 식생활 개선과 영양 공급을 고려해야 한다는 그의 신념에 따라 결정한 사업 방향이라는 점은 이해한다. 하지만 고귀한 신념이 경쟁에서 이기게 해주진 않는다. 기존의 사업과 연관성도 없는 분야에 진출하여 기업의 역량과 자원을 분산시켰고, 그것도 후발주자로 시장에 뛰어드는 선택을 했다. 따라서 삼양식품의 다각화 시도를 좋게 평가하기 어렵다.

삼양식품은 창립 이래로 박정희 정부의 식량 정책을 최일선에서 지원하면서 공기업처럼 운영되었다. 하지만 삼양식품은 공기업이 아닌 사기업이었고, 결국 사기업으로서 치열한 경쟁에서 생존법을 익힌 농심에 선두 자리를 내줄 수밖에 없었다. 이러한 관점이 1980년대까지 이어진 두 기업의 경쟁과 라면 산업계의 변화를 좀 더 제대로 설명하는 것이다.

04

군소 업체들은
어떻게 경쟁하는가?

브 랜 드   #오뚜기 #팔도 #빙그레
─────────────────────────────────
주 제 어   #레드오션 #틈새시장

1983년에 안성탕면을 출시하며 본격적으로 삼양식품에 공세를 가하던 농심은, 안성탕면과는 별개로 새로운 콘셉트의 라면을 출시한다. 농심비빔면이란 이름의 여름 라면이었다. 농심이 이 상품을 개발한 이유는 의외로 간단하다. 여름은 전통적으로 라면 업계의 비수기이기 때문이었다. 라면은 조리 시 불을 가까이 하고 뜨거운 국물을 먹어야 하기 때문에 더운 여름엔 사람들이 잘 찾지 않았다. 에어컨 보급이 2000년대 후반부터 본격화돼 현재는 가구당 보급률 0.97대로 거의 완전 보급이 이뤄져서 이런 계절성이 약해졌다. 하지만 이전에는 라면 시장에서 계절이 무시할 수 없는 요소였다. 삼양식품을 추월하고자 했던 농심은 비빔면을 시장에 안착시키면 여름 매출을 높이고 삼양식품과의 격차를 좁힐 수 있었다.

농심비빔면의 콘셉트는 비빔국수였다. 삶은 소면을 차갑게 식혀 김치 국물이나 간장, 고추장에 비벼 먹는 것은 우리나라 국민 사이에서 여름용 식단으로 일상화되었고, 이 요리를 자사의 상품으로 대체하고 싶었던 것이다. 이렇게 탄생한 비빔면의 조리법은 면을 삶아서 찬물에 헹군 다음 분말 스프를 뿌려 비비는 것으로, 면을 차게 식히는 과정을 제외하면 짜파게티와 매우 유사했다.

결과는 좋지 않았다. 많은 사람이 농심에서 비빔면을 최초로 출시했던 사실도 모를 정도로 묻혔고, 1988년엔 아예 단종된다. 이유는 조리하기 너무 번거로워서였다. 지금이야 소비자 중에 비빔면을 어떻게 조리해 먹어야 하는지 모르는 사람은 없지만, 당시에는 그냥 끓이기만 하면 되는 일반 라면과 달리 추가적인 과정이 많은 비빔면이 낯설었다. 그렇다면 맛이라도 좋아야 하는데 분말 스프의 특성상 제대로 된 맛이 나오기가 힘들었다. 차라리 소면을 끓여서 찬물에 헹군 후에 고추장과 참기름을 비벼 먹는 것이 번거로움은 비슷하더라도 맛에선 더 나았다.

전설의 팔도비빔면

농심이 비빔면에서 이렇게 뼈저린 실패를 경험하고 있을 때, 한국야쿠르트(현 팔도)가 라면 시장에 진입한다. 라면 시장 자유화에 맞춰 일본야쿠르트와 동일한 방식으로 사업 확장을 시도한 것이다.[18] 한국야쿠르트가 초기에 출시한 라면 중 클로렐라 라면은 클로렐라 면을 사용하던 일본야쿠르트의 영향이기도 했다. 하지만 일본야쿠르트의 방식을 단순히 따라 하는 수준에 그치지 않고, 국내 라면 시장을 분석하고 차별화를 위해 많은 고민을 한 것으로 보인다. 기업용 조미료 제조사인 이치반식품과 기술 제휴를 맺고 새로운 상품을 개발한 것까지는 신규 기업의 일반적인 코스처럼 보인다. 그런데 그렇게 개발한 상품 중에 국내 최초의 액상 스프 라면인 '팔도참깨라면'이 있었다는 데서 그 고민의 흔적을 확인할 수 있다.

1984년 팔도비빔면 출시 또한 이러한 차별화 전략의 연장선이었다. 기본 아이디어는 농심과 동일했다. 아직 어느 기업도 제대로 된 여름 라면을 내지 못한 상태였고, 이 시장은 후발주자도 노려볼 만한 틈새시장이었다. 그리고 상품을 성공시키는 경우 시장에서 안정적으로 자리 잡을 수 있었다. 그렇지만 농심비빔면의 실패를 목격한 상황에서도 여름 라면으로 비빔면을 시도한 점은 과감하다. 다만 농심비빔면과 2가지 차이가 있었고, 이 차이가 팔도와 농심의 운명을 갈랐다.

첫째는 액상 스프였다. 참깨라면에서 액상 스프를 활용해본 팔도는 비빔면에서도 액상 스프를 활용하기로 결정한다. 비빔면에선 액상 스프가 가지는 장점이 많았다. 일단 분말 스프보다 비비기에도 유리할 뿐 아니라 좀 더 복잡한 맛을 살리기에도 유리했다. 다만 액상 스프는 장점보다 단점이 훨씬 많았다. 유통기한도 짧고, 액상의 특성상 맛을 균일하게 유지하는 성분 조합을 찾기도 어려운 데다, 미생물이 번식하기도 쉬웠다. 하지만 뒤집어 이야기하면 액상 스프만 잘 만들 수 있다면 사람들이 집에서 비빔국수를 만들어 먹는 대신, 팔도비빔면을 사 먹을 가능성이 높았다. 결국 연구에 연구를 거듭하고 한국야쿠르트가 가지고 있었던 발효공학 및 미생물공학의 기술력을 동원한 끝에 이 문제를 해결하는 데 성공한다.[19]

둘째는 팔도비빔면이 지금은 '프레시 매니저'라 부르는 '야쿠르트 아줌마'를 통해서 팔렸다는 것이다. 한국야쿠르트는 윤쾌병 명예회장이 일본 인맥을 통해 일본야쿠르트와 합자해 설립한 기업이다. 한국야쿠르트에서 일본야쿠르트의 시스템을 대거 받아들였는데, 그중 하나가 '야쿠르트 레이디'였다. 고객의 대부분이 여성 가정주부였던 만큼, 여성 판매원이 상품을 소개하는 것이 효과적이라고 생각하여 1963년부터 시작된 방문판매 방식이었다. 한국야쿠르트도 동일한 상품을 동일한 여성 소비자에게 판매해야 하는 입장이라, 프레시 매니저 제도를 활용한 것이다.

프레시 매니저는 유산균과 대장균도 구분하지 못하던 소비자에게 야쿠르트를 판매하며 강력한 방판 조직으로 인정받았다. 지금보다 훨씬 성에 보수적이던 1970년대에 산아제한 정책의 일환으로 콘돔까지 대면 영업으로 팔았던 사실을 생각하면, 라면을 파는 것은 그들에게 문제도 아니었던 셈이다.[20]

다소 익숙지 않은 팔도비빔면도 이들의 영업력으로 판매가 잘 이뤄졌다. 사람들이 라면 봉지 뒷면의 조리법은 잘 읽지 않아도, 사람이 하는 말은 잘 알아듣는다는 점을 활용했다. 덕분에 비빔면을 먹어본 주부들 사이에서 입소문이 퍼지고 본격적으로 팔리기 시작했다.

팔도비빔면은 첫해에만 880만 개가 팔렸다. 신라면이 등장 첫해에 팔린 개수가 1,500만 개였는데, 팔도비빔면은 원래 여름 한정으로 판매하던 상품이었다는 점에서 이 기록은 놀라운 수준이다. 1991년까지 누적판매량 5천만 개, 1994년엔 1억 개를 돌파할 정도로 꾸준히 인기를 얻었다. 결국 1990년대 후반부터 소비자의 요청에 따라 상시 판매되는 라면이 되었다. 비빔면, 더 나아가 여름 라면이란 시장을 팔도가 개척해낸 것이다.

라면 시장 전체를 놓고 보자면, 1990년대 이후 농심이 지배적인 기업이었다. 그러나 비빔면 시장만 놓고 보자면, 팔도의 점유율이 60퍼센트 이상일 정도로 독보적이다. 수많은 후발주자가 여름 라면 시장에 진입했으면서도 넘지 못한 점유율이다. 이는 비빔면이란 시장을 팔도가 개척했기 때문이고, 소비자도 팔도비빔면의 맛에 익숙해져 이를 기준으로 다른 상품을 평가하기 때문이다. 즉, 팔도비빔면이 소비자에겐 비빔면의 기준이자 표준이다. 시장의 표준을 대체하기란 웬만해서는 불가능하다. 비빔면은 원래 부가적인 상품이었으나 팔도가 초기에 시장에 안착하게 도운 핵심상품이 되었다.

청보식품과 빙그레의 추격

다른 군소 업체들은 팔도만큼 성과를 내지 못했다. 1985년에 라면 시장에 등장한 청보식품이 대표적이다. 부동산 투자를 해 번 돈으로 청보식품을 설립하고 삼양식품으로부터 인력을 빼내 와 상품 개발을 하면서 대대적으로 광고를 쏟아부었다. 프로야구팀인 삼미슈퍼스타즈를 70억 원에 인수한 일로 화제가 되기도 했으니 이슈 몰이엔 탁월했던 셈이다. 덕분에 청보식품의 점유율은 9퍼센트까지 상승하기도 했지만, 평범 이하였던 상품의 질을 광고와 마케팅으로 커버하기엔 한계가 있었다. 청보식품의 경영진은 식품업을 해본 경험도 없었고 라면에 대한 이해도도 낮았다.[21] 그저 라면 산업의 활황세를 보고 전략도 분석도 없이 경쟁에 뛰어든 업체에 불과했다.

당시 청보식품이 시장을 얼마나 나이브하게 바라봤는지는 제품명에서도 드러난다. 1985년에 출시한 첫 컵우동면에 붙인 이름이 '아줌마'였다. 기업들이 제품명과 브랜딩에 얼마나 많은 공을 들이는지를 생각해보면, 이해할 수 없는 작명이다. 게다가 갓 설립한 기업이 야구단을 인수한 것에서 알 수 있듯이, 광고와 홍보에 과하게 예산을 쏟는 등 회사 운영이 너무 방만했다. 결국 몇십 억씩 적자를 내다 1987년에 오뚜기에 회사를 매각했다.

빙그레도 크게 다르진 않았다. 닛신식품과의 기술 제휴를 통해

1986년 시장에 진출한 만큼 농심, 삼양식품과 경쟁할 만한 품질 수준은 갖췄다. 아직도 유튜브나 블로그 등에서 빙그레의 이라면, 뉴면 등을 그리워하는 소비자가 있을 정도다. 빙그레에 필요한 것은 '어떻게 자사의 신제품을 소비자에게 팔 수 있는가?'라는 문제에 대한 답이었다. 빙그레를 모르는 사람은 없지만, 농심과 삼양식품의 라면을 먹어온 사람들에게 빙그레의 라면을 먹게 하는 것은 쉽지 않았기 때문이다.

소비자는 말로는 새로운 것을 원한다고 하지만 실제 선택에서는 새로운 것에 대한 저항감이 매우 높다. 그렇기 때문에 빙그레 입장에선 농심이나 삼양식품의 라면 대신 빙그레의 라면을 사야 할 이유를 소비자에게 제공할 필요가 있었다. 팔도는 프레시 매니저 덕분에 문제를 쉽게 해결했다. 청보식품은 광고와 야구단으로 이 문제에 접근했다. 빙그레는 어떻게 했을까? '토코페롤 논쟁'을 일으켜서 이슈를 독점했다.

라면의 면은 기름으로 튀기는 만큼 기름의 특성상 공기에 노출되면 산화된다. 이 때문에 산패를 막기 위해 산화방지제를 첨가한다. 산화방지제란 단어에서 거부감을 느낄 사람도 있을 것이다. 하지만 물도 많이 마시면 사람이 죽을 수 있고, 비타민과 단백질도 과하면 몸에 해롭다. 마찬가지로 첨가물 또한 섭취량이 문제가 된다. 라면에 들어간 산화방지제의 경우, 하루에 라면 280개를 먹어야 문제가 될 수 있을 정도로 극소량이 들어간다. 하지만 하루에 라면 280개를 먹으면 산화방지제가 문제가 아니라 과식으로 먼저 죽을 것이다. 그러나 소비자들은 '모든 약은 독이 될 수 있으며 절대적 섭취량이 중요하다'라는 절대적인 명제를 받아들이기보다 약 이름 자체에 거부반응을 보이는 경우가 많다. 빙그레는 이를 노렸다.

빙그레는 '라면, 이제 안심하고 드십시오'라는 광고를 내보내며 자사의 라면 시장 진입을 대대적으로 알렸다. 이 광고의 핵심 내용은 자사에서는 천연 토코페롤을 사용한단 것이었다.[22] 당연히 삼양식품과 농심은 맞광고로 대응했고 보사부(현 보건복지부)에서는 라면 업체들을 소환해 첨가물을 유해한 것처럼 과장 광고를 하지 말라고 권고하며 확인서까지 받아낸다.[23] 이후 기존 업체들도 더는 흠을 잡히지 않기 위해 녹차 추출물인 카테킨으로 산패 문제를 해결하며 토코페놀 논쟁은 해프닝으로 끝났다. 하지만 빙그레로서는 자사의 존재감을 확실하게 어필하는 소기의 성과를 거뒀다. 이는 소비자의 불신과 공포를 유도해 시장에 균열을 내고 시장을 확보하는 전형적인 추격 전략이었다. 덕분에 빙그레는 금세 점유율을 10퍼센트 근처까지 끌어올리면서 시장 안착에 성공한다. 그리고 그렇게 1990년대를 맞는다.

오뚜기는 어떻게 추월할 수 있었는가?

1990년대 라면 업계는 농심이 60퍼센트, 삼양식품이 15퍼센트, 그리고 나머지 세 업체가 남은 25퍼센트를 두고 서로 다투던 상황이었다. 나머지 세 업체 중에서 초기에 두드러지던 곳은 빙그레였지만, 시간이 지나자 점점 오뚜기가 두각을 드러내기 시작했다.

지금이야 오뚜기가 식품 기업으로 확고한 위치를 차지하고 있지만, 당시만 해도 규모가 크지 않은 기업이었다. 1969년에 카레를 시작으로 1971년 토마토케첩, 1972년 마요네즈, 1974년 후추, 1977년 식초, 1981년 3분 요리 등을 순차적으로 출시하며 소비자 인지도는 높았지만 매출은 평범했다. 지금도 오뚜기는 700가지 분야에서 2천여 종의 상품을 판매하는데, 이는 다양한 분야에서 다양한 제품을 생산한다는 오뚜기의 기업 전략에 따른 것이다. 규모가 작은 시장에서 상품을 판매하면서 대기업들과의 직접적인 경쟁을 피하고, 작은 시장 여러 곳에서 1위를 차지하면서 안정적인 수익을 내는 것이 목표인 것이다.

이러던 오뚜기가 대기업들이 각축을 벌이는 라면 시장에 후발 주자로 진입하니, 특이한 일로 취급받았다. 다만 라면 시장은 잠재성이 높았고, 오뚜기에는 조미료와 레토르트 판매를 통해 닦아온 판매 조직이 있었다. 라면 사업의 핵심이 조미료의 배합인 스프에 있음을 생각하면, 엉뚱한 확장도 아니고 경쟁력이 부족하다고 볼 수도 없었다. 이러한 오뚜기만의 특색이 잘 드러난 상품이 바로 1994년에 출시된 참깨라면이었다. 오뚜기가 그동안 판매해온 참깨와 참기름을 계란 블록과 함께 섞어 만든 제품이었다. 원래는 참깨라면과 계란라면으로 따로 만들려고 한 것을 섞어 만든 일화로도 유명하다.

1988년 진라면 출시 이후 신제품을 계속 개발한 결과, 오뚜기는 1990년대 중반 들어 10퍼센트의 점유율을 확보하고 업계 3위를 유지했다.

그렇다면 여기서 의문을 하나 가질 필요가 있다. 진라면은 오뚜기의 기본 상품이었지만 당시 그렇게 잘 팔리던 라면은 아니었다. 게다가 1990년대까지만 하더라도 오뚜기에는 대표 라면이라고 할 만한 상품이 없었다. 아울러 시장 진입 시기가 후발 3개사 중에서도 가장 늦은 1987년이다. 오뚜기는 어떻게 팔도와 빙그레를 추월할 수 있었던 걸까?

우선 팔도를 먼저 살펴보자. 팔도는 라면 판매를 확대할수록 영업과 판매에서 곤란을 겪기 시작했다. 이는 팔도의 주 영업망이 프레시 매니저를 통한 대면 영업이었기 때문이다. 대면 영업은 익숙지 않은 상품을 핵심 소비자에게 소개하기에는 매우 좋았지만, 야쿠르트보다 부피가 크고 구매 패턴 또한 다른 라면을 파는 방식으로서는 판매량에 한계가 있었다. 따라서 생산 규모가 커질수록 판매에 부적합해졌다. 결국 라면 산업이 그들이 예상한 것보다도 훨

씬 커짐에 따라, 기존에 프레시 매니저를 통한 판매를 포기한다.[24]

이후 일반 판매 유통망이 경쟁자 대비 취약했던 팔도로서는 상당한 혼란을 겪었다. 방문판매를 포기하자 점유율이 2퍼센트포인트나 감소한 것이다. 이는 팔도가 가진 태생적인 한계를 보여준다. 대면 영업과 냉장 유통에 강점이 있던 팔도가 이를 포기하고 일반적인 영업 채널과 유통망을 구축하는 과정에는 어려움이 있을 수밖에 없었다. 1990년대 팔도의 부진은 그들이 시장에 빠르게 자리 잡게 해줬던 강점이 본격적인 성장기에 한계로 작용한 사례다.

빙그레의 경우, 본사의 경영 방식이 발목을 잡았다. 빙그레는 1980년대부터 제대로 흑자를 낸 적이 드물었다. 1990년대 들어 만성 적자에서 벗어나긴 했지만 1990년대 초엔 부채 비율이 1,000퍼센트에 달했고, 1994년에 대규모 증자를 하고 나서야 부채 비율을 300퍼센트대까지 끌어내릴 수 있었다. 이런 상황에서 운영 비용이 많이 드는 라면 사업을 지속하려면 농심이나 팔도가 그랬던 것처럼 대표 상품이 나와야 했다. 하지만 어떤 상품도 시장에 완전히 안착시키지 못했고, 적자가 누적되었다. 그리고 지속적으로 경쟁력을 상실하는 악순환으로 이어졌다.

사실 빙그레가 이런 악순환에 빠졌던 근본 원인은 라면 사업 진출 자체다. 빙그레는 원래 아이스크림과 우유, 유가공품을 주력으로 하던 기업이다. 라면 사업을 본진으로 유업 시장에 도전한 삼양식품과 정확히 반대되는 사례다.

라면 제조 기업들이 스낵 사업을 같이 운영하는 이유는 두 사업 모두 튀기는 방식으로 제품을 만들고, 같은 유통망과 영업 인력을 활용하여 제품을 판매할 수 있기 때문이다. 하지만 유업과 라면 사업은 핵심 역량이 겹치지 않고, 서로 다른 유통망과 영업 인력을 활용한다. 즉, 완전히 다른 2개의 사업을 운영하는 것과 같다. 비용과 인력의 비효율이 발생하는 셈이다.

이러한 상황에서 당시 농심과 삼양식품을 제외한 라면 신규 기업 3개사를 비교해보자. 가장 경쟁력 있는 기업은 어디일까? 팔도 비빔면으로 큰 성공을 거두고 시장 안착에 성공은 했지만 주력 사업과 연관성이 높지 않고 유통망에서 약점이 있는 팔도, 제품의 품질과 기술 자체는 좋았지만 주력 사업과의 연관성도 낮고 대표 상품도 없는 데다 본사가 경영난을 겪고 있던 빙그레, 제품 자체는 두드러지지 않지만 주력 사업과 연관성도 높고 유통과 영업에서 강점이 있던 오뚜기. 오뚜기가 세 기업 중에선 라면 사업 역량으론 가장 뛰어나다고 할 수 있었다. 그리고 이 차이가 1990년대

▼ 1990년대 신규 라면 업체들의 경쟁력 비교

	팔도	빙그레	오뚜기
주력 사업과의 연관성	낮음(-)	낮음(-)	높음(+)
대표 상품 유무	있음(+)	없음(-)	없음(-)
유통 및 영업 역량	낮음(-)	낮음(-)	높음(+)

후반으로 가면서 업계 순위로도 고스란히 이어졌다. 빙그레는 점유율 5퍼센트 미만으로 떨어지며 5위로 하락하고, 팔도는 8퍼센트대에 머물고, 오뚜기는 점점 점유율을 높여 10퍼센트 선을 차지한 것이다.

라면 시장의 후발주자 간의 경쟁은 농심과 삼양식품의 경쟁과는 또 다른 시사점을 던진다. 우리는 경쟁에서 상품이 중요한 역할을 한다고 생각한다. 모든 기업은 자사의 상품과 서비스를 고객에게 팔아야 하고, 상품이 좋아야 소비자에게 좋은 반응을 끌어낼 수 있으니 상품이 중요하다는 명제 자체는 참이다.

하지만 기업과 기업의 경쟁은 어느 상품이 가장 훌륭한가를 겨루는 경연대회가 아니다. 기업의 경쟁력에는 실로 다양한 요소가 관여한다. 상품이 중요하긴 하지만 상품도 경쟁력의 일부에 해당한다는 이야기다. 아무리 훌륭한 상품이라도 그 상품을 지탱해줄 운영 기반이 뒷받침되지 않는다면 제대로 팔릴 수 없다. 그리고 이 말은 곧 훌륭한 운영이 뒷받침된다면 훌륭하지 않은 상품으로도 어느 정도의 성과는 낼 수 있다는 뜻이기도 하다.

빙그레로서는 시장 점유율이 5퍼센트도 되지 못하는 상황에서도 새로운 라면 개발에 열을 올렸지만, 라면 사업부 자체의 비효율로 인해서 운영할수록 손해를 보던 상황이었다. 당시를 기억하는 소비자 일부는 빙그레 라면이 훌륭했다고 이야기하지만, 정작 시장에 큰 영향을 줄 정도의 상품을 만드는 데는 실패했다. 실패가 가져온 지속적인 적자는 회사의 존속 자체에 큰 부담을 안겼다. 라면 사업은 빙그레가 2000년부터 단행해온 핵심 사업 집중을 위한 비주력 사업 정리 대상에서 계속 빠지다가, 결국 2003년에 사라진다. 반대로 오뚜기는 다른 경쟁사보다 강한 역량을 바탕으로, 삼양식품과 2위 다툼을 할 수준까지 성장했다.

우지 파동은 지금도 몇몇 사람이 삼양식품이 추락한 원인이라고 믿는 사건이다. 하지만 앞서 살펴보았듯이, 그 사건은 삼양식품의 하락세에 쐐기를 박았을 뿐이다. 우지 파동이 삼양식품이 추락한 원인이 아니라는 점은, 오뚜기와 벌인 2위 경쟁에서도 드러난다.

무죄를 판결받고 삼양라면 판매를 재개한 삼양식품은 여전한 삼양라면의 브랜드 파워 덕분에 업계 2위를 지킬 수 있었다. 하지만 오뚜기가 3위로 올라오며 꾸준히 성장하자 두 기업의 점유율 차는 극도로 좁아져 사실상 공동 2위가 된다. 앞에서도 언급했던 삼양식품의 신제품 개발 능력의 한계 때문이었다. 1963년 출시된 삼양라면은 과거를 기억하는 소비자 사이에서 꾸준히 잘 팔렸지만, 1980년대 이후 등장한 제품 중에서 시장에 제대로 안착한 상품은 김치라면과 리뉴얼한 짜짜로니뿐이었다. 반면 오뚜기는 여전히 대표 상품이라고 할 만한 라면도 없고 시장에서 돌풍을 일으키는 상품도 없었지만 스낵면, 참깨라면, 열라면, 스파게티 등과 같은 다채로운 상품을 개발하며 마니아층의 지지를 받아 자리를 잡아갈 수 있었다. 삼양라면이 라면 판매 순위에서 10위 밖을 벗어난 역

사가 없는 제품이란 것을 생각하면 두 기업의 개발력 차이는 분명
했다.

2위 싸움은 매우 치열했지만, 사실 시장 전체로 보면 군소 업
체 간의 다툼이나 다름없었다. 농심의 시장 점유율은 갈수록 커져
2000년대 초중반엔 70퍼센트를 넘어섰기 때문이다. 신라면 하나
가 전체 라면 시장에서 차지하는 비율이 30퍼센트에 달했다. 즉,
삼양식품과 오뚜기의 모든 라면 매출을 합쳐봤자 신라면보다 적
었던 것이다. 매출 기준으로 10위를 선정했을 때 그중 8개가 농심
제품이었으니 압도적이라고 할 만했다. 이러한 농심이 약세로 돌
아선 건 2000년대 중반, MSG에 대한 소비자의 경각심이 높아지
면서부터다.

농심의 약화, 삼양식품의 부활

인간이 느끼는 맛은 단맛, 신맛, 쓴맛, 짠맛 외에 감칠맛이 있다. 일
본의 화학자 이케다 기쿠나에가 1908년에 다시마 국물에서 감칠
맛을 내는 물질을 찾다가 발견한 것이 MSG, 즉 글루탐산이었다.
글루탐산은 단백질을 구성하는 아미노산의 하나다. 글루탐산이란
이름이 붙은 것은 1866년에 밀가루 단백질인 글루텐을 분해하는
실험에서 발견되었기 때문이다. 하지만 글루탐산과 감칠맛의 관계
를 처음 발견한 사람은 이케다다.

글루탐산 자체는 다시마뿐 아니라 토마토, 양파 등 우리가 먹는 식재료에 들어 있다. 그러나 그 양은 매우 적다. 예를 들어 다시마 40킬로그램을 물에 끓여 증류하면 고작 30그램을 추출할 수 있었는데, 이는 원가 측면에서 손해가 컸다. 대신 미생물을 이용한 발효를 통해 사탕수수에서 글루탐산을 저렴하게 생산할 수 있었는데, 이것이 바로 MSG다. 즉, MSG는 화학조미료도 아니고, 작명도 물을 H_2O라고 부르는 것과 마찬가지다. 그런데 익숙하지 않은 이름 때문에 소비자들이 거부감을 가진 것이다. FDA, FAO, WHO, 국제식품공학회 등 모든 식품안전기관에서 MSG가 인체에 무해하다고 발표했음에도 불구하고, 여전히 잘못된 정보를 믿는 사람이 많다. 2000년대엔 지금보다 MSG에 대한 불안감이 매우 높았기에 라면 시장도 영향을 받은 것이다.

잘못된 인식으로 인한 MSG에 대한 거부감이 높아지자 라면 업체들도 라면 스프에서 MSG를 빼기 시작했다. 업계 선두였던 농심이 2006년 새우탕면을 시작으로 3년에 걸쳐 MSG를 다른 조미료로 대체하기 시작했다. 오뚜기와 삼양식품 또한 그 뒤를 이었다. 이 때문에 소비자가 선호하던 농심의 라면 맛에 큰 변화가 생긴다. 라면 맛이 변했다고 농심의 고객센터로 항의 전화가 쇄도할 정도였다.[25]

이러한 상황은 라면 시장에 변화를 불러왔다. 농심은 1980년대 이후 라면 맛이란 측면에서 소비자를 만족시키며 압도적인 점유율을 차지해온 기업이다. 이 말은 누구보다도 MSG를 잘 써서 라면을 만들어왔다는 의미이기도 하다. 그런데 갑자기 MSG를 활용하지 않고 라면을 만드는 상황이 된 것이다. 기존에 쓰던 첨가물을 다른 것으로 대체하는 작업은 우리가 생각하는 것 이상으로 어렵다. 라면 스프는 수많은 조미료의 배합을 통해 맛을 낸 결과물이다. 그 때문에 다른 것으로 대체하는 경우 맛의 균형 자체가 달라져서 다시 조정을 해야 한다. 더군다나 비용에 큰 변화를 주지 않는 선에서 이를 달성하기란 더욱 쉽지 않다. MSG가 사람들이 느끼는 감칠맛의 원천이란 것을 고려하면 말이다. 결국 농심의 강력한 강점 중 하나가 MSG에 대한 거부감으로 사라졌고 모두가 제로베이스에서 MSG 없이 맛을 내는 연구를 시작했다.

또한 이명박 정부 당시 일부 소비자들 사이에서 농심에 대한 거부감이 증가한 점도 영향을 미쳤다. 1989년의 우지 파동이 재조명되면서 우지 파동으로 인해 농심이 삼양식품을 추월할 수 있었고 삼양식품이 추락했다는 루머도 생겼다. 이때의 루머가 지금도 세간에 돌고 있으며 데이터를 보여줘도 믿지 않는 사람이 많다는 것은 그만큼 농심에 대한 거부감과 반발심이 크다는 뜻이기도 하다. 이 사건이 동시에 겹치면서 농심의 70퍼센트 점유율이 무너지고 50퍼센트대까지 하락하기 시작한다.

라면 시장이 이렇게 새로운 전기를 맞자 각 기업의 신제품 개발 경쟁이 본격화되었다. 이 경쟁을 상징적으로 보여주는 사건이 바로 팔도 *꼬꼬면*의 출시였다. 2011년 KBS의 예능 프로그램에서 이경규가 선보인 레시피를 상품화한 것이 시장에서 돌풍을 일으킨 것이다. 하지만 당시 팔도의 생산력으로는 폭발적인 수요를 다 감당할 수 없었고 *꼬꼬면* 품귀 현상이 사회적 이슈가 될 정도가 된다.

이때 반사효과를 본 것이 삼양식품의 나가사끼짬뽕이었다. *꼬꼬면*보다 한 달 일찍 출시된 이 상품은 *꼬꼬면*을 구하지 못한 소비자들이 대신 사는 상품으로 많이 팔려나갔다. 팔도보다 생산력이 훨씬 좋았던 삼양식품은 이 대체 수요를 소화해내면서 흰 국물 라면 열풍의 최대 수혜자가 되었다.

*꼬꼬면*과 나가사끼짬뽕은 경쟁에서 상품만큼이나 기업 본연의 역량이 중요하단 것을 다시금 확인해준 상품이기도 하다. 인기 자체는 *꼬꼬면*이 주도했지만, 팔도는 생산 설비가 부족했고 삼양식품은 충분했기 때문에 이 열풍의 진정한 승자는 나가사끼짬뽕이 될 수 있었다. 아울러 나가사끼짬뽕의 성공은 (반사이익이란 행운도 있었지만) 삼양식품의 신제품 개발 역량이 어느 정도 궤도에 올랐음을 보여주기도 했다. 이 점은 1년 후에 출시된 불닭볶음면에서 제대로 드러난다.

불닭볶음면과 매운맛 이야기

지금이야 불닭볶음면의 인기가 엄청나다는 사실을 누구나 인정하지만, 2011년 9월에 시제품이 나왔을 땐 소비자 반응이 최악에 가까웠다. 너무 매워서 먹을 수 없다는 의견이 대세였다. 당시 사람들이 주로 먹던 신라면과 비교하면 불닭볶음면은 약 1.6배 매웠다. 국물 없는 볶음면 형태였기에 체감으론 두 배가 넘었다. 익숙한 맵기를 훨씬 넘어섰으니 소비자 반응이 좋지 않을 만했다. 게다가 볶음면 형태의 상품은 당시 소비자에게 익숙하지 않았다.[26] 지나치게 매운 데다 익숙하지도 않으니 망하기 딱 좋은 상품이었다.

실제 시장에서도 그랬다. 파일롯으로 내놓은 불닭볶음면은 초도 물량만 나가고 그 이후엔 주문이 끊겼다. 이런 경우 일반적으로는 바로 단종이 되는데 이후 재미있는 현상이 벌어진다. 중고나라 같은 곳에서 불닭볶음면이 비싸게 거래되는 것이었다. 매운맛을 즐기는 소수의 마니아층이 선호한다는 신호였고, 이는 틈새시장이 있다는 의미이기에 삼양식품 측에서도 일단은 정규 판매를 결정한다.

그렇게 2012년 4월에 불닭볶음면이 정식 출시된다. 이때는 광고도 따로 하지 않았다. 신제품을 출시할 때 성공적으로 안착시키기 위해 엄청나게 광고를 쏟아붓는 것이 일반적이지만, 불닭볶음면은 애초에 소수의 마니아층을 대상으로 내놓은 것이니 광고를 할 이유가 없었던 것이다. 그런데 이것이 제대로 흥행한다. 작년엔 실패한 상품이 왜 그다음 해엔 대박을 친 걸까?

일반적인 분석은 블로그와 SNS를 통해서 소문이 나면서 호기심으로 큰 인기를 끌다가, 2013년에 MBC의 예능 프로그램에서 이성재가 불닭볶음면에 전주비빔밥 삼각김밥과 치즈스트링을 넣고 비벼 먹는 장면이 전파를 타면서 일반 소비자에게 제대로 인기를 얻었다는 것이다. 여기에 유튜버 '영국 남자'가 2014년에 올린 불닭볶음면 영상이 크게 인기를 끌면서 글로벌 차원으로 인기가 확장되었다는 분석이다.[27]

좋은 설명이긴 하나 매운 것을 싫어했던 사람들이 왜 갑자기 매운맛을 받아들이기 시작했는지를 명확히 드러내지는 못 한다. 다른 측면을 살펴볼 필요가 있다. 우리나라 사람들이 매운 음식을 좋아하는 것은 유명하나, 매운맛에도 트렌드가 있다는 사실은 잘 알려지지 않았다.

우리나라 1인당 고추 소비량의 역사적 평균은 약 2.3킬로그램이다. 2010년까지 3킬로그램을 넘은 적은 1976년뿐이었다. 하지만 2011년부터는 이 섭취 트렌드에 변화가 생긴다. 2011년부터 3.6킬로그램을 넘어서더니 3킬로그램대로 안착한 것이다. 우리나라 사람들이 매운맛을 원래부터 좋아한 것은 사실이다. 하지만 2010년대 들어 사람들이 전보다 더 매운 맛을 찾기 시작했다.

▼ 1960~2020년 1인당 고추 소비량

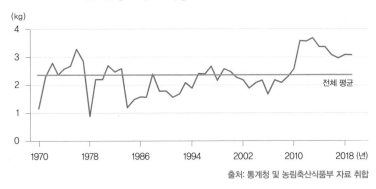

출처: 통계청 및 농림축산식품부 자료 취합

　이 트렌드는 떡볶이의 인기에서도 잘 드러난다. 2007년에 등장한 죠스떡볶이는 2010년대 초반까지 큰 인기를 끌었는데 그 이유는 '매워서'였다. 2014년에 424개의 전국 점포를 운영할 정도로 빠른 속도로 확장했는데 소비자가 더 매운 맛을 찾기 시작하면서 그 트렌드가 신전떡볶이와 동대문엽기떡볶이로 넘어간다. 두 브랜드가 각각 1999년과 2002년에 등장했다는 것을 생각하면, 적어도 2000년대는 매운맛이 대세가 아니었다는 이야기다.

　실제로 신전떡볶이의 하성호 대표는 '학교에 30학급이 있다면 단 1학급 정도만을 타깃으로 했다'라고 밝힌 바 있다.[28] 매운맛의 추구가 2010년대에 등장한 트렌드라는 것을 다시 한번 확인해준 셈이다.

　1년 차이를 두고 불닭볶음면의 성패가 다르게 나온 가장 큰 이유가 여기에 있다. 더 매운 맛이라는 트렌드가 본격화되는 2011년에 시제품이 나왔기에 당시엔 대중적인 반응이 그리 좋진 않았지만, 2012년부터는 트렌드가 본격적인 궤도에 올랐기 때문에 소비자들 사이에서 폭발적인 반응을 얻을 수 있었다. 앞서 언급된 SNS와 블로그는 이 트렌드를 가속화하는 데 영향을 미쳤다.

　어떤 사람은 불닭볶음면이 현재 거둔 성공을 보고 '과거에 나왔어도 큰 성공을 거둘 수 있었을 것'이라고 한다. 내가 이 주장에 동의하지 않는 이유가 바로 이것이다. 2000년대까지만 하더라도 소비자들은 그렇게까지 매운맛을 찾지 않았다. 2007년에 삼양식품에서 출시한 간짬뽕의 경우가 대표적이다.

　간짬뽕은 매운 볶음면의 시초가 된 상품이지만, 당시엔 소비자의 관심을 전혀 받지 못했고 군필자들 사이에서만 추억의 음식으로 이야기되었다. 즉, 상품의 출시 시점과 트렌드가 기가 막히게 맞아떨어진 결과다.

　공교롭게도 이 시기 매운맛 트렌드의 최대 수혜자였던 불닭볶음면, 엽기떡볶이, 신전떡볶이 모두 트렌드를 예측한 것이 아니라 틈새를 노리고 시작한 것을 생각하면 사업과 경쟁에서 운이 미치는 영향 또한 크다는 사실을 이해할 수 있다. 이를 단지 '운빨'로 이해하는 사람들이 없길 바란다. 삼양식품의 상품은 틈새시장을 장악할 만큼 품질이 좋았고 여기에 운이 더해진 결과 더 좋은 성과를 얻을 수 있었다. 사업과 경쟁에서 운은 필수적이다. 이렇게 얻은 결과를 역량으로 바꿔나가는 것이 더 중요하다. 삼양식품이 2020년대에 맞은 과제가 바로 이것이다.

조용한 강자, 오뚜기의 부상

오뚜기는 라면 업계에 등장한 이래로 돌풍을 일으키는 일 없이 조용히 사업을 해왔다. 점유율로 보자면 라면 업계 2위였지만, 2010년대 초반까지 업계 순위에 걸맞은 상품을 내놓진 못했다. 그럼에도 소수의 마니아층이 찾는 신제품과 라면 사업에서 가지고 있던 경쟁력 덕분에 높은 순위를 차지할 수 있었다.

하지만 오뚜기에도 변화가 생겼으니 바로 2013년의 진라면 리뉴얼이다. 사실 진라면은 1988년에 등장한 이후로 여러 번 리뉴얼을 단행했다. 2013년의 리뉴얼은 그중에서도 가장 두드러졌다. 전보다 확실하게 매워진 것이다. 그동안 진라면은 다소 순한 라면으로 통했다. 이 때문에 매운맛 위주의 우리나라 라면 시장에서 다소 특색 없는 라면으로 여겨졌다. 하지만 소비자들이 매운맛을 찾는 트렌드에 맞게 매운맛을 강화하면서 맛있다고 평가받기 시작했다.

리뉴얼에 맞춰 당시 메이저리그로 진출한 류현진을 광고 모델로 쓴 것이 소비자에게 확실히 각인되는 효과를 가져왔다. 또한 2008년부터 가격을 동결한 점도 장점으로 작용했다. 같은 기간에 신라면 가격이 20퍼센트가 올랐음을 생각하면 갈수록 가격 경쟁력에서 강점이 커지게 된 것이다.

광고를 통해 인지도가 크게 높아졌고, 맛이 개선되었고, 가격은 싸졌다. 이러니 소비자가 구매하지 않을 이유가 없었다. 이 변화는 매출로도 이어졌다. 2012년에 라면 브랜드 중 7위였던 진라면은 해가 갈수록 순위가 상승했다. 그 결과 2015년엔 신라면 다음으로 많이 팔리는 라면에 등극한다. 가격을 동결하면 그만큼 개당 이익은 낮아진다. 하지만 오뚜기는 판매량을 늘려서 농심을 추격하는 전략을 취했고, 오뚜기의 점유율이 두 배 넘게 상승하면서 이 전략은 성공했다.

이러한 상황에서 먼저 움직인 것은 농심이었다. 2013년에 소비자들 사이에서 짜파구리가 큰 인기를 얻자 이에 착안해 면발이 굵은 중화라면 개발에 나선 것이다. 여전히 잘 팔리고 있던 짜파게티보다 고급화하여, 짜장면을 인스턴트화하는 것으로 콘셉트를 잡았다. 그렇게 등장한 것이 2015년에 나온 짜왕이다. 출시된 지 한 달 만에 600만 개를 판매하며 그동안 신제품 개발 전쟁에서 뒤처진 모습을 보였던 농심에 오랜만에 성과를 안겨준다.

짜왕의 성공은 프리미엄 라면이란 점에서 고무적이었다. 프리미엄 라면은 일반 라면보다 더 비싸니 그만큼 더 많은 매출과 이익을 낼 수 있었기에 라면 업계에서 늘 노리고 있던 영역이었다. 그 시장을 짜왕이 연 것이다. 이는 곧 프리미엄 중화라면의 붐으로 이

▼ 2012~2019년 라면 매출 순위

	2012	2013	2014	2015	2016	2017	2018	2019
1	신라면	신라면	신라면	신라면	신라면	신라면	신라면	신라면
2	짜파게티	짜파게티	짜파게티	진라면	진라면	진라면	진라면	진라면
3	너구리	너구리	진라면	짜파게티	진짬뽕	짜파게티	짜파게티	짜파게티
4	안성탕면	안성탕면	너구리	너구리	짜파게티	너구리	불닭 볶음면(컵)	너구리
5	삼양라면	진라면	안성탕면	안성탕면	안성탕면	안성탕면	안성탕면	안성탕면
6	육개장(컵)	삼양라면	삼양라면	짜왕	불닭 볶음면(컵)	육개장(컵)	너구리	불닭 볶음면(컵)
7	진라면	육개장(컵)	육개장(컵)	육개장(컵)	너구리	삼양라면	육개장(컵)	육개장(컵)
8	나가사끼 짬뽕	오징어 짬뽕	불닭 볶음면(컵)	삼양라면	육개장(컵)	불닭 볶음면(컵)	삼양라면	팔도 비빔면
9	오징어 짬뽕	팔도 비빔면	오징어 짬뽕	불닭 볶음면(컵)	삼양라면	팔도 비빔면	왕뚜껑	삼양라면
10	팔도 비빔면	새우탕(컵)	참깨라면	참깨라면	맛짬뽕	진짬뽕	팔도 비빔면	왕뚜껑

* 진라면은 매운맛과 순한맛을 합한 수치임　　　　　　　출처: 한국농수산식품유통공사

어졌다.

　하지만 재미있게도 프리미엄 중화라면 경쟁의 선두는 오뚜기의 진짬뽕이 차지했다. 짬뽕라면은 소비자가 느낀 체감의 격차가 짜장라면보다 훨씬 컸는데, 그중에서도 진짬뽕이 가장 두드러졌다. 동네 중국집 짬뽕에서도 불맛을 느끼기 어려워진 상황에서 불맛을 내는 향미유를 더한 진짬뽕은 그 자체로 충격이었다. 또한 액상 스프를 통해 좀 더 복잡한 맛을 구현해냈다. 이 돌풍도 그리 오래

가진 못했지만 소비자에게 오뚜기의 존재감을 확실하게 각인시킨 상품이었고, 그동안 다소 두드러지지 못했던 오뚜기의 이미지를 뒤바꿨다. 1990년대 이후 라면 산업이 농심을 제외한 나머지 기업 간의 경쟁이었다. 2010년대 오뚜기의 부상은 농심을 다시 경쟁의 위치로 끌어내렸다는 점에서 유의미하다.

이렇게 길게 라면 시장을 살펴본 것엔 어떤 의미가 있을까? 라면은 시장 개척과 추격, 추월, 그리고 시장 지배적인 업체 간의 경쟁뿐 아니라 군소 업체 간 경쟁과 생존 전략이 고스란히 드러나는 품목이다. 단순히 어떤 라면이 더 잘 팔리느냐는 문제가 아니다. 시장의 다양한 경쟁 양상을 이해할 수 있다는 점에서 의미가 있다.

2021년 기준 시장 점유율은 농심 49.5퍼센트, 오뚜기 26.4퍼센트, 삼양식품 10.2퍼센트, 팔도가 8.2퍼센트로 라면 시장의 경쟁은 여전히 현재진행형이다. 그리고 2022년 현재, 러시아가 일으킨 전쟁으로 인한 인플레이션이 변수로 떠올랐다. 인플레이션은 모든 산업과 기업에 영향을 미치지만, 기업의 상황에 따라 취할 수 있는 대응 방식이 다르다.

농심은 전통적으로 판매관리비 비중이 높아서 경쟁사보다 낮은 영업이익률을 유지하고 있다. 따라서 인플레이션으로 인해 원재료 가격이 상승할 경우 이익이 크게 감소하여 재무 상태가 불안정해질 가능성이 크다. 이 경우 해결 방법은 제품 가격의 인상을 통한 수익성 개선이다.

이러한 상황은 상대적으로 오뚜기에 유리한 조건이다. 매출에서 라면의 비중이 80퍼센트 가까이 되는 농심과 달리, 오뚜기의 매출에서 라면 사업이 차지하는 비중은 약 25퍼센트에 불과하다. 2010년대에 오뚜기가 라면 가격의 인상 없이 가격을 유지할 수 있었던 것도 다른 사업부에서 내는 이익으로 라면 사업의 저수익을 상쇄할 수 있었기 때문이다.

인플레이션의 시대에 소비자들은 다른 때보다 가격에 훨씬 민감하게 반응한다. 특히 라면은 가격 민감도가 다른 상품들보다 더 높은 편이다. 이런 상황에서 오뚜기가 가격을 동결하거나 경쟁사 대비 상대적으로 적게 인상하여 가격 경쟁력을 더욱 강화한다면 농심의 지배력을 뒤흔들 수 있는 좋은 기회를 얻게 된다.

지금의 인플레이션이란 상황에서 각 기업이 어떻게 대응하고 그에 따라 경쟁의 양상이 어떻게 변화할지 유심히 지켜봐야 할 것이다.

PART

3

—

차이가 없는 것에
차이를 만드는 방법

시장에서 압도적인 1위 상품을 판매하는 것은 영업 측면에서나 마케팅 측면에서나 즐거운 일이다. 시장에서 2위, 3위 정도 하는 상품을 팔아야 할 땐 상황이 더 복잡해진다. 그래도 개별 세그먼트 시장에서 1위라면 괜찮다. 소비자도 다양한 기준에 따라 시장과 상품을 분류하여 소비하기 때문이다. 하지만 개별 세그먼트 시장에서조차 열위라면, 팔아야 하는 입장에선 머리가 아파온다. 어떻게 팔아야 할까?

소비자의 관점에서 상품의 구매를 결정하는 상황을 상상해보자. 무엇이 소비자로 하여금 상품을 구매하게 만드는가? 바로 감성이다. 소비자의 감성을 자극한다는 표현이 지극히 상투적인 표현이 되다 보니 감성은 비싼 가격을 비꼬는 용어로도 사용된다. 하지만 애초에 소비는 감성으로 하는 것이지 이성으로 하는 것이 아니다. 이성은 소비를 억제하는 역할을 한다. 돌아올 카드값과 아직 남아 있는 대출금, 앞으로의 노후 자금을 걱정하게 만드는 것이 이성의 역할이다. 따라서 필요와 불필요를 구분하고 그중에서 가장 싼 것을 선택하는 게 이성적인 소비라고 할 수 있다.

감성은 반대로 우리에게 그 소비를 해야 할 이유를 부여한다. 무언가를 갖고 싶고 소비하고 싶다는 욕망을 어떻게 이성으로 평가할 수 있을까? 감성은 있어도 좋지만 없어도 상관없는 것을 사게 만들 뿐 아니라 필요 없는 것도 사게 만든다. 대표적인 것이 꽃다발이 아닐까 한다. 필요의 관점에서 바라보자면 꽃을 살 이유는 없다. 하지만 그것이 축하의 의미로든 다른 의미로든 주는 사람과 받는 사람의 기분을 즐겁게 만든다는 사실은 분명하다. 감성적인 소비가 종종 비웃음의 대상이 되긴 해도 단조로운 삶을 좀 더 다채롭게 만든다는 점에서는 분명 긍정할 만하다. 더 크게 시장과 경제의 측면에서 보자면 감성적인 소비가 우리 사회를 발전시키고 풍요롭게 만든 원동력이니 말이다.

전통적으로 영업의 영역에서 열정과 긍정을 강조하며 주입해온 것도 소비자가 구매를 결정하는 핵심 요인이 감성이기 때문이다. 감성으로 설득하기 위해선 판매하는 측이 합리적이고 이성적인 태도를 보여선 안 된다. 상대방을 감성적으로 동조시켜야 한다. 그러려면 나 자신부터 대단한 열정과 에너지를 보여야 한다. 마치 미지의 세계에 종교를 전파해야 하는 선교사처럼 행동해야 한다. 영업의 영역이 때로는 종교집단처럼 보이는 것도 이것 때문이다.

그렇다면 질적으로 차이가 없는 동질적 상품을 팔아야 하는 입장이라면 어떨까? 경제학적으로 보자면 질적으로 완벽히 동일한 동질적 상품이 시장에서 판매될 때 소비자는 그중에서 가장 저렴한 상품을 구매한다. 이 때문에 동질적 재화는 가격 경쟁으로 치닫고 이 시장에서 가장 유리한 기업은 생산 비용의 관리가 다른 기업보다 우수한 곳이다. 그렇다면 가격 외에 경쟁할 방법은 없을까? 팔아야 하는 입장에서는 다른 방법을 고민하게 된다. 이번 파트에서 소개할 두 산업 또한 그러한 고민에서 출발해 시장을 창출해 냈다.

05

어떻게 공짜에
돈을 내게 할 것인가?

브 랜 드   #페리에 #에비앙 #삼다수

주 제 어   #이미지 메이킹 #소비자 심리

뉴스와 신문을 자주 보는 사람이라면 유럽과 미국, 일본 등지에서 공기를 돈 주고 판다라는 내용의 기사를 접했을 것이다. 국내 언론에 이 개념이 처음 소개된 것은 1970년으로 그 역사가 꽤 길다.[1] 이러한 시도는 지금도 꾸준히 이어지고 있다. 2015년에 설립된 캐나다의 스타트업 바이탈리티 에어Vitality Air가 대표적이다. 이 기업은 로키산맥의 공기를 압축해서 160회 숨을 쉴 수 있는 분량으로 캔에 넣은 후에 24달러에 파는데, 주로 중국에 수출하면서 2017년에는 월 1만 캔을 판매했다.[2] 스위스와 호주 등에서도 동일한 아이디어로 공기를 포장해 판매하는 기업이 다수 존재한다.

이들은 공통적으로 해당 지역의 산이나 호수 등 자연을 강조하며 청정, 환경, 건강이란 이미지와 함께 부모와 아이들을 위한 공기임을 강조한다. 미세먼지에 관한 다양한 연구에서도 알 수 있듯이 오염된 공기를 마시는 것이 건강에 좋지 않다는 사실은 이미 잘 알려진 상식이다. 하지만 맑은 공기를 소량 흡입하는 것이 건강

에 도움이 되는지는 검증된 적이 없고 과학계와 WHO는 이 사업 자체를 부정적으로 보고 있다.[3]

그렇다면 소비자는 무슨 생각으로 청정 공기를 사는 것일까? 〈뉴욕타임스〉가 인터뷰한 중국의 한 소비자는 "폐가 깨끗해지는 느낌을 받는다" "그냥 상상일 수도 있지만 나는 시도할 의향이 있다"라고 대답했다.[4] 여러분은 어떻게 생각하는가?

청정 공기에 대한 수요가 있다는 것에 의아할 사람도 있겠지만, 해당 사업에 종사하는 사람들이나 청정 공기 판매 산업을 긍정적으로 보는 사람들이 공통적으로 언급하는 상품이 있다. 바로 생수다. 공기 산업도 생수 산업이 그랬던 것처럼 장기적으로 성공적인 분야로 성장할 수 있다는 것이 이들의 주장이다. 그렇다면 생수 시장은 어떻게 등장하고 성장했을까?

2022년 현재 탄산음료 시장과 커피 시장은 둘 다 약 4천억 달러 규모로 평가받는다. 생수 시장은 약 3천억 달러 규모(Statista 자료 기준)로 추정되니 엄청난 규모라고 할 수 있다. 더군다나 탄산음료 시장은 역성장 중이지만 생수 시장은 매년 6퍼센트씩 성장할 것으로 예상되니 생수가 탄산음료를 추월할 날이 머지않은 것이다.

곱씹어 생각해보면 신기한 부분이다. 미국 드라마나 영화에서 수돗물을 컵에 담아 마시는 장면이 나오면 이를 이색적으로 여기는 시청자가 많다. 하지만 정작 우리가 생수를 마시기 시작한 지는 27년 정도밖에 되지 않았다. 과거엔 물을 공짜로 마시던 사람들이 이제는 그런 상황을 어색하게 느끼는 것이다. 소비자들이 생수를 구매해 마시는 것은 그야말로 소비의 대전환이다. 무료로 이용하던 것을 돈을 써가며 이용하게 만들었기 때문이다. 그렇다면 어떻게 그렇게 되었는지 자세히 살펴보자.

에비앙의 탄생

물을 돈을 주고 마시게 된 역사는 짧다면 짧고 길다면 길다. 기록마다 다르긴 하지만 대략 18세기 유럽에서부터 병에 넣은 물을 판매한 것으로 알려져 있다. 왜 당시 사람들은 돈을 주고 물을 사 마셨던 것일까?

중세 유럽에선 깨끗한 식수를 구하기가 매우 어렵다는 이야기를 들어본 적이 있을 것이다. 중세 유럽인들은 물 대신 맥주를 마셨다는 이야기와 함께 말이다. 그래서 '깨끗한 물을 구하기 힘들어서 돈 주고 사 마셨구나'라고 생각할 사람도 있을 것 같다. 하지만 이는 그럴싸하게 들리는 가짜 이야기다.

모든 도시와 마을은 식수원을 중심으로 형성되었다. 이 말은 언제든 식수를 구할 수 있는 환경에 사람이 모여 산다는 뜻이다. 이는 콜레라의 원인을 발견한 사건에서도 엿볼 수 있다. 현대 역학의 창시자로 불리는 존 스노는 1854년에 영국 런던의 소호 지역에서 콜레라가 발생하자 원인을 추적했다. 그런데 발병자와 사망자를 조사하다 보니 대부분의 사망자가 브로드가에 있는 공공수도 펌프에서 가까운 거리에서 살았다는 사실을 발견했다. 콜레라균에 오염된 물을 마신 것이 원인이었던 것이다. 이 발견은 19세기 런던 사람들에겐 그동안 의문에 싸여 있던 콜레라의 발병 원인을 알려주었고, 지금의 우리에게는 19세기 런던 사람들도 수돗물을 마셨다는 사실을 알려준다.

비록 브로드가 콜레라 사건이 오염된 상수도의 위험성을 알려주었다지만, 이 사례를 '유럽에서 깨끗한 식수를 구하기 어려웠음'을 증명하는 사례로 이해하면 곤란하다. 인구가 도시의 인프라가 감당할 수 있는 이상으로 증가하면 전염병의 발생률이 증가하는 것은 전 세계 공통의 현상이었다. 콜레라는 중국과 우리나라에서도 끊임없이 발생했지만, 우리나라와 중국에서 깨끗한 물을 구할 수 없었던 것은 아니지 않는가? 오히려 당시 유럽은 상수도 물을 완속모래여과법으로 정수해서 공급할 정도로 깨끗한 식수에 신경을 많이 썼다.[5]

18세기에 물을 사서 마시는 문화가 생긴 것은 당시 유럽 귀족들 사이에서 불던 온천 붐 때문이었다. 이 시대의 의사들은 과거에는 없던 새로운 치료법을 도입했는데 그중 하나가 바로 온천이었다. 온천물에 몸을 담그고 온천물을 마시는 것이 질병과 건강 관리에 도움이 된다고 믿고 처방을 내린 것이다. 우리가 알고 있는 현대의학이 20세기부터 시작되었음을 고려하면, 물을 질병의 치료제로 처방하던 것 자체가 과학과는 거리가 멀긴 했다. 하지만 당시 과학과 의학의 한계로 인해 온천치료법이 확산되었고, 유럽의 귀족들은 정기적으로 온천을 방문하여 휴양과 치료를 했다.

 나중에는 아예 의사들이 직접 온천을 인수하여 휴양소를 운영하기도 했고, 온천마을이 관광지로 떠오르기도 했다. 대표적인 곳이 벨기에의 휴양지 스파Spa다. 워낙 많은 사람이 방문하다 보니 이 지역의 이름이 온천과 휴양시설을 뜻하는 일반명사가 되었다.

 그런데 당시 유럽 귀족이 아무리 할 일이 없는 유한계급이었다 해도, 온천에 계속 머무를 수는 없었다. 따라서 치료를 목적으로 온천수라도 계속 사서 마셨는데, 이 때문에 온천의 물을 병에 담아 판매하는 사업이 등장한 것이다. 지금도 유명한 생수 브랜드인 에비앙, 페리에, 산 펠레그리노, 게롤슈타이너 등은 온천 지역에서 설립되었다.

 이 중에서 가장 처음으로 상업화에 성공한 브랜드는 에비앙이었다. 에비앙은 프랑스 레만 호수의 남쪽에 있는 마을 에비앙 레 방이 수원지다. 1789년에 평소 신장결석을 앓고 있던 레세르 후작이 친구인 가브리엘 카샤의 집에서 머물며 그 집 정원에서 나오는 광천수를 매일 마셨는데, 어느 순간 신장결석이 치료되었다. 이것이 소문이 나면서 에비앙은 신장결석 치료지로 명성을 떨치고, 호텔과 리조트가 들어서며 휴양지로 인기를 얻는다.

 1826년부터는 카샤가 병입 시설을 갖추고 본격적으로 에비앙의 온천수를 판매하기 시작했다. 이때는 플라스틱도 없었던 데다 투명한 유리병은 19세기 후반부터 대량 생산이 가능해졌던 터라 도자기에 담긴 물이었다. 부유층과 귀족들이 건강을 위해 마시는 물이었기에 판매량이 많지는 않았다. 특히 물의 부피와 무게, 당시의 운송 기술을 고려하면 대중적으로 팔리는 상품은 아니었다. 온천 사업의 핵심은 어디까지나 온천에서의 휴양이었고 물 판매는 부수입 정도였다.

페리에의 탄생

19세기 후반으로 접어들면서 온천 붐은 잦아들었다. 화학 연구가 발달하고 세균학의 개념이 탄생하면서 질병의 원인에 관한 연구가 다각도로 이뤄지기 시작했다. 또한 위생과 공중보건 개념도 발전했다. 앞서 언급한 존 스노의 발견도 공중보건 개선에 큰 영향을 미쳤다. 이러한 과학과 보건의학의 발전으로 인해 다른 방식의 휴양법이 생기기 시작했으며, 의사들도 온천치료법을 점점 덜 권하게 되었다. 온천의 인기도 자연스레 줄어들었다. 이러다 보니 대부분의 온천이 운영에 어려움을 겪었고 페리에도 그중 하나였다.

페리에는 프랑스 남동부, 몽펠리에와 아비뇽 사이에 있는 베르게즈Vergèze란 마을에서 탄생했다. 이 지역은 과거부터 온천으로 유명했는데, 카이사르가 베르게즈에서 물을 마시고 온천을 즐겼단

이야기도 전해진다.

하지만 페리에가 본격적으로 유명세를 탄 것은 18세기의 온천 붐 이후다. 베르게즈의 지역 유지였던 알폰스 가르니에가 온천과 그 인근 땅을 매입해 호텔을 짓고 휴양지를 개발할 계획을 세운다. 그리고 1863년부터 사업을 시작했는데 1869년에 화재가 나면서 사업이 완전히 주저앉는다.

이 온천을 1898년에 인수한 사람이 베르게즈의 의사였던 루이 페리에다. 페리에는 물을 이용한 치료법이 효과가 있다고 믿었기 에 인수한 온천을 치료와 휴양을 위한 공간으로 다시 운영하기 시 작했다.[6] 이와 함께 물에 탄산을 적절한 비율로 넣어 만든 치료용 탄산수를 지역 주민과 방문자를 대상으로 판매했다.

19세기 후반은 질병의 원인이 되는 세균이 하나둘 발견되던 때 였고, 천연두와 탄저균 백신의 접종이 시작되던 때이기도 했다. 의 학 발전이 첨두에서 이뤄지고 있었음을 생각하면, 1세기 전에 통 용되던 온천치료법을 고수하던 루이 페리에는 시대의 흐름에 다 소 뒤처져 있었다. 하지만 아이러니하게도 이 뒤처짐이 페리에의 성장을 견인했다.

18세기식 온천수를 페리에란 음료수로 만든 사람은 영국에서 온 윌리엄 앨버트 세인트 존 햄스워스였다. 그는 〈데일리 메일〉을 비롯한 여러 신문사를 거느린 아말가메이티드 프레스의 설립자이 자 신문업계의 거물인 앨프레드 햄스워스의 동생으로, 사업에 필요한 견문을 넓히고 프랑스어를 익히기 위해 프랑스를 여행하고 있었다. 그러다 베르게즈에 도착하는데, 여기서 마신 온천수가 그의 일생을 뒤바꿨다. 이 온천수를 상품화해야겠단 생각을 한 것이다. 페리에 박사도 온천수를 더 많이 팔길 원했고 투자자를 찾던 상황이었기에 두 사람의 이해관계는 맞아떨어졌다.

햄스워스의 사업 방향을 제대로 이해하려면 시대적 배경에 대해 먼저 알아야 한다. 앞서 언급했지만 당시 유럽에서도 식수를 구하는 일은 어렵지 않았다. 그렇다면 굳이 탄산이 들어간 온천수를 마실 소비자는 누구였을까? 바로 영국의 귀족과 상류층이었다. 그들은 온천 붐이 끝난 이후에도 온천수를 조달해서 계속 마셨다. 왜 그랬을까? 소스타인 베블런의 《유한계급론》에서 힌트를 얻을 수 있다.

베블런은 노동에 종사하지 않는 상류 계급이 다른 계급과 자신들을 구분 짓기 위해 취하는 소비 방식을 설명했다. 경제학을 배운 사람들에겐 베블런재(사람들의 선호가 가격에 반영되고, 가격이 올라갈수록 선호도가 올라가는 재화)란 표현이 익숙할 것이다. 지금은 명품 산업을 설명하는 데 주로 활용되지만, 사실 베블런이 유한계급의 소비를 설명하기 위해 만든 개념이다. 베블런적 관점에서 상류 계급의 탄산수 소비는, 상수도 물을 마시는 노동자 계급과 마시는 물의 차이를 통한 구분 짓기의 일환이다.

햄스워스가 판단하기에 페리에의 탄산수는 영국에서 마셔본 물

보다 훨씬 나았다. 당시 영국 사교계를 지배하던 탄산수는 (지금
도 코카콜라의 산하 생수 브랜드로 팔리는) 독일의 아폴리나리스였다.
1852년에 라인란트 지역의 한 포도원에서 우연히 발견된 이 탄산
수는 1873년에 영국으로 수출되면서 부유층과 사교계 사람들을
매혹했다. 아폴리나리스를 식사에 곁들이거나, 위스키와 함께 마
시는 것은 요즘 표현으로 '힙하다'라고 평가받는 일이었다. 덕분에
아폴리나리스는 다양한 문학작품에 등장하면서 존재감을 드러냈
고[7], 영국에서만 매년 1천만 병이 팔려나갔다.

    햄스워스는 아폴리나리스보다 페리에의 탄산수가 더 낫다고 생
각했다. 그래서 자신이 소유하고 있던 아말가메이티드 프레스의
지분을 처분하고 1903년에 페리에의 온천을 인수한다. 그 후 제일
먼저 한 일이 온천의 폐쇄였다는 점은 햄스워스의 사업 방향을 명
확하게 잘 보여준다. 이미 하향세인 온천을 운영하면서 비용을 쓰
느니 물 생산과 유통에 전념하는 게 낫다고 판단한 것이다. 그리고
이 물에 루이 페리에의 성을 따서 페리에라고 이름을 붙였다. 현
재 페리에를 상징하는 유려한 유리병의 곡선 디자인 또한 햄스워
스가 자신의 운동용 곤봉 모양에서 착안하여 만든 것이었다. 이 시
기는 유리병을 대량 생산할 수 있는 기술이 갖춰졌기에 특유의 병
모양이 페리에의 정체성으로 자리 잡았다.

    햄스워스는 소비자 반응을 테스트하기 위해 몬테 카를로를 비
롯한 프랑스 남부 유명 휴양지의 호텔들에 페리에를 판매했다.[8]

이러한 호텔을 찾는 사람들은 충분한 구매력과 시간을 갖춘 상류 계급이었다. 그렇기에 이들의 반응이 중요했는데 생각보다 좋은 반응을 얻어냈다. 이는 곧 영국에서도 긍정적인 반응을 기대할 수 있으리란 의미였고, 1904년부터 본격적인 영국 판매에 착수한다.

아폴리나리스와 경쟁하려면 그에 걸맞은 격이 필요했다. 갑자기 새로 등장한 상품이 스스로 고급이라 주장해봤자 아무도 믿어주지 않을 것 아닌가?

여기서 햄스워스는 인맥을 이용한다. 유명 차 브랜드 립톤의 창업자 토머스 립톤을 통해 에드워드 7세에게 페리에를 소개한 것이다. 덕분에 페리에는 왕실 조달품이 된다. 아폴리나리스가 19년 만에 왕실 조달품으로 선정된 것을 생각하면 파격적인 선정이었다. 페리에는 세간의 화제가 되면서 단기간에 아폴리나리스와 맞설 수 있는 경쟁력을 확보했다.

이 외에도 아폴리나리스를 의식한 마케팅을 진행했는데, 그 흔적을 초기 마케팅 슬로건인 '테이블 워터의 샴페인'에서 발견할 수 있다. '테이블 워터의 여왕'이란 슬로건으로 유명했던 아폴리나리스를 노린 문장이었다. 여기에 더해 이름이 유사한 유명 샴페인 메이커였던 페리에 주에, 로랑-페리에의 고급스러운 이미지를 차용하기 위한 슬로건이기도 했다. 지금이야 페리에 하면 사람들이 생수를 먼저 떠올리지만, 당시 상류층은 샴페인을 먼저 떠올렸을 테다.

페리에의 인기는 1910년대 초반 연간 100만 병이 팔릴 정도로 괜찮은 편이었다. 하지만 연간 4천만 병이 생산되는 아폴리나리스에 비할 바는 아니었다. 두 브랜드의 격차는 극명했다.

1914년 제1차 세계대전이 발발하면서 상황은 반전되었다. 영국의 적성국인 독일제 상품을 소비하는 것은 나라를 배신하는 행위나 다름없었다. 페리에는 이 점을 활용해 독일과 맞서 싸우는 동맹국 프랑스의 대결 구도로 페리에와 아폴리나리스를 대비시켰다. 즉, 전쟁 마케팅으로 페리에를 광고했다.[9] 아폴리나리스의 영향력은 줄어들기 시작했고, 그 빈 자리를 페리에가 채우게 된다. 페리에로서는 최상의 결과였다.

하지만 윌리엄 햄스워스가 1933년에 사망하면서 페리에는 흔들리기 시작했다. 윌리엄에겐 자식이 없었기 때문에 페리에의 지분은 형제들에게 상속되었는데, 그들은 미디어계의 거물들이었기에 상대적으로 큰돈이 안 되는 페리에에 별 관심이 없었다. 더군다나 제2차 세계대전이 발발하고 1940년에 독일이 프랑스를 점령하면서 페리에의 수입원이 막혀버렸다. 전쟁 동안 페리에의 손실이 너무 컸기에 햄스워스 가문은 프랑스가 해방된 뒤 이 사업을 처분하고자 했다. 페리에는 햄스워스 가문의 손을 떠나게 되었다.

현대 생수 산업의 탄생

1947년에 파리의 주식중개인이던 조르주 르벵은 햄스워스 가문으로부터 페리에 매각 작업을 맡게 된다. 조르주의 아들 귀스타브가 아버지와 함께 일하고 있었는데, 본격적인 매각 작업에 착수하기 전에 페리에를 면밀하게 뜯어보기 위해 실사를 나갔다. 그 결과 몇 가지 문제점이 있긴 했지만 손을 보면 개선될 수 있는 수준이고, 브랜드 경쟁력이 아직 충분하단 판단을 내린다.[10]

페리에는 제2차 세계대전 때 판매가 막히긴 했지만 40년 가까이 프랑스와 영국, 그리고 그 식민지에 물을 팔아왔고 영국 왕실과 스페인 왕실에 납품한 이력이 있는 만큼 브랜드 이미지도 확실했다. 게다가 온천수는 와인보다 더 비싼 가격에 팔렸다.[11] 와인은 포도의 작황에 영향을 받고 생산량을 늘리려면 밭을 늘려야 했지만, 온천수는 대량 생산이 손쉬웠다. 이렇게 좋은 물건을 남에게 팔 이유가 없다고 생각한 귀스타브는, 급히 아버지에게 전화를 걸어 매각 작업을 중단하고 자신이 사겠다고 선언한다.

페리에의 초석을 루이 페리에가, 기둥을 윌리엄 존 햄스워스가 닦았다면, 우리가 아는 페리에의 모습을 완성한 사람은 귀스타브 르벵이다. 그는 페리에를 인수한 후 생산 공정을 현대화하여 위생을 개선하고 대량 생산 체제를 구축한다. 페리에의 판매량은 1946년 1천만 병에서 1952년 1억 5천만 병으로 폭발적으로 늘어난다. 드디어 경쟁력 있는 브랜드로 부활한 것이다.

　전후 프랑스 생수 시장에서 주도권을 먼저 차지한 쪽은 에비앙이었다. 에비앙은 1860년대 이후 약국에서만 판매했는데, 이는 자사의 물을 '치료용'으로 포지셔닝했기 때문이다. 하지만 20세기 초 들어 현대의학이 발전함에 따라 에비앙을 치료용으로 계속 어필하는 데에도 한계가 있었다. 바로 이 시기에 에비앙은 매우 절묘한 선택을 한다. '임산부와 유아에게 필요한 미네랄을 제공하는 물'로 광고를 하며 임산부와 아기를 위한 물로 새롭게 포지셔닝한 것이다.[12]

　지금도 마찬가지이지만 아이를 대상으로 하는 마케팅의 힘은 매우 강력하다. 부모들은 자녀를 위해 좀 더 많은 돈을 쓰는 데 주저하지 않는다. 덕분에 에비앙 물의 비싼 가격이 정당화되었고, '내 아이를 위한 물'로 경쟁사 사이에서 차별화에 성공할 수 있었다.

　다만 이러한 차별화에도 에비앙은 자체적인 한계를 안고 있었다. 약국에서만 판매해왔기에 유통망 확대에 제약이 있었다. 더 결정적인 문제는 바로 병이었다. 지금이야 다 쓴 공병의 회수가 환경 보호와 자원 절약의 차원에서 시행되고 있지만, 20세기에는 상황이 달랐다. 병을 생산하는 과정에서 아무리 대량 생산체제가 갖춰졌다고 해도 일정 이상의 비용이 들었고 이는 비용 압력의 원인이 되었다. 따라서 병을 회수하고 세척해서 이를 사용하는 공병 회수 제도가 필수적이었다.[13] 즉, 플라스틱 병이 대중화되기 이전엔 음료 기업 운영의 핵심은 바로 병의 생산과 회수였다는 뜻이다.

20세기에 코카콜라가 확장할 때 가장 신경 쓴 것이 본사가 각 지역으로 보낸 원액을 해당 지역에서 병입하는 '보틀링 시스템'이었던 점을 생각해보자. 특정 지역에서 코카콜라 판매권이 보틀링 사업권으로 부여된 것도 바로 미국이란 거대한 땅덩어리에서 유통비용을 줄이고 병의 생산과 회수를 최적화하기 위해서였다. 이처럼 음료 사업에서는 병의 생산과 관리가 매우 중요한 것이다.

그런데 에비앙은 당시 주요 생수 업체 중에서 유일하게 자체적인 병 생산 시설을 갖추지 못했다. 이러한 상황에서 생수 시장이 본격적으로 성장하자, 카샤 가문은 1964년에 에비앙의 병을 생산하던 수숑-뇌베젤에 지분의 25퍼센트와 경영권을 넘기게 된다. 수숑-뇌베젤 측이 에비앙의 슈퍼마켓 유통을 도와주면서 판로가 더 넓어졌기 때문에 이러한 결정을 내린 것이다.

수숑-뇌베젤은 경영권을 받자마자 에비앙 근처에 병입 공장을 세우고 에비앙을 빠르게 확장시켰다. 이후 에비앙의 나머지 지분을 전부 인수하고 다농이 된다.

에비앙은 이렇게 한계점을 보완한 뒤 본격적인 경쟁의 장에 오른다.

프리미엄 생수의 브랜딩 전략

페리에와 에비앙의 대결을 이야기하기에 앞서 생수 산업 초창기 시장 상황을 살펴보자. 생수 산업은 애매한 부분이 많은 산업이다. 샘솟는 물을 병에 담아서 팔면 되는 것이니 사실 원료 자체의 생산 비용은 그리 높지 않다. 가장 큰 비용을 차지하는 건 병과 운송이다. 이 구조는 지금도 여전해서, 마케팅 비용을 제외하는 경우 운송비가 상품 가격에 큰 영향을 미친다. 에비앙이란 라벨이 붙은 물을, 강원도 평창에서 생산할 수는 없는 노릇 아닌가? 그렇다면 왜 이렇게 비싼 운송비를 지불하면서까지 생수를 마시는 걸까?

앞에서 살펴보았듯이 프리미엄 생수는 초기에 질병 치료 효능을 내세웠고, 이 때문에 물을 어디서든 쉽게 구할 수 있음에도 비싼 생수를 팔 수 있었다. 하지만 수많은 온천이 너도나도 질병 치료에 효과가 있다고 주장하면서 시중에 나온 생수 간의 차이는 사라졌다. 이후 부유층의 고급 음료수로 포지셔닝하면서 새로운 활로를 찾긴 했지만, 별다른 차이가 두드러지지 않았다.

생수는 사실상 품질의 차이가 거의 없는 동질적 재화라고 할 수 있다. 생수의 차이를 중시하는 분들은 이 말에 동의하지 않을 수도 있다. 실제로 생수의 미네랄 함유량에 따라 물의 맛과 질감에 약간의 차이가 있긴 하다. 그런데 그것이 특정 브랜드에 대한 선호가 생기고 지불 의사가 달라질 정도로 큰 차이인가?

에비앙의 사례에서 알 수 있듯이 생수 산업에서 가장 중요한 것은 이미지였다. 아이를 위한 물로 포지셔닝한 에비앙은 베이비붐 세대의 어머니들에게 큰 지지를 받았고, 물을 어떻게 잘 팔 수 있는지 그 본보기를 제시했다. 아이를 위해선 좋은 물을 마시며 미네랄을 보충해야 하고, 수많은 물 중에서도 에비앙이 특별하다고 어필한 것이다.

차별성을 더욱 확고하게 드러내기 위해 사용한 것이 바로 알프스라는 지역의 이미지다. 에비앙의 수원지가 알프스였던 데다, 알프스의 청정하고 순수한 이미지를 더할 수 있었기 때문이다. 소비자도 에비앙을 그냥 물이 아니라 알프스산맥과 빙하의 순수함을 담은 특별한 음료로 받아들였다. 유럽에서 알프스가 차지하는 위상을 생각하면 에비앙에 각별한 감정을 느낀 것도 당연한 일이라고 할 수 있다.

특히 서구 소비자가 자연과 환경에 관심을 가질수록 에비앙의 이미지가 갖는 힘은 더욱 강해졌다. 1980년대 광고 카피 '당신이 마시는 물은 당신이 마시는 공기만큼이나 중요합니다'에서 에비앙이 소비자에게 어떤 이미지를 심어주고자 했는지 엿볼 수 있다. 특별한 자신에게 순수하고 특별한 물을 마시게 하라는 것이다.

에비앙의 마케팅 전략이 얼마나 효과적으로 먹혔는지 이후의 생수 브랜드들은 모두 비슷한 콘셉트를 활용한다. 아름다운 산, 깨끗한 빙하 등의 이미지를 보여주며 그러한 자연이 갖는 이미지를 차용하는 것이다. 심지어 어떤 브랜드는 문명과 동떨어진 바다의 이미지를 강조하기도 한다. 설령 그 물이 산, 빙하, 태평양과 아무런 관련이 없더라도 말이다.

　그렇다면 페리에는 어떠한 방식으로 차별화를 꾀했을까? 스포츠와 축제 같은 활동적인 이미지로 포지셔닝했다. 유럽에서 축구와 F1 다음가는 인기를 자랑하는 사이클대회 투르 드 프랑스를 후원하며 이 경기를 보는 관객과 시청자에게 페리에를 노출했다. 선수들이 사진기자들 앞에서 페리에를 마시며 갈증을 해소하는 모습은 그 자체로 엄청난 광고가 되었고, 페리에가 추구하는 활동적이고 멋진 이미지를 연출해냈다.

　투르 드 프랑스와의 계약이 1984년 종료된 뒤에도 롤랑 가로스 테니스 오픈과 골프 등에도 후원했다. 그 결과, 페리에는 스타의 음료이자 스포츠맨의 음료, 활동적인 사람들의 음료로 널리 소비되었다. 이러한 이미지를 계속 강화하고자 엄청난 양의 광고도 투입했다. 페리에의 차별화 전략의 핵심은 스포츠와 활동적인 이미지, 그리고 이를 뒷받침하는 압도적인 광고였다고 볼 수 있다.

　1976년 페리에의 미국 진출은 그 자체로 엄청난 사건이 되었다. 18세기부터 시작된 온천수의 판매부터, 약 200년의 역사를 쌓은 유럽 생수 산업은 그 발전 과정에서 판매 범위를 중산층에게까지로 확대했다. 유럽 국가의 상수도 품질이 우수함에도 불구하고 생수를 사 마시는 것이 일상화된 것이다. 유럽의 주요 국가에서 페리에식 탄산수가 생수의 표준으로 자리 잡은 것은 바로 이 때문이다.

미국 시장은 좀 달랐다. 미국은 20세기 초에 염소소독법이 마련되면서 수돗물의 질이 상승했고, 소비자도 평소에 물을 사 마시기보단 수돗물을 마셨다. 이 때문에 르벵이 페리에의 미국 진출을 선언했을 때, 맥킨지를 비롯한 컨설팅 회사들은 전부 전망이 어둡다며 말렸던 것이다.

미국 시장을 뚫기 위해 페리에는 막대한 돈을 썼다. 마케팅 캠페인에 250~500만 달러를 쓴 것으로 알려졌는데, 이는 지금의 가치로 환산하면 약 2천만 달러(약 180억 원)에 달한다. 기본적인 방향성은 프랑스에서와 동일했다. 스포츠를 후원하며 활동적이고 멋진 사람들이 마시는 물임을 어필한 것이다.

1979년에는 미국의 유명 배우이자 제작자였던 오손 웰스를 고용해 만든 광고를 송출한다. 녹색 병에서 탄산수가 소용돌이치면서 흘러나와 거품을 만들며 얼음 컵으로 흘러 담기는 영상은, 감각적인 광고가 넘쳐나는 지금의 시각에서 보자면 다소 밋밋할 수도 있을 것이다. 하지만 당시엔 굉장히 센세이셔널했다. 이 광고가 미국의 베이비붐 세대에게 전달한 메시지는 아주 명확했다. 페리에가 품격 있고 멋진 사람들을 위한, 유럽에서 온 무알코올 음료라는 것이다. 더군다나 광고 중간에 나오는 정확하고 멋진 프랑스식 발음은 이 프랑스 상품에 대한 선망을 더욱 강화했다.[14]

원래부터 페리에는 유명 예술가들과의 협업을 통해 감각적인 광고를 만드는 것으로 유명했지만 오손 웰스의 이 광고로 정점을 찍었다.

스포츠 후원에 따른 건강한 이미지, 자신의 삶을 가꿀 줄 아는 사람들이 마시는 음료라는 이미지, 유럽에서 온 멋진 상품이란 이미지는 미국 베이비붐 세대가 품고 있던 지위와 인정을 향한 욕망을 정확하게 저격했다. 자신을 가꾸는 멋진 사람은 그에 맞는 멋진 상품을 써야 한다고 강조한 것이다. 더군다나 1970년대 후반은 콜라를 비롯한 탄산음료에 대한 문제 제기가 본격화되고, 건강과 자기관리에 대한 개념이 서서히 자리하던 때였다.

덕분에 미국에서 페리에는 그야말로 대성공을 거둔다. 물을 돈 주고 사 마신다는 개념이 없던 나라에서 탄산수를 마시게 만들었을 뿐 아니라, 엄청난 규모의 시장을 개척했다. 미국의 페리에 판매량이 1976년 300만 병에서 1979년 2억 병으로 폭발적으로 증가한 것이다. 1980년대 들어서도 매년 20퍼센트씩 성장하면서 1988년엔 매출 5억 6천만 달러를 기록했다.[15] 페리에는 공짜에 돈을 내게 만든 브랜드란 명성을 얻었다.

하지만 1990년에 병에서 벤젠이 검출되며 페리에는 위기에 처한다. 즉각 리콜을 선언했지만 이 사건으로 소비자들은 페리에에 큰 불신을 갖게 되었고, 판매량은 3분의 1로 급감했다. 결국 레벵과 경영진이 1991년에 사퇴하고 페리에는 1992년에 네슬레에 인수되었다.

페리에의 차별화 전략은 에비앙과 다른 측면에서 살펴볼 만하다. 에비앙이 알프스의 청정한 이미지를 빌려 마시는 물 그 자체로서 차별화를 시도했다면, 페리에는 무알코올 음료로서 차별화를 시도했다. 스포츠 대회를 후원하면서 역동적인 이미지를 추구하고 유명 예술가들과의 협업을 통해 패셔너블한 광고를 선보인 이유도 그 때문이었다.

무알코올 맥주가 1970년대에 본격적으로 등장한 것이나 탄산음료에 대한 거부감, 2000년대 이후 감소세로 들어선 알코올 소비량 등의 트렌드를 생각하면 페리에의 방향성이 상당히 시기적절했다고 할 수 있다. 무알코올 음료 시장은 여전히 폭발적으로 성장하고 있으며, 생수는 알코올 음료의 대체품으로 평가받고 있다.

생수처럼 상품 간의 차이가 두드러지지 않아 차별화가 어려운 산업은 얼마나 매력적인 스토리를 만드느냐가 매우 중요하다. 바로 그 스토리가 차이가 없는 것에 차이를 만들기 때문이다.

에비앙은 알프스와 자연이란 매개체를 통해 스토리를 만들었고, 페리에는 스포츠와 인정욕구로 스토리를 만들었다. 이 장에서 언급하지 않은 수많은 브랜드도 결국 각자의 고유한 스토리를 만들고자 애쓰고 있다. 왕이 좋아한 물, 역사가 오래된 물, 지역적 특성이 담긴 깨끗한 물, 셀럽들이 추천하는 물…. 결국 스토리텔링이 소비자가 상품을 다르게 인지하게 만드는 핵심 전략이다.

삼다수와 제주도

그렇다면 국내에서 생수는 어떤 길을 밟았을까? 우리나라는 미국, 유럽과는 사정이 다르다. 1994년까지는 내국인 대상 생수 판매는 불법이었고, 미군 납품이나 수출용으로만 제한적으로 생수 판매가 허용되었다. 부자는 생수를 마시고 서민은 수돗물을 마신다는 인식을 조장해 사회통합을 저해할 수 있다는 이유 때문이었다.[16] 지금의 관점에서는 어이없는 이유로 보일 수도 있지만, 앞서 생수 산업의 역사에서 살펴봤듯이 태초에 생수의 상업화가 계층 간 구분 짓기에서 시작되었음을 고려하면 완전히 잘못된 생각은 아니다. 유럽에서조차 생수가 돈 있는 사람들의 사치품에서 대중의 소비 영역으로 내려온 시기는 1970~1980년대 이후였다.

내국인의 생수 구매가 불법이었는데도 불구하고 사람들이 생수를 사기 시작한 이유는 연이어 터진 수돗물 오염 논란 때문이었다. 1989년에 수돗물에서 중금속이 검출되는 사건이 있었고, 1990년엔 발암물질 검출 파동이 발생했다. 1991년엔 두산전자의 페놀 유출 사건이 터졌다. 이렇게 3년 연속으로 수돗물의 안전을 뒤흔드는 사건이 발생하자, 사람들이 수돗물을 포기하고 생수를 구입해 마시기 시작한 것이다.

이런 상황에도 불구하고 정부에선 생수의 판매를 계속 불법으로 규정했다. 앞서 이야기한 빈부격차로 인한 박탈감 문제도 이유

중 하나였지만, 생수 판매를 허용할 경우 그동안 지켜온 수돗물 정책의 실패를 인정하는 셈이 되다 보니 결정을 미뤘던 측면도 있다. 결국 이 문제는 헌법재판소가 생수 규제에 위헌 판결을 내리면서 끝이 난다. 그리고 1995년에 규제가 풀리면서 기존에 있던 14개 생수 업체는 치열한 각축전을 벌이기 시작한다.

생수 하면 떠오르는 대표적인 브랜드, 제주 삼다수는 그중에서도 후발주자였다. 생수 판매가 합법화된 1995년에 제주도개발공사가 지하수 개발에 들어갔고, 1998년 1월에야 공장 설립이 완료되었기 때문이다. 즉, 삼다수는 시장이 개방된 1995년을 기준으로 해도 다른 업체들보다 3년이나 늦은 셈이다.

일반적인 경쟁에서 이 정도로 뒤처진 상태라면 추월이 쉽지 않다. 하지만 1998년 3월에 삼다수는 시장에 풀리자마자 엄청난 히트를 치며 국내 생수 업계 1위에 오른다. 과연 삼다수는 어떠한 방식으로 경쟁을 한 것일까?

삼다수의 성공은 여러모로 앞서 살펴본 고급 생수 브랜드들과 겹치는 섬이 많다. 이는 외국 생수 업계가 거둔 성공적인 마케팅을 그대로 벤치마킹했기 때문이다. 제주도, 그중에서도 한라산이 가지는 깨끗한 청정 이미지를 차용한 것이다. 에비앙이 알프스산맥에서 15년 자연 여과를 거쳐 만들어진 물이란 매력적인 스토리를 만든 것처럼, 삼다수는 한라산의 원시림과 제주도의 화산암을 통한 자연 여과로 탄생한 물이란 스토리를 강조했다. 이 스토리는 삼다수 병의 뒷면에 그림으로 상세히 표현되어 있다.

삼다수가 비싼 이유도 외국 고급 생수와 동일하다. 운송비로 인한 가격의 상승이다. 국내 생수 업체 중에 유일하게 제주도를 통해 들여와야 하기 때문에 다른 생수 업체보다 운송비가 더 많이 발생한다. 이는 고급 생수 브랜드들이 해외 운송을 통해 들어오면서 높은 가격이 책정되는 것과 동일한 구조다.

삼다수가 가진 스토리에 경쟁사보다 높은 가격은 삼다수를 국내 생수계의 고급 생수로 자리하게 만들었고, 소비자도 가격과 신뢰도를 동시에 받아들인 것이다.

삼다수의 대성공엔 농심의 덕도 있다. 삼다수는 제주개발공사가 개발과 생산을 맡고, 판매는 유통사에 위탁을 맡긴다. 이때 처음으로 유통 계약을 맺은 곳이 바로 농심이었다.

삼다수의 등장 직전만 하더라도 이미 생수 브랜드가 넘치게 많은 상황이어서 삼다수의 등장을 부정적으로 전망하던 곳이 많았고, 주요 유통 업체들도 삼다수 유통을 맡으려 하지 않았다. 이때 농심은 삼다수를 매장에 깔기 위해 삼다수를 구매하지 않으면 신라면을 공급하지 않겠다는 식의 끼워팔기로 문제를 해결했다.[17] 이 시도는 신라면과 삼다수 모두 잘 팔린 덕분에 서로에게 해피엔딩으로 끝났다.

우리나라에서 생수 시장은 수돗물에 대한 불안과 불신을 먹고 자랐다. 지금도 많은 사람이 수돗물을 불신하는 편이다. 라면을 끓일 때도 생수로 끓이는 사람들이 제법 된다는 점은 이러한 사실을 잘 보여준다. 오염된 물이라도 필터를 거친 후 끓여 마시면 문제가 없으므로, 식수를 끓이는 것은 안전성을 확보하는 가장 확실한 방법이다. 그럼에도 불구하고 끓이는 데 생수를 사용한다는 것은 그만큼 수돗물에 대한 불신이 크다는 뜻이기도 하다.

하지만 그 불신과 달리 우리나라의 수돗물은 전 세계에서도 굉장히 안전한 편에 속한다. 미국 질병통제예방센터에서는 여행 중에 수돗물을 마셔도 되는 국가와 마시면 안 되는 국가를 발표하고 있다.[18]

마셔도 되는 국가는 미국의 수돗물 기준과 유사해서 물로 인한 문제를 겪지 않을 나라를 의미한다. 아시아에서는 우리나라와 일본, 사우디아라비아, 쿠웨이트, 아랍에미리트, 싱가포르 정도만 여기에 해당한다. 반대로 수돗물을 마시면 안 되는 국가는 187개국이나 된다.

우리나라는 수돗물이 안전한 국가에 속함에도 정작 수돗물에 대한 불안은 매우 큰 것이다. 수돗물이 안전하단 말에 거부감을 느낄 사람도 많을 것이고, 나아가서 수돗물을 옹호하는 듯한 이 글에 반감을 가질 사람도 있을 것이다. 하지만 소비자가 느끼는 불안이란 감정과는 별개로 사실은 이러하다. 어차피 소비는 감정으로 하는 것이니 그것이 잘못되었다는 주장은 아니다.

생수는 엄청난 마케팅을 통해 상품성과 가치를 만들어냈다. 예를 들어 미국 코카콜라에서 생산하는 생수 다사니는 수돗물을 정수한 물임에도 마케팅을 통해 차별성을 만들어냈다. 사람들이 생수를 수돗물보다 더 믿고 선호하는 이유는 상수도 사업본부가 생수 업체들처럼 마케팅 비용을 쓸 수 없기 때문이란 이야기가 있을 정도다. 그런 곳에 마케팅 전문가가 있을 리도 없으니 홍보가 더 미진한 측면도 있을 것이다.

생수 산업은 강한 비판에 시달리기도 한다. 생수 브랜드들이 아름다운 환경과 순수성을 상품에 입히고 있지만, 현실은 해마다 생산되고 버려지는 생수 용기와 생산 과정에서 발생하는 탄소로 인해 환경에 악영향을 미친다는 비판이다. 생수 용기에 그려진 아름다운 빙하, 산, 바다가 그 생수를 생산하면서 발생한 탄소로 인해 파괴되고 있는 것이다.

이를 개선하고자 생수 업계는 얇은 플라스틱과 무無라벨 패키징을 시도하고 있지만, 필터를 통한 정수 방식이란 대안이 존재한다는 걸 고려하면 비판에서 벗어나기 쉽지 않을 것이다.

생수 산업의 경쟁은 차별화 마케팅의 힘, 그리고 스토리의 중요성을 잘 보여주는 사례다. 우리가 생수를 구입하는 것은 단순히 물을 사는 것이 아니다. 거기에 담긴 이야기와 사람들의 욕망, 불안감을 해소해줄 이미지를 사는 것이다. 생수뿐 아니라 우리가 구매하는 모든 상품이 그렇다는 점을 기억하면, 이해되지 않는 소비와 경쟁을 더 잘 이해할 수 있을 것이다.

06

스토리가 가진
양면성

브 랜 드   #게토레이 #포카리스웨트

주 제 어   #타깃 광고 #브랜드 스토리텔링

헬스장에서 격렬한 러닝을 하고 나면 게토레이나 파워에이드를 마셔야 할 것 같은 기분이 든다. 또 등산을 하거나 사우나를 하고 나면 포카리스웨트를 마셔야 할 것 같은 기분이 든다. 스포츠음료 혹은 이온음료로 불리는 상품들은 이제 소비자의 일상에 꽤 깊숙하게 자리 잡은 것 같다.

2021년에는 강도 높은 사회적 거리두기로 인해 사람들의 외출과 대외활동이 줄어들었음에도 스포츠음료의 매출은 증가한 것으로 나타났다.[19] 심지어 코로나19 발생 이전인 2019년과 비교해도 매출이 증가한 것으로 파악된다.

스포츠음료 업계에선 집에서 하는 홈트레이닝의 인기를 매출 증가의 이유로 꼽고 있다. 사람들이 집에서 운동을 마치고서 스포츠음료를 마시는 것이다.

스포츠음료는 운동할 때뿐 아니라 일상에서 소비되기도 한다. 내 경우는 운동할 때도 마시지만 모임에서 술을 마셨을 때 해장과 숙취 예방을 위해 주로 마신다.

몸에서 알코올을 분해하는 데 필요한 3요소는 당분, 수분, 수면이다. 맹물을 마시는 것도 도움은 되지만, 아무래도 스포츠음료들이 광고하는 '흡수 속도가 빠르다'라는 카피에 혹하기도 했다. 몸에서 빨리 흡수하면 그만큼 술로 인한 탈수도 빨리 해소될 수 있을 테니까. 당분도 스포츠음료에 들어 있으니 충분히 마시고 잠만 자면 된다. 간편한 해결책이 아닌가?

국내에서 스포츠음료 및 이온음료 시장의 점유율은 대략 포카리스웨트 45퍼센트, 게토레이 25퍼센트, 파워에이드 25퍼센트의 비중을 보인다. 그리고 나머지 점유율은 토레타, 이프로, 아쿠아 등이 차지하고 있다.

그런데 왜 국내에서 포카리스웨트가 1위인지 그 이유에 대해서 생각해본 적이 있는가? 미국의 경우는 게토레이가 70퍼센트에 육박할 정도로 압도적인 점유율을 보인다. 그런데 미국을 벗어나 다른 나라로 가면 그렇지도 않다. 일본의 경우 우리나라처럼 포카리스웨트가 지배적인 점유율을 차지하고 있다. 스페인의 경우 아쿠아리우스가 수위를 차지하고 있다. 영국엔 루코제이드가 있다. 파워에이드는 미국에선 점유율 20퍼센트 미만의 스포츠음료이지만 유럽 쪽에선 점유율이 꽤 높은 편이다.

이처럼 한 상품이 전 세계 시장을 장악하지 않고, 국가별로 지배적인 상품이 서로 다른 이유는 무엇일까? 이번엔 스포츠음료 시장의 경쟁에 대해 자세히 살펴보자.

만들어진 신화

최초의 스포츠음료는 무엇일까? 게토레이에 얽힌 이야기를 들어본 분들이라면 게토레이라고 대답하겠지만 아니다. 최초의 스포츠음료는 루코제이드라는 평가가 일반적이다. 1927년에 영국 뉴캐슬의 화학자 윌리엄 오웬이 개발한 것으로, 파워에이드보다 무려 38년이 빠른 것이다.

다만 사용 대상이 달랐다. 오웬이 루코제이드를 개발한 이유는 감기 등의 일반적인 질병에 걸린 사람의 빠른 회복을 돕기 위해서였다. 아픈 사람에게 식사 잘 챙겨 먹으라고 하는 이유가 무엇일까? 그것은 우리 몸이 면역체계를 가동시켜 질병을 이겨내는 과정에서 에너지가 많이 소모되기 때문이다. 오웬은 이렇게 소모되는 에너지를 보충시키기 위해 포도당음료를 만들었고, 그래서 이름도 포도당을 뜻하는 글루코스에 에이드를 접목시켜 글루코제이드라고 정했다. 2년 후에 판매를 하며 바꾼 이름이 루코제이드다.

타깃 소비자나 기대 효과를 보면 수액에 가까워 보이지만, 루코제이드가 스포츠음료로 평가받는 이유는 '과도하게 소비된 에너지를 보충해주는 음료'라는 용도로 이용되기 때문이다. 루코제이드를 판매하던 기업도 이 점을 간과하다가, 1980년대 들어서야 스포츠음료와 별반 다르지 않다는 것을 깨닫고 루코제이드 스포츠란 이름으로 별도로 판매에 나섰다.

사실 동일한 기능과 용도임에도 스포츠를 위한 음료로 상상조차 하지 못한 이유는 과거엔 운동 중에 무엇을 먹거나 마시는 일이 금기시되었기 때문이다.

미국의 스포츠 행정가이자 초기 올림픽에서 영향력 있는 인물이었던 제임스 설리번은 "마라톤 중에 뭔가 먹거나 마시는 습관을 들이지 마라. 어떤 선수들은 그렇게 하지만 좋지 않다"라는 말을 남긴 것으로 전해진다. 하프마라톤이라도 해본 사람들은 이게 얼마나 미친 소리인지 짐작이 갈 것이다.

그런데 이 사람만 그랬던 것이 아니라, 당시 분위기가 그랬다. 1950년대 남자마라톤에서 세계신기록을 4차례나 갱신한 짐 피터스도 공복 상태를 유지하는 것이 좋다는 견해를 밝혔다.[20]

이처럼 물도 함부로 못 마시게 하던 분위기에서 운동을 하면서 마실 수 있는 음료를 개발한다는 건 아무래도 생각조차 하기 어려운 일이었을 듯하다.

이러한 분위기는 1960년대 미국도 마찬가지였다. 플로리다대학의 의사 데이너 샤이어스는 대학 미식축구부 1학년 코치와 점심을 같이 먹다가 1학년 선수들의 몸 상태가 좋지 않고, 일사병과 탈수증으로 한 주에 25명이나 병원에 실려 갔다는 말을 듣는다.

플로리다의 여름 기온은 우리나라보다 훨씬 높다. 그런데 온갖 보호장구와 유니폼을 껴입고 훈련을 하는 선수들에게 물도 못 마시게 했으니 선수들이 탈수를 겪는 것은 당연했다. 당시 일사병과 탈수로 매년 20여 명의 미식축구 선수가 사망했다고 하니 그야말로 죽음을 부르는 마초이즘이었던 셈이다.

이 이야기를 전해 들은 로버트 케이드 박사는 데이너 샤이어스, 알렉스 데 케사다, 짐 프리와 함께 선수들의 탈수를 해소할 보충제 개발에 나섰다. 목표는 매우 간단했다. 더위에 격렬한 운동을 하면 체액이 땀으로 배출되니 배출되는 체액만큼을 보충해줄 음료를 만드는 것이었다.

그렇게 등장한 것이 게토레이의 시제품으로, 정제수에 염분과 칼륨, 그리고 운동으로 떨어진 당을 보충하기 위해 포도당을 넣은 제품이었다. 그런데 지독하게 맛이 없어서 개발자인 케이드 박사가 먹다 뱉었을 정도였다. 다른 동료들도 변기 세정제 맛이라고 부를 정도였다. 그나마 먹을 만한 맛으로 만들기 위해 레몬즙을 짜서 넣었다. 게토레이의 기본 맛이 레몬 맛인 것은 이런 이유다.

이 시제품을 플로리다 미식축구팀인 게이터스 선수들에게 테스트하고자 했다. 다행히도 게이터스의 감독은 운동 중에 아무것도 마시지 못하게 하는 극단적 마초이즘에 빠진 사람은 아니어서 1학년 선수들을 대상으로 테스트를 허락해준다. 덕분에 1학년 선수들과 팀 2군 선수들 간의 정기전에 이 시제품이 첫선을 보인다.

그런데 결과가 생각보다 좋았다. 팀 역사상 단 한 번도 이긴 적이 없던 1학년 선수들이 하프타임 때 케이드가 만든 시제품을 마시고 3, 4쿼터에 뒷심을 발휘해 역전승을 한 것이다. 효과를 경험한 게이터스는 경기력을 개선해준 이 음료의 공급을 요청했고, 케이드 박사와 동료들은 뒤늦게 제품에 정식으로 이름을 붙인다. 게이터스의 레모네이드'를 줄여서 게이터레이드. 국내에 들어올 땐 게토레이로 줄인 바로 그 상품이다.

처음엔 선수들이 게토레이를 썩 반기지 않았다고 전해진다. 개발자가 먹어도 맛이 없는데 선수들이 먹는다고 맛이 있을 리 없으니 그럴 법도 했다. 다만 갈증이 심하게 나니 참고 마실 뿐이었다.

그런데 신기하게도 게토레이를 마신 이후부터 게이터스 선수들은 후반전에 뒷심을 보이는 팀이 되기 시작했다. 1, 2쿼터엔 박빙 혹은 열세였다가도 3, 4쿼터만 되면 상대 팀보다 더 나은 경기력을 보이며 역전하거나 점수 차를 벌리는 모습을 보인 것이다. 게이터스가 이처럼 성적이 좋다 보니, 게이터스의 이 신비의 약물에 대한 사람들의 관심도 증가했다.

한번은 게이터스가 라이벌 팀과 경기를 할 때 상대 팀 극성팬의 방해로 게토레이가 공급되지 못하는 일이 벌어진다. 그리고 이 경기에서 게이터스가 완패를 하면서 게토레이에 대한 관심은 더 높아졌다. 게토레이가 승리를 부르는 음료가 된 것이다.

하지만 게토레이 이야기를 다룬 대런 로벨의 저서 《절대음료, 게토레이》에 따르면 게토레이 탈취 사건은 케이드의 자작극이었다.

케이드는 게토레이를 상업화하기 위해 탈취 사건으로 주목도를
더 높인 것이다.

케이드는 구매 유도를 위해 대학이나 스포츠 단체에 게토레이
샘플을 보내기도 했지만, 정작 구매로 이어지진 않았다. 그러다 의
과대학 의사들을 통해 게토레이에 대한 입소문이 전해지다, 인디
애나에서 통조림을 만들던 기업인 스토클리 밴 캠프의 회장의 귀
에까지 들어가면서 드디어 라이선스 판매 계약이 이뤄진다. 케이
드는 게토레이의 생산, 유통권을 100만 달러(현재 가치로 약 73억
원)에 팔길 원했지만, 스토클리 밴 캠프 측은 팔릴지 안 팔릴지도
모르는 상품에 그렇게 많은 돈을 지불할 수 없다고 여겨 3.8리터
당 0.5센트의 로열티 계약을 맺는다.

게토레이는 대성공을 거뒀고 엄청난 돈을 벌어들인다. 실제로
개발자들이 1인당 받은 돈은 3천만 달러(원화로 360억 원)가 훨씬
넘었다.

사실 게토레이가 초기에 이렇게까지 주목을 받을 수 있었던 건
운이 대단히 좋았기 때문이다. 게토레이의 효능을 처음으로 알린
1학년과 팀 2군의 정기전만 해도 1학년 팀의 승리가 게토레이 덕
분인지, 그해 1학년의 재능이 유독 뛰어나서인지, 아니면 2군 선수
들이 운이 좋지 않아서인지는 알 수 없다.

마찬가지로 게이터스가 게토레이를 마신 후로 팀 성적이 상승하
고 연승을 거두면서 화제가 되었는데, 이것이 게토레이 덕분이라

고 장담하긴 어렵다. 정말로 효과가 있는지 확인하기 위해 비교할 만한 대조군을 두고 실험을 한 것이 아니기 때문이다. 그해 팀 선수들의 기량이 유독 좋아서일 수도 있다. 단순히 게토레이를 마시기 시작했더니 성적이 나아졌다고 해서 그 성적 상승의 원인을 게토레이 덕분이라고 보긴 힘들단 뜻이다. 하지만 우리는 이러한 착각을 자주 하곤 한다.

대니얼 카너먼은 인간의 이러한 착각을 평균 회귀를 이용해 설명한 바 있다.[21] 카너먼이 포상의 중요성을 이야기하자 한 공군 교관이 자신의 경험을 바탕으로 포상은 효과가 없고 처벌이 효과가 있다고 주장한 것이다. 그 교관은 생도들이 비행을 잘하면 칭찬을 했는데 정작 칭찬을 들은 생도들은 그다음엔 엉망으로 비행을 했다. 반대로 생도들이 엉망으로 비행을 할 때 고함을 질렀더니 대부분 다음에 더 잘하더라는 것이다. 즉, 고함을 지르고 벌을 내리면 그다음에 더 잘했으니 처벌이 효과적이고 포상은 효과가 없다는 주장이다.

실제로 교관이 경험한 것은 평균 회귀다. 비행의 질은 평균을 중심으로 들쭉날쭉할 수밖에 없는데 평균보다 좋은 비행을 한 생도는 칭찬을 하든 벌을 내리든 관계없이 그다음엔 못할 확률이 높다. 반대로 평균보다 못한 비행을 했다면 그다음엔 잘할 확률이 높다.

이는 어떠한 행위를 했을 때 어떤 결과가 도출되었다고 해서 이것을 원인과 결과로 쉽게 연관지어선 안 된다는 것을 잘 보여준다.

바로 이 때문에 어떠한 실험을 통해 실제 효과가 있는지를 확인하
려면 비교군과 통제군을 두고 실험을 하여 그 영향을 분석하는 것
이다.

케이드와 동료들은 이 정도로 면밀하게 게토레이의 효과에 대해
분석할 의향이 없었다. 이들은 모두 의사였기 때문에 비교군과 통
제군의 개념을 알고 있었고, 따라서 게토레이와 팀 성적의 상관관
계는 검증되지 않았다는 사실도 잘 알았다. 애초에 그들은 승리를
부르는 마법의 물약 같은 것을 만든 것이 아니라 선수들의 탈수
현상을 막기 위한 음료수를 만든 것이었다. 때문에 그러한 검증을
할 이유가 없었던 것이다.

상품화의 측면에서 보자면 사람들이 그런 착각을 하는 것이 오
히려 유리했다. 사람들이 게토레이와 게이터스의 승리를 연관지을
수록 게토레이의 판매량도 늘어날 확률이 높아지기 때문이다.

실제로 한 기자가 케이드에게 1965년에 게토레이를 마시고도
게이터스의 성적이 그저 그랬는데 1966년에 달라진 이유가 무엇
인지 묻자, 케이드는 '성분 배합이 달라졌다'라는 거짓말로 그 상
황을 모면했다. 게토레이 탈취 사건이란 자작극을 벌인 의도도 사
람들의 착각을 극대화하기 위해서였다. 우연히도 게이터스가 그
경기에 패배하면서 사람들은 게토레이와 게이터스의 승리를 더욱
연관짓게 된 것이다. 이렇게 승리의 신화가 만들어져 사람들 사이
에서 소문으로 퍼지며 상품성을 갖추었고, 결국 스토클리 밴 캠프

와의 계약으로 이어졌다.

이제 공은 스토클리 밴 캠프 측에 넘어갔다. 게토레이를 상품화
하려니 맛이 문제였다. 오리지널 게토레이는 참고 삼킬 만한 맛이
었지 그냥 마시기엔 맛이 없었다. 판매하려면 맛을 개선해야 했다.
그렇다고 설탕을 더 넣으면 게토레이의 장점이라고 이야기하던
흡수 속도가 느려졌다. 결국 여러 차례의 실험 끝에, 흡수 속도에
영향이 없을 정도로 당분을 미량 첨가한 지금의 게토레이가 완성
된다.

선수들의 음료, 게토레이

개선된 게토레이는 초기엔 주로 스포츠팀과 트레이너에게 판매되
었다. 제품 자체가 운동선수를 위해 개발한 음료였으니 운동선수
와 운동과 관련된 직종의 사람에게 팔았다. 그래서 초기에는 광고
도 스포츠팀이나 트레이너에게 배포되는 간행물에만 실었다. 판매
실적도 꽤 좋았다. 당시 게이터스는 플로리다를 대표하는 대학팀
중 하나였고 이 팀의 승리와 게토레이에 관한 이야기는 이미 널리
알려져 있었기 때문이다.

비슷한 시기에 스포츠음료의 개발은 게토레이뿐 아니라 미국 전
역에서 이뤄지고 있었다. 그러나 게토레이에는 다른 경쟁 브랜드
에는 없는 '승리 신화'가 있었다. 앞서도 이야기한 것처럼 게토레

이와 경기력의 상관관계는 면밀하게 분석된 적이 없다. 하지만 '게토레이를 마신 게이터스가 연승을 거두고 더 좋은 성적을 거뒀다'라는 스토리는 단순하면서도 강력했다. 바로 이 점이 선수들이 수많은 스포츠음료 중에서도 게토레이를 선택하게 만들었다.

 승리가 목표인 운동선수 대부분은 사소한 미신 하나쯤은 가지고 있다고 한다. 경기가 주는 심리적 부담감을 견디고 경기에 행운이 따르길 바라면서 특정 행동이나 의식을 반복하거나 피하는 것이다. 예를 들어 어떤 선수는 경기장에 입장하고 퇴장할 때 라인을 밟지 않고 피한다. 또 어떤 선수는 경기에서 득점하면 면도를 하지 않는다. 또 어떤 선수는 자신의 첫 경기나 의미 있는 경기에서 사용했던 장비를 계속 사용하기도 한다. 이 외에도 선수마다 하는 다양한 행동과 의식이 있다.

 이러한 운동선수들에게 승리 신화가 담긴 게토레이는 다른 상품보다 더 강하게 어필될 수밖에 없었다. 과학적인 상관관계는 그리 중요하지 않다. 애초에 운동선수들이 하는 행동과 의식이 승리와 과학적 상관관계가 있는 것이 아니니 말이다.

 스토리가 게토레이와 다른 스포츠음료 간에 차이를 만들었고, 이것이 게토레이의 가장 큰 경쟁력이었다. 그리고 이 경쟁력으로 더 많은 선수가 게토레이를 마시기 시작하면서 게토레이는 더욱 다양한 스토리를 얻을 수 있었다. 갈수록 게토레이의 경쟁력이 더 강해진 것이다. 이것이 게토레이가 다른 경쟁 브랜드를 모두 제치고 스포츠음료의 대표주자로 떠오른 핵심적인 이유였다.

게토레이의 경쟁력은 1967년에 NFL과 공식 음료 스폰 계약을 맺으며 더욱 강화되었다. 덕분에 NFL 경기 때마다 사이드라인에 게토레이 로고가 그려진 아이스박스와 종이컵이 깔렸다.

그렇다고 모든 선수가 게토레이만 마셨던 것은 아니었다. 어떤 선수는 탄산음료를 마시기도 했고, 또 어떤 선수는 물을 마시기도 했다. 하지만 무얼 마시든 게토레이 로고가 그려진 종이컵에 담아 마셨으니 선수들이 무언가를 마실 때마다 게토레이가 노출되는 셈이었다. NFL은 우리나라에선 별로 인기가 없지만 미국 최고의 인기 스포츠다. 그래서 수많은 미국 시청자는 선수들이 게토레이(혹은 게토레이처럼 보이는 다른 무언가)를 마시는 모습을 지켜보며 게토레이를 '선수들의 음료'로 인지했다. 이러한 효과는 게토레이가 NFL 외에 NBA를 비롯한 다른 스포츠와도 후원 계약을 맺으면서 더욱 강화되었다.

일반 소비자도 게토레이의 존재를 인지하게 되자, 스토클리 밴 캠프는 게토레이를 슈퍼마켓에도 납품하여 팔기 시작했다. 게토레이는 선수들의 음료를 넘어 대중 음료로 시장을 확장한 것이다. 특히 대중 음료로 전환한 시기가 적절했다. 1960년대 후반부터 미국 전역에 러닝 붐이 불기 시작한 것이다.

1966년에 나이키의 공동 창업자 중 하나인 빌 바워만이 《조깅 Jogging》이란 책을 출판한다. 이 책은 100만 부 넘게 팔렸는데, 이

책으로 미국인들이 가지고 있던 달리기에 대한 인식이 완전히 달라진다. 이전까진 그저 괴짜들의 운동으로 취급받던 것이 이제 건강을 위한 취미이자 대중의 운동이 된 것이다. 이로 인해 마라톤 대회가 활성화되었고 수많은 사람이 뛰기 시작했다. 덕분에 1967년에 매출 10만 달러도 안 되던 나이키도 1971년엔 매출이 130만 달러로 오르며 폭발적으로 성장할 수 있었다.

대중적인 러닝 붐은 게토레이에도 성장의 기회를 제공했다. 일반 소비자가 운동을 시작하면서 스포츠음료 역시 자연스럽게 받아들인 것이다. 이 같은 상황에서 가장 유명한 브랜드이자 선수들의 음료로 확고히 자리를 잡은 게토레이는 고스란히 수혜를 누릴 수 있었다.

1983년에 이 회사는 퀘이커 오츠에 2억 2천만 달러에 매각되는데, 퀘이커 오츠가 이 가격을 지불하며 스토클리 밴 캠프를 인수한 이유는 게토레이 때문이었다. 퀘이커 오츠는 엄청난 광고를 하며 자사의 유통망을 이용해 게토레이를 본격적인 보편 음료로 탈바꿈시켜 판매했고, 게토레이는 퀘이커 오츠에게 그야말로 돈값을 하는 상품이 된다.

후광효과의 힘

게토레이가 같은 시기에 등장한 군소 업체들은 무난히 이길 수 있었지만, 음료 시장엔 코카콜라와 펩시라는 두 거인이 있었다. 두 기업은 스포츠음료가 폭발적으로 성장하는 동안 뭘 했던 걸까?

코카콜라의 경우 스포츠음료 시장 진입을 꽤 이른 시점에 고려했다. 1970년에 출시한 올림페이드가 바로 그 증거다. 1930년부터 올림픽의 공식 스폰서였던 코카콜라는 스포츠음료 시장의 성장을 보자 올림페이드를 테스트로 출시한다.[22] 이름에서 알 수 있듯이 제품이 성공하면 1972년에 열릴 뮌헨 올림픽의 공식 음료로 밀면서 시장을 확장할 계획이었다. 하지만 판매가 부진하자 이 시장을 향한 관심을 꺼버린다. 그래서 1988년에 파워에이드를 개발해놓고도 1990년에야 음료 디스펜서를 통해 한정적으로 판매할 정도로 매우 소극적이었다.[23]

하지만 미국 밖에선 1983년에 일본 코카콜라가 포카리스웨트의 경쟁 상품으로 아쿠아리스를 개발해 팔고 있었다. 미국 본사가 손을 놓았는데 해외 지사에서 독자적으로 상품을 개발한 것이다. 이 상품은 생각보다 잘 팔려서 1992년 바르셀로나 올림픽의 공식 음료로 지정되고 유럽으로 건너가기까지 했다.

펩시도 손을 놓고 있긴 마찬가지였다. 1989년에 마운틴 듀 스포츠를 출시해 테스트하다가 시장 반응이 좋지 않았는지 이내 접었다가 1994년에야 올스포츠를 출시하면서 스포츠음료 시장에 재도전한다. 너무 늦은 대응이었다.

코카콜라와 펩시는 왜 이렇게 소극적이었을까? 이유는 간단했다. 거인들이 뛰어들기엔 시장 규모가 너무 작아서였다. 1992년에 미국 탄산음료 시장의 규모는 약 400억 달러였는데, 스포츠음료 시장은 겨우 10억 달러 수준이었다. 퀘이커 오츠의 게토레이 인수로 폭발적인 성장을 이뤘다지만 그 규모가 너무 작아서 콜라 거인들 입장에선 돈과 인력을 투자할 가치가 없다고 여긴 것이다.

그나마 1992년에 10억 달러 정도로 성장했기에 코카콜라는 파워에이드를 캔과 병으로 출시하면서 게토레이와의 경쟁에 뛰어들었다.[24] 게다가 게토레이가 1990년대의 아이콘 그 자체였던 마이클 조던과 광고 계약을 맺은 터라 그냥 방치할 수도 없는 상황이기도 했다.

코카콜라와 퀘이커 오츠의 기업 가치 차이는 10배에 달했고 이 규모와 자금력, 코카콜라를 판매하면서 구축한 탄탄한 유통망으로만 보자면 퀘이커 오츠는 코카콜라의 상대가 될 수 없었다. 일반적으로 기업의 규모가 크고, 자금 동원력이 좋을수록 경쟁에서 유리하다고 평가받는다. 그런데 막상 파워에이드는 미국 시장에서 점유율 20퍼센트도 가져오지 못했다. 게토레이가 압도적인 점유율을 지켜낸 것이다.

이는 경쟁에서 규모가 중요하지만 그게 전부는 아니라는 사실을 명확하게 보여준다. 게토레이는 1992년 기준 스포츠음료 시장에서 27년 동안 확고히 자리매김한 브랜드다. 27년 동안 수많은 선수가 게토레이를 마셔왔다.

루틴과 습관대로 움직이는 선수들이 스포츠음료를 갑자기 바꾼다는 건 쉽지 않은 일이다. 광고 모델이 될 경우 거액의 돈을 안겨주기에 후원사의 상품으로 바꾸기도 하지만 그렇지 않은 대부분의 선수는 그럴 이유가 없는 것이다. 게토레이가 일반 소비자에게 보편 음료로서 널리 확장될 수 있었던 것은 '선수들의 음료'로서 갖는 후광효과 덕분이다.

한 개인에겐 여러 모습과 특성이 있다. 예를 들어 가족이란 측면에서만 보더라도 다양한 모습이 존재한다. 누군가의 자녀로서, 누군가의 배우자로서, 누군가의 부모로서 보이는 모습과 특성은 각기 다르다.

이를 사회 전체로 확장해보면 다양한 부분이 존재한다. 대부분의 사람은 각자가 모두 이런 다면적인 모습이 있다는 걸 머리로는 이해하지만 구체적인 각각의 특성을 독립적으로 측정하고 평가하기는 어려워한다. 이 때문에 대체로 뭉뚱그려 평면적으로 보는데 이로 인해 발생하는 것이 바로 후광효과다. 한 요소를 긍정적으로 보면 나머지 요소도 긍정적으로 평가하는 것이다.

스포츠 스타나 연예인이 광고에 자주 모습을 비추는 것도 후광효과 때문이다. 우리가 이들의 플레이나 연기 등을 바라보면서 가지는 긍정적인 이미지는, 이들이 하는 모든 것을 긍정적으로 바라보게 만든다. 광고 업계는 이를 이용해 광고하는 상품도 스타의 일부로 만들어 스타의 긍정적인 이미지를 상품으로까지 확장하는 것이다.

게토레이는 그중에서도 강력한 효과를 내는 '스타가 이용하는 상품'이란 특성을 가지고 있었다. 스타가 자신이 광고하는 제품을 실제로 이용하지 않더라도 후광효과가 생기는 마당에, 스타가 직접 이용하면 그 후광효과는 더 강해질 수밖에 없다. 게다가 스타가 직접 이용하는 모습이 경기장에서 노출되니 말이다.

코카콜라가 아무리 거대하고 자금이 많다고 해도 미국의 스포츠팀들과 모두 계약을 맺을 수 있을 정도는 아니며, 스포츠음료 시장이 그럴 만한 가치가 있었던 것도 아니다. 게다가 게토레이는 몇몇 대학팀을 파워에이드에 빼앗기기도 했지만, NFL과 NBA 등 핵심적인 후원 계약은 확실히 지켰다. 이 점은 파워에이드가 넘을 수 없는 벽이었다.

게다가 당시 게토레이의 광고 모델은 마이클 조던이었다. 지금이야 Z세대에게 신발 브랜드 모델로 인식되지만, 1990년대에 마이클 조던이 가지고 있었던 위상은 시대의 아이콘 그 자체였기에 그 어떤 광고 모델보다 후광효과가 컸다. 미국을 넘어 전 세계적으로 사랑받는 당대 최고의 스타이자 역대 최고의 운동선수가 게토레이가 최고라고 이야기하는데 파워에이드가 어떻게 이걸 상대할 수 있을까?

이 점을 고려하면 점유율 10퍼센트 중반대를 차지한 것도 코카콜라가 역량이 대단하기 때문이라고 역으로 평가할 수 있다. 아이러니한 것은 조던이 1991년까지는 코카콜라의 광고 모델이었다는 사실이다. 하지만 이 시기에 코카콜라는 스포츠음료 시장 진출을 주저했고 결국 최고의 카드로 자사의 상품에 후광효과를 입힐 기회를 잃어버렸다. 조던이 게토레이가 아니라 파워에이드를 광고했더라면(NBA와의 계약 때문에 경기장에서 실제로 마시는 것은 게토레이였겠지만) 10퍼센트대의 점유율보다는 더 높게 나왔을지도 모른다.

후광효과는 코카콜라에는 반대로 작용하기도 했다. 코카콜라는 매우 강력한 브랜드이지만 1970년대 후반부터 정크푸드의 대명사로 공격받는 대표 브랜드이기도 했다. 이런 저항감을 줄여보려고 제로슈거 제품도 출시했지만 '맛있기는 해도 몸에는 좋지 않은 상품'으로 인식되는 것에서 벗어나진 못했다.

특히 탄산음료는 운동선수에겐 피해야 할 적으로 꼽혔다. 잘 팔리긴 해도 부정적인 이미지를 가진 기업에서 출시한 스포츠음료에 선수나 소비자가 긍정적인 이미지를 가지기는 힘들 것이다. 코카콜라가 가지고 있던 부정적인 이미지가 파워에이드로 번진 것이다.

한편 《절대음료, 게토레이》의 저자 대런 로벨은 코카콜라가 보유한 강력한 유통망도 파워에이드 판매에선 취약점이 되었다고 언급한다.[25] 당시 코카콜라의 유통을 담당하던 트럭 운전사들은 건당 운송비가 아니라 판매수수료를 받는 구조였다. 이 때문에 이들의 주 수입원은 코카콜라였다. 그런데 파워에이드를 짐칸에 신는다는 것은 그만큼 코카콜라를 덜 쉰다는 것을 의미했고 이는 곧 수입이 줄어든단 뜻이었다.

1994년에 올스포츠로 스포츠음료 시장에 재진출한 펩시도 단지 몇 년 늦었을 뿐이지 코카콜라와 동일한 문제를 겪었다. 게다가 코카콜라보다 더 늦게 진출한 만큼 파워에이드보다 점유율이 낮았다. 이렇게 두 기업 모두 게토레이를 넘어설 수 없다고 판단했기에 결국 퀘이커 오츠의 인수로 방향을 바꾸게 된다. '이길 수 없다면 인수하라'가 초대형 기업의 전략 중 하나이기도 하니 말이다.

코카콜라는 대주주였던 워런 버핏의 반대로 인수가 무산되었지만, 펩시는 2000년에 134억 달러의 주식교환으로 퀘이커 오츠를 인수하며 드디어 게토레이를 품에 안는다.

게토레이는 왜 미국에서만 지배적일까?

게토레이의 지배적 점유율은 그대로 이어져 지금도 70퍼센트에 육박한다. 파워에이드가 그다음으로 약 14퍼센트, 2011년에 출시된 신생 스포츠음료이자 코카콜라에 인수된 바디아머가 9퍼센트다. 그렇지만 이건 미국의 이야기다. 미국 밖으로 벗어나면 이 장의 처음에 언급한 것처럼 게토레이는 지배력이 떨어진다.

우리나라와 일본에는 포카리스웨트, 영국과 유럽 지역에는 루코제이드, 아쿠아리우스 등이 있다. 이처럼 한 시장에서 지배적인 상품이 다른 시장에선 그렇지 못한 이유가 뭘까?

우선 가장 큰 이유는 해외 시장 진출이 늦었다는 것이다. 게토레이는 1965년에 등장해 미국 스포츠음료 시장을 개척하고 돌풍을 일으켰지만, 해외 진출은 퀘이커 오츠가 인수한 1983년 이후부터 이뤄졌다. 1984년 캐나다를 시작으로 해외 확장을 서서히 시작하여 1980년대 후반이 되어서야 주요 시장인 아시아와 유럽에 진출할 수 있었다. 하지만 게토레이가 확장을 준비하고 있던 때에 이미 각 나라와 지역에선 루코제이드 같은 자체적인 스포츠음료가 등장해 자리 잡고 있었다.

1970년대까지 영국에서 '환자의 회복을 돕는 의료용품'으로 포지셔닝했던 루코제이드는 1980년대 들어서 광고 규제가 강화되자 침체기로 접어들었다. 침체기를 벗어날 방법을 고민하던 루코제이드 경영진은 영국에서 피트니스 붐이 불기 시작하자 '아픈 사람을 위한 음료'에서 '건강하고 활동적인 사람을 위한 음료'로 방향을 전환한다. 또한 올림픽 10종 경기 금메달리스트인 데일리 톰슨을 광고 모델로 기용하여 활동적이고 역동적인 이미지를 강조했다. 이렇게 1984년에 스포츠음료로 리포지셔닝한 루코제이드는 판매량이 폭발적으로 증가하면서 영국 스포츠음료 시장을 개척하고 유럽으로 확산되었다.

지금은 거의 사라진 이소스타란 브랜드도 1977년에 스위스에서 등장해 2000년대 초반까진 유럽 스포츠음료 시장의 수위권首位權

을 지켰다.[26]

일본의 포카리스웨트도 마찬가지다. 일본 오츠카제약의 홈페이지에서는 포카리스웨트의 탄생을 이렇게 설명한다. 1973년에 연구원인 하리마 로쿠가 멕시코에 출장을 갔다가 물갈이로 인해 심한 설사와 탈진 상태에 빠져 병원에 간다. 이때 멕시코 의사가 수분 보충을 위해 진저에일을 마시라고 처방하는데, 다른 음료가 있으면 어떨까 고민하던 차에 수술을 마친 의사가 생리식염수를 마시면서 휴식을 취하는 걸 목격한다. 하리마가 여기서 아이디어를 얻어 포카리스웨트를 만든다.

또 다른 측면의 이야기도 있다. 하리마 로쿠는 귀국 후에 이 일을 회사 사장인 오츠카 아키히코에게 보고하는데, 당시 오츠카 사장은 잡지 기사를 통해 미국의 게토레이의 존재를 알고 있었다고 전해진다.[27]

오츠카 제약은 병원에서 사용하는 링거액과 수액을 생산하던 기업이었기에 게토레이의 성분이 링거액과 유사하다는 것도 금방 파악했다. 이미 생산하고 있는 제품과 별반 다르지 않았기에 상품의 개발 자체는 문제가 없었다. 다만 소비자들이 부담감 없이 받아들일 수 있게 맛을 조정한 후에야 1980년에 포카리스웨트를 출시할 수 있었다.

상품의 개발 비화에서 알 수 있듯이 운동선수를 대상으로 등장한 게토레이와는 달리, 일상에서의 수분 보충에 중점을 둔 것이 포카리스웨트였다. 여기엔 개발 배경뿐 아니라 일본의 기후적·문화적 특성도 영향을 미친 것으로 보인다. 덥고 습한 일본의 기후와 일본의 목욕 문화를 생각하면 운동보단 일상에서의 수분 보충이 좀 더 보편적인 확장성이 있기 때문이다.

그래서 광고의 콘셉트 또한 거칠고 역동성을 강조하는 스포츠 선수 이미지를 메인으로 한 미국 게토레이와 달리 10대 후반에서 20대 초반의 젊은 여배우들을 모델로 내세웠다.

포카리스웨트가 대단히 성공적이었기 때문에 1983년에 일본 코카콜라에서도 아쿠아리우스를 개발해 출시했다. 아쿠아리우스가 포카리스웨트를 겨냥해 만든 상품이란 점은 둘 다 자몽 맛이 나는 스포츠음료라는 점에서 잘 드러난다.

아쿠아리우스가 일본에서 포카리스웨트의 경쟁상품으로 선전하며 자리 잡자 해외 시장으로의 확장도 아쿠아리우스로 먼저 시도했다. 1992년 바르셀로나 올림픽의 공식 음료로 아쿠아리우스를 선정하고 그 일환으로 1991년부터 포르투갈과 스페인에 아쿠아리우스를 판매하기 시작한 것이다. 당시 파워에이드는 미국에서조차 정식 판매도 하지 않는 상태였고 코카콜라 계열의 음료 중에서 스포츠음료 계열로 시장에 안착한 것은 아쿠아리우스가 유일했기 때문에 내린 결정이었다.

1994년 미국 월드컵과 1996년 애틀랜타 올림픽을 시작으로 주요 스포츠 대회에서 파워에이드를 공식 스포츠음료로 선정하면서 코카콜라가 좀 더 미는 브랜드는 파워에이드가 된다. 하지만 아쿠아리우스는 여전히 유럽에서 잘 팔리는 브랜드로 남아 있다. 유럽에서 파워에이드보다 10년 빠르게 시장에 진입한 덕분에 그만큼 시장에서 확고한 포지션을 차지할 수 있었다.

포카리스웨트는 어떻게 국내 시장을 점령했는가?

그렇다면 우리나라의 경우는 어떨까? 포카리스웨트와 게토레이 둘 다 1987년에 등장했다. 포카리스웨트는 동아제약이 일본 오츠카제약과 합자하여 세운 동아오츠카에서 생산을 시작했고, 게토레이는 제일제당(현 CJ)이 퀘이커 오츠와 라이선스 계약을 맺고 생산에 들어갔다. 둘 다 1986년 아시안게임으로 불기 시작한 스포츠 열풍에 발맞춰 국내에 도입된 것이다.

두 브랜드는 어떤 이미지로 소비자에게 어필했을까? 1987년 런칭 당시의 광고로 평가해보자면 두 브랜드 간의 차이는 거의 없었고 지금과는 많이 달랐다. 유튜브에서 두 브랜드의 1987년 광고를 검색해서 비교해본다면 더 이해가 쉬울 것이다.

포카리스웨트는 1986년 서울 아시안게임 수영 2관왕을 달성하고 19세의 나이에 은퇴한 당대 최고의 여자 스포츠 스타 최윤희를 광고 모델로 내세웠다.

이 선택은 지금의 시각에서 보자면 상당히 특이한 부분이다. 최윤희가 포카리스웨트가 원하는 10대 후반에서 20대 초반 사이의 아름다운 여성 모델이란 점에서는 딱 들어맞았지만, 스포츠 스타라는 점은 이후의 광고 모델 기용 방침과 명확한 차이를 보이기 때문이다. 포카리스웨트가 밴쿠버 올림픽 금메달을 따며 스포츠를 넘어 당대 최고의 스타로 떠올랐던 김연아를 은퇴할 때까지도 모델로 기용하지 않았다는 점에서 최윤희의 예외성이 더 두드러진다.

게토레이의 경우는 더 특이했다. 지금 시점에서 보자면 이게 게토레이 광고가 맞나 싶을 정도로 지금의 브랜드 특색과는 확연히 다른 모습을 보인다. 1980년대 최고의 하이틴 여배우였던 조용원이 광고 모델로 등장한 데다, 굉장히 정적인 분위기의 광고이기 때문이다. 사실상 게토레이의 이미지를 지우면 파란색만 강조가 안 됐을 뿐이지 이게 게토레이 광고인지 포카리스웨트 광고인지 구분할 수 없을 정도다.

1988년부터 남성 모델을 기용하며 포카리스웨트와는 다르게 남성적인 이미지를 강조하기 시작했지만 사무실의 남성, 도시 속 남성이 게토레이를 마신다는 내용으로 스포츠음료로서의 이미지보단 포카리스웨트와 같은 일상의 갈증 해소 음료로 포지셔닝된다.

두 브랜드의 광고 전략 차이는 무엇일까? 포카리스웨트는 일본 포카리스웨트의 콘셉트를 그대로 이어받아 초기부터 푸른 색감과 함께 강렬한 태양과 젊은 여성이 포카리스웨트를 마시는 이미지를 일관성 있게 만들고 지켰다. 하지만 게토레이는 그러지 못했다.

게토레이 하면 떠오르는 스포츠, 액티비티와의 연결도 1990년대 중반에서야 이뤄질 정도로 초기 포지셔닝에 애를 먹은 것이다.

포카리스웨트에 대해 이야기할 때마다 포카리스웨트의 '내 몸에 가까운 물'이란 카피와 산토리니를 배경으로 한 광고가 늘 언급된다. 대부분의 사람이 포카리스웨트 하면 떠올릴 이미지도 이 2가지일 것이다. 하지만 두 요소는 이미 포카리스웨트가 시장 점유율의 50퍼센트를 확보하고 게토레이가 30퍼센트의 점유율로 굳어지며 시장이 고착화된 이후에 나온 것이다. 그렇다면 무엇이 국내에서 동시에 등장한 이 브랜드의 점유율을 가른 것일까?

포지셔닝과 광고에 의한 영향도 있었을 것이다. 앞서 언급한 것처럼 포카리스웨트는 일관된 이미지를 고수한 반면, 게토레이는 정체성을 확실히 다지지 못하는 모습을 보였으니 말이다.

하지만 이는 원인이 아니라 결과일 가능성이 있다. 포카리스웨트는 성공적으로 시장에 안착해 점유율 1위를 고수한 데다 일본에서 이미 성공적으로 시장을 차지하고 있기에 동일한 이미지와 콘셉트를 그대로 계속 이어간 것이다. 하지만 게토레이는 미국에서의 압도적인 브랜드 파워에도 불구하고 국내에서 포카리스웨트에 20퍼센트포인트 차이로 밀리는 상황이었기에 계속 변화를 줄 수밖에 없었다.

그렇다면 브랜드가 아니라 이 브랜드를 운영하는 기업의 경쟁력에 차이가 있었던 것은 아닐까? 실제로 동아제약은 포카리스웨트

이전에 1971년 오란씨, 1977년 나랑드 사이다 등의 음료를 생산하고 판매하면서 음료 유통망을 갖추고 있었다.

반면, 제일제당은 1987년에 게토레이를 출시하면서 처음으로 음료 산업에 뛰어들었다. 그러다 보니 음료 판매에 대한 경험도 부족했고 유통망도 처음부터 구축해야 했다. 상품 자체는 기술 제휴로 만들 수 있지만 정작 판매와 유통 부문에서 20년 가까이 음료 시장에서 경험을 쌓아온 동아제약과 큰 격차를 보인 것이다.

게토레이가 우리나라 시장에 2년 정도 더 일찍 들어왔더라면 두 브랜드의 위치는 달라졌을지도 모른다. 하지만 같은 시기에 진입했기에 제일제당이 보유하고 있던 유통력의 열세와 음료 시장에서의 경험 부족이 두드러졌고 이 차이가 점유율의 열세로 이어진 것이다.

이러한 경쟁력의 열세는 차별화 전략을 통해서 극복해야 하지만 등장 초기엔 두 브랜드의 콘셉트가 서로 겹쳐 쉽지 않았다. 결국 미국의 스포츠음료 시장의 초창기 경쟁처럼 시장에서 경쟁력이 가장 강한 브랜드가 시장을 장악하는 결과로 나타난 것이다.

스토리는 팩트보다 강력하다

미국을 제외한 다른 시장에서 게토레이가 1위를 하고 있지 못한 사례를 살펴보면, 공통적으로 게토레이보다 더 이른 시점에 비슷한 기능의 스포츠음료가 먼저 나온 것을 확인할 수 있다. 이는 시장에 먼저 진입한 선발주자가 후발주자보다 유리하다는 사실을 다시 한번 확인해준다.

선발주자가 후발주자보다 유리하다는 사실은 모든 경쟁 시장에서 공통적으로 작용하는 요소이긴 하다. 하지만 스포츠음료의 경우 이런 현상이 더욱 두드러진다. 시장을 먼저 차지하고 지배력을 확보한 선발주자를 후발주자가 추월한 사례가 없기 때문이다. 이는 스포츠음료 시장 자체가 세계 시장에 등장한 역사가 40여 년 정도로 짧은 탓도 있으나, 스포츠음료의 특성상 차별화하는 것 자체가 쉽지 않은 상품인 영향도 있을 것이다.

후발주자가 선발주자를 추월하는 기회는 새로운 기술이 등장하거나 시장의 규제에 중대한 변화가 생기는 등 시장의 성격과 경쟁 양상이 크게 바뀌는 시점에 발생한다. 사피 파칼은 저서 《룬샷》에서 '제품형 룬샷'과 '전략형 룬샷'을 구분했다.[28]

제품형 룬샷은 새로운 기술과 기술력의 차이를 이용해 선발주자와 경쟁자를 추월하고 시장을 장악하는 것이고, 전략형 룬샷은 시장의 규제가 바뀌고 소비자의 인식이 변화하는 시점에 전략의 차이를 이용해 추월과 시장을 장악하는 것이다. 이 관점에서 스포츠음료 시장을 본다면 어떨까?

게토레이가 시장을 개척한 이후로 모든 스포츠음료의 성분은 포도당, 정제수, 나트륨이라는 기본 구성에서 거의 벗어나지 않는다.

지나칠 정도로 성분이 단순하다 보니 제품형 룬샷은 물론이고 전략형 룬샷도 나오기가 쉽지 않다. 음료 자체에 대한 규제도 강하지 않은 데다 스포츠음료의 소비자 또한 소비 패턴이나 인식 변화가 일어날 것으로 보이지 않는다.

시간이 더 지나면 새로운 성분을 넣은 스포츠음료가 시장에 돌풍을 일으킬 수도 있고, 소비자들이 스포츠음료에 대한 인식을 바꾸거나 다른 방식으로 소비하는 변화가 발생할 수도 있을 것이다. 하지만 100년 넘게 변하지 않은 콜라 시장도 있다는 것을 생각하면 시장과 제품의 특성상 그 가능성은 낮아 보인다. 만약 그러한 일이 생긴다면 심층적으로 분석해볼 만한 가치가 있을 것이다.

차별화가 어려운 스포츠음료 시장에서 게토레이의 차별성을 만든 것은 바로 스토리였다. 게이터스의 승리 신화를 가지고 있던 게토레이는 다른 제품과 유의미한 제품상 차이가 없음에도 스토리 덕분에 특별한 제품으로 여겨졌고, 경쟁에서 이기는 결과를 낳았다. 이것이 NFL로 확산되어 또 다른 신화를 만들어냈고 신화가 쌓이고 쌓여 게토레이의 차별성과 경쟁력은 더욱 강화되었다.

게토레이의 경쟁력이 제품이 아니라 스토리에 있었다는 사실은 미국 시장에서의 압도적인 점유율에 비해 해외 시장 점유율이 초라한 것에서 확인할 수 있다. 공교롭게도 게토레이의 신화를 만든 스포츠는 모두 미국적인 스포츠다. 게토레이의 초기 신화는 미식축구에서의 성공에 기반을 두고 있다. 미식축구는 이름에서부터 알 수 있듯이 미국 외에는 제대로 즐기는 국가를 찾기 힘들다. 즉, 게토레이의 스토리는 미국 밖을 벗어나면 그 영향력이 떨어진다.

농구는 전 세계적으로 많은 사람이 즐기는 대중적인 운동이지만 NBA의 위상과 인기는 1980년대 이전과 1990년대 이후가 현격하게 차이가 난다. 마이클 조던이 게토레이의 얼굴로 게토레이를 전 세계로 확산시킬 때는 이미 각 나라에서 다른 스포츠음료들이 자리를 잡은 이후였다.

이처럼 스토리와 내러티브는 브랜드의 성패를 가를 정도로 매우 중요하다. 제품들 간에 큰 차이가 없음에도 불구하고 미국 시장에서 게토레이의 소비가 압도적인 이유가 바로 거기에 있기 때문이다.

게토레이는 자사의 제품이 최초의 스포츠음료라고 이야기하지만, 이는 사실이 아니다. 그 이전에 나온 루코제이드는 지향하는 바가 달랐으니 다른 종류의 제품이라고 차지하더라도 게토레이는 최초의 스포츠음료가 아니다. 게토레이가 출시된 1965년에 뉴저지의 내과의 제러드 발라키언은 스포테이드란 스포츠음료를 개발했다. 1964년엔 네브라스카대학의 트레이너인 조지 설리번이 허스커레이드라는 음료를 개발했다. 또 플로리다대학의 라이벌인 플로리다주립대학에선 1962년에 세미놀 파이어워터란 음료를 개발한 것으로 전해진다.

게토레이가 이들의 제품을 도용했다는 이야기가 아니다. 탈수

현상을 막기 위해 약간의 당분과 염분을 섞은 물을 마시는 것이
좋다는 사실은 게토레이 개발자들이 최초로 발견한 아이디어가
아니라 당시 다른 사람들도 활용할 만큼 알려진 아이디어란 뜻
이다.

먼저 개발된 스포츠음료들이 있었음에도 왜 게토레이만 시장
을 지배할 수 있었을까? 이와 관련해 대런 로벨은 '1966년에 게이
터스가 거둔 성적 덕분'이라고 이야기한다. 《절대음료, 게토레이》
에 따르면 발라키언이 만든 스포테이드는 뉴저지의 럿거스대학
미식축구부를 위해 만든 제품이었다. 하지만 럿거스대학의 팀은
1965년부터 3년 동안 고작 3승, 5승, 4승을 거두며 줄곧 하위권을
맴돌았다.

그렇다면 다른 음료가 개발된 다른 대학의 상황은 어땠을까? 네
브라스카대학은 1960년대에 늘 1위를 하고 플레이오프 결승까지
올라가던 초강팀이었기 때문에 허스커레이드를 마시든 마시지 않
든 그 효과가 성적으로 두드러지게 나타날 수가 없었다. 게다가
1963년엔 플레이오프에서 우승을 했지만 정작 허스커레이드를
마시기 시작한 1964년부턴 3년 연속으로 결승에서 졌기 때문에
근사한 스토리가 나오지 못한 문제도 있었다.[29]

플로리다주립대학은 1960년대 초반까진 강팀이라고 볼 수 없었
고 세미놀 파이어워터를 개발한 1962년과 1963년엔 4승을 거두
는 데 그쳤다.[30]

　그렇다면 게토레이의 배경이 된 1960년대 플로리다대학은 어떤 팀이었을까? 매년 6~7승을 거두고 3~4위에 머무르는 중위권 팀이었다. 1965년엔 7승을 거두고 플레이오프 결승에서 졌지만 1966년엔 9승을 거두고 플레이오프 결승에서 이기고 우승컵을 차지했다. 앞에서 언급했듯이 1965년과 1966년 성적의 차이에 대해 케이드는 게토레이의 구성비를 바꾸어 가능했다는 낭설을 퍼뜨려 사람들이 1966년의 성적 상승이 게토레이 때문이라고 믿게 만들었다.

　제러드 발라키언의 스포테이드는 대학 성적이란 측면에서 화제가 되지는 않았지만 제품 자체는 좋았던 것으로 보인다. 제러드의 아들인 피터 발라키언이 쓴 회고록 《운명의 블랙독Black Dog of Fate》에 따르면 유명 팀 여러 곳에서 스포테이드를 구매했다.[31] 노트르담, USC, 시라큐스, 텍사스 A&M 같은 대학팀뿐 아니라 뉴욕 자이언츠, 샌프란시스코 포티나이너스 같은 NFL팀, US 오픈, 미국 올림픽팀 등이 구매한 것으로 보아 스포테이드가 괜찮은 상품이었음을 짐작할 수 있다. 하지만 시장은 더 매력적인 스토리를 가진 게토레이를 선택했고 결국 스포테이드는 발라키언이 사망하면서 사라진다.

　현대의 기업과 기업가들이 온갖 스토리를 만들기 위해 애쓰는 이유가 여기에 있다. 스토리는 강력한 차별화의 요소이고, 스토리의 힘은 경쟁력으로 이어진다.

　나심 탈레브는 이러한 경향성을 인과관계의 정합성으로 사실 여부를 판단하는 '내러티브 오류'라고 지적했다. 게토레이 역시 마찬가지다. 케이드는 몇 가지 지어낸 말로 게토레이에 인과관계를 부여했고 이는 신화가 되었다. 이후 게토레이가 얻은 경쟁력은 그 영향이 엄청나다는 걸 시사한다.

　일단 사람들이 그 스토리를 믿으면, 사실 여부와 관계없이 경쟁력이 된다. 이는 기업가와 마케터에게 스토리의 중요성을 알려주며, 성공하는 브랜드와 기업의 공식이라 할 수 있다. 하지만 스토리의 매우 강력한 영향력에는 어두운 측면도 존재한다.

　로버트 케이드는 게토레이에 신화를 부여하기 위해 게토레이 탈취 사건을 조작했고, 성적의 차이를 설명하기 위해 제품의 구성비가 달라졌단 거짓말을 했다. 케이드의 이러한 행위는 소비자들에게 피해가 되진 않았기에 개발 일화로 포장될 수 있었다. 하지만 바꿔 생각하면 스토리의 강력한 힘으로 인해 소비자의 후생을 떨어뜨리는 상품도 스토리로 팔려나갈 수 있다는 의미이기도 하다.

　앞서 1장과 2장을 통해 살펴본 것처럼 경쟁에 유리한 기업가는 목적과 성취를 위해 가능한 수단과 방법을 모조리 동원하는 사람이다. 그중에서도 스토리는 차이가 없는 것에서도 차이를 만들 수 있는 강력한 힘을 가졌기에 매우 강력한 수단으로 사용할 수 있다. 모든 기업가가 생존하고자 경쟁하는 상황을 생각하면 스토리에는 왜곡과 과장, 조작의 가능성이 늘 존재한다고 할 수 있다. 이는 소비자들에게 기업가나 창업자의 이야기라고 다 믿어선 곤란하다는 교훈을 전하기도 한다.

　스토리는 팩트보다 강력하다. 기업의 경쟁과 브랜딩에서도 마찬가지다.

PART

4

—

경쟁과 규제,
그 떼려야 뗄 수 없는 관계

많은 기업가가 규제를 싫어한다. 규제가 사업을 하는 데 여러 불편함과 어려움을 주어서다. 이러한 이유로 친기업적인 언론과 미디어도 규제 완화에 긍정적인 태도를 보인다. 하지만 모든 기업가가 정말로 규제를 싫어한다고 보기는 힘들다. 규제는 기회가 되기도 하고 장벽이 되기도 하기 때문이다. 유럽 등에서 시행되는 환경 규제가 유럽 외의 국가 기업들에게 강력한 진입장벽이 되는 것이 대표적이다.

규제란 단어가 거부감을 준다면 표현을 좀 바꿔보면 어떨까? 일반적으로 규제라고 하면 정부의 시행법령과 규칙에 근거한 것을 이야기한다. 그러나 규제의 정의는 '규칙으로 정한 것'으로 따라야 할 규칙을 정해둔 것이며 이러한 정의에 따르면 업계에서 자율적으로 정한 표준도 광의의 규제로 분류할 수 있다.

수많은 기업은 자사의 제품에 사용된 기술이나 특성을 표준으로 채택되게 하려고 많은 공을 들이고 로비전을 펼치기도 한다. 항구에 가면 즐비하게 쌓여 있는 컨테이너들을 본 적이 있을 것이다. 컨테이너의 종류는 20피트(약 6.1미터)의 TEU와 40피트(약 12.2미터)의 FEU로 크게 두 가지다. 이 두 크기의 컨테이너가 현재 전 세계 컨테이너의 표준이다. 별로 복잡하지도 않고 별것 아닌 것으로 보이는 이 표준은, 논의가 시작되면서부터 채택되기까지 무려 8년이 걸렸다. 이유는 간단하다. 표준이 되면 시장을 지배하고 경쟁자를 뒤로 후퇴시킬 수 있기 때문이다. 그래서 20세기 중반에 컨테이너 운송을 하던 해운사들이 치열한 로비전과 협상을 벌인 것이다.

소비자에 의해 표준이 결정되는 일도 있다. 1970년대 소니와 JVC가 벌인 베타맥스와 VHS의 경쟁이 대표적인 사례다. 소비자들은 VHS를 선택하면서 이것이 사실상 업계의 표준이 된다. 표준으로 선택받지 못한 기업은 표준으로 전환하기 위해 많은 비용을 들여야 한다. 실제로 베타맥스에 많은 돈과 시간을 투자했던 소니도 막대한 매몰 비용을 감수하면서 VHS로 전환해야 했다.

소비자가 선택하든, 업계에서 자율적으로 정하든, 아니면 규제기관이 결정하든 규제가 등장하면 기업과 소비자들은 그 규제에 맞춰 적응한다. 이때문에 규제는 시장에 미치는 파급 효과가 매우 크다. 때론 규제가 시장의 지형을 완전히 뒤바꾸고 소비자의 선호를 뒤바꾸기도 한다.

한국을 대표하는 술인 희석식 소주는 1964년의 양곡관리법 개정으로 인해 사실상 소비가 강제된 술이었다. 하지만 수십 년에 걸쳐 희석식 소주를 소비해오면서 소비자들은 여기에 적응하게 되었고 희석식 소주를 선호하게 된다.

이것과 상황은 다르지만 소비자의 적응이 가진 영향력을 잘 설명하는 사례가 바로 허쉬의 밀크초콜릿이다. 허쉬의 밀크초콜릿에서는 특유의 신맛이 난다. 다른 브랜드의 밀크초콜릿에서는 맛볼 수 없는 허쉬만의 맛이다. 이 신맛의 원인은 바로 부탄산이다.

1875년에 스위스의 다니엘 피터가 밀크초콜릿을 개발한 이후 전 세계 초콜릿 기업들은 밀크초콜릿 개발에 돌입한다. 그런데 그 과정이 쉽지 않았다. 밀크초콜릿을 만들기 위해선 초콜릿과 우유를 섞어야 하는데 초콜릿은 카카오버터를 분리해도 지방 비율이 22퍼센트, 우유는 수분이 85퍼센트나 되었기에 물과 기름이 섞이지 않는 것처럼 서로 잘 섞이지 않았다. 그래서 우유의 수분을 증발시키는 것이 밀크초콜릿 제조에 필수였다.

증발 기술의 차이가 당시 초콜릿 기업들의 밀크초콜릿의 차이를 만들었다. 다니엘 피터가 개발하고 네슬레가 이어받은 스위스식 밀크초콜릿은 우유를 증발시킨 분유로 만들었고, 캐드버리와 론트리가 주도한 영국식 밀크초콜릿은 연유로 제조되었다.

1905년에 미국의 허쉬 또한 독자적으로 밀크초콜릿 개발에 성공하는데, 당시 허쉬의 기술력이 유럽 초콜릿 기업들에 비해 뒤처져 있었기에 유지방 처리 기술의 부실로 부탄산이 생기는 문제가 발생한다. 이 때문에 특유의 신맛이 생긴 것이다. 하지만 허쉬식 밀크초콜릿 제조법은 저렴하게 대량 생산에 유리했기에 저렴한 가격으로 미국 전역에 보급했다.

이 때문에 허쉬로 처음 밀크초콜릿을 접한 미국의 소비자들은 밀크초콜릿에서 신맛이 나는 것을 당연하게 받아들였다. 그러다 보니 시간이 지나서 재미있는 현상이 생겼다. 허쉬의 기술력이 발전하면서 밀크초콜릿을 만들 때 애초에 이 부탄산이 생기지 않게 할 수 있음에도, 의도적으로 계속 신맛이 나게 만든 것이다. 미국 소비자가 허쉬의 신맛에 적응하고 이를 받아들인 결과 신맛이 나지 않는 밀크초콜릿을 접할 수 있음에도 여전히 신맛 나는 허쉬의 초콜릿을 선호하게 되었다. 아직도 미국 밀크초콜릿바 시장에서 허쉬 밀크초콜릿이 가장 높은 점유율을 차지한다는 것은 소비자의 적응이 가진 영향력이 얼마나 큰지를 잘 보여준다.[1]

시장과 경쟁을 이야기할 때 규제를 빼고 이야기할 수 있을까? 규제기관이 주도하지 않아도 자체적으로 나름의 규제를 만드는 것이 시장이기에 현실적으로 규제가 없는 시장은 존재하지 않는다. 규제가 탄생하는 것은 당시의 상황과 환경이 규제를 필요로 하기 때문이다. 규제는 시장에 주어진 조건 중 하나이며 시장과 경쟁에서 분리 불가능한 요소라 할 수 있다. 이 때문에 단순히 규제 무용론을 외치는 것보다 규제가 어떤 방식으로 경쟁을 바꾸고 시장에 변화를 주는지 살펴보는 것이 더 도움이 될 것이다.

이번 파트에서는 소주 산업과 대형 마트 산업을 통해 규제가 어떻게 기회가 되고 좌절이 되었는지, 각 주체가 규제에 어떻게 적응했는지를 살펴보고자 한다. 두 산업은 경쟁을 억제하는 규제는 소비자에게도 기업에도 좋지 못한 결과를 낳았다는 공통점을 가지고 있다. 두 산업을 통해 규제에 대해 다시 생각해보는 시간을 갖도록 하자.

07

규제는 어떻게
기회를 만드는가?

브 랜 드 　 #진로

주 제 어 　 #외압 극복 #규제 적응

음식점에 가면 흔히 볼 수 있는 술이 있다. 음식점 냉장고의 절반 정도를 채우고 있는 소주다. 좀 더 정확히 말하자면 희석식 소주다. 전 세계 어느 나라의 술과 비교해봐도 가격이 이 정도로 싼 술은 드물다. 이 때문에 소주는 우리나라 드라마나 영화에서 서민의 이미지를 연출할 때 빠지지 않고 등장하는 소품이자 뉴스에서 물가 인상의 예를 들 때마다 '서민은 어떻게 하라고…' 같은 제목이 붙는 품목이다.

요즘에는 희석식 소주 브랜드들도 다양한 변화를 시도하고 있다. 2021년에만 해도 무학에서 출시한 민트초코 맛 소주가 화제가 되었다. 그리고 롯데칠성음료에서 출시한 빠삐코 맛 소주는 한정판으로 음식점에만 납품했음에도 일반 소비자가 매장에서 마시는 것 외에 따로 구매해 갈 정도로 인기가 높았다.

그런데 이러한 새로운 소주의 알코올 도수는 12도 정도로 기존의 15도보다 훨씬 낮다. 보통 와인이 12~13도 정도 한다는 걸 생각하면 거의 차이가 없다. 아마 강한 도수의 소주를 원하는 사람들은 '옛날에는 두꺼비가 25도였는데'라며 혀를 차고 한탄할지도 모르겠다.

그러나 25도란 도수도 그리 강한 술이 아니라는 사실은 이제 나이가 꽤 지긋한 분들이나 기억하는 옛일이 되었다. 저도주低度酒로 향하는 트렌드를 주도한 곳이 진로(현 하이트진로)였다.

진로는 잘 알려져 있듯이 희석식 소주 시장의 지배자다. 진로가 이 시장을 평정한 역사가 워낙 길다 보니 진로가 시장에서 처음부터 흔들림 없는 1위였을 것이라고 생각하는 사람도 많다. 하지만 진로도 규제로 완전히 변한 시장에서 추월, 그리고 행운을 통해 지금의 자리를 차지할 수 있었다.

그렇다면 진로와 참이슬은 어떻게 시장을 석권하고 대표하는 브랜드가 될 수 있었을까?

가내 주조에서 산업으로

술을 어떻게 만드는지부터 알아보자. 주류 중에서 시중에 가장 잘 팔리는 맥주의 주조법은 이렇다. 싹을 틔운 보리인 몰트(맥아)를 갈아서 뜨거운 물과 섞어 두면 보리의 전분이 당으로 변해서 물에 녹는다. 이 액체가 워트(맥아즙)이고, 여기에 이스트(효모)를 넣고 발효시키면 당이 알코올로 변한다. 발효 과정에서 홉을 넣은 술이 바로 우리가 아는 맥주다. 그런데 발효 과정 때 홉을 넣지 않고, 발효시킨 뒤 이를 증류하면 어떻게 될까?

물은 100도에서 끓지만 알코올은 78도에서 끓기 때문에, 증류기에서 78~100도로 가열하면 알코올을 따로 분리해낼 수 있다. 이렇게 몰트 발효액을 증류시켜서 만든 술이 몰트 위스키다.

대부분의 술은 비슷한 방식으로 만들어진다. 포도를 발효시키면 와인이 되고, 와인을 증류시키면 브랜디가 된다. 사과를 발효시킨 술을 시드르라고 하는데, 시드르를 증류하면 칼바도스가 된다.

우리나라의 전통주도 마찬가지다. 쌀을 정미하고 씻은 다음 물에 불린 후에 찐다. 여기까지만 보자면 밥 짓는 방법과 별반 다르지 않다. 다만 밥에 누룩과 효모, 물을 넣고 발효시키면 술이 된다. 이 술을 걸러내면 맑은 술인 청주가 되고, 거르지 않으면 동동주나 막걸리 같은 탁주가 된다. 그리고 이 청주를 증류한 것이 바로 소주다.

소주는 위스키나 브랜디와 만드는 방법이 동일한 증류 방식인 데서 알 수 있듯이 원래 굉장히 독한 술이다. 조선시대에 청나라를 방문했던 사람들의 기록에 '조선의 술은 독하고 청나라 술은 싱겁다'라는 표현이 빠지지 않고 나온다.

실학자 홍대용이 쓴 《담헌서》에도 청나라 사람과 술에 관한 이야기를 나누는 장면이 나온다. 홍대용이 조선의 술은 독하다고 이야기하자, 청나라 사람도 중국 것보다 두 배는 독하다고 대답한다.

또 다른 실학자인 박지원도 청나라의 술을 마셨는데 그 맛이 너무 싱겁고 지나치게 향기롭다는 기록을 《열하일기》에 남겼다.

외부인의 눈으로 봤을 땐 어땠을까? 미국의 동양학자이자 목사였던 윌리엄 그리피스가 개항 직후의 조선을 관찰한 저서인 《은자의 나라, 한국》에 조선인이 독주를 좋아해서 문호가 개방되자마자 양조장이 들어서고 외국 술이 들어오더란 이야기를 밝혔다.

이처럼 우리나라 사람은 술, 그중에서도 독한 술을 좋아했다. 그래서 그리피스가 기록으로 남겼듯이 강화도 조약으로 우리나라 항구가 줄줄이 개항되자 술 수요가 크게 형성되었고, 과거 집에서 빚어서 집에서 마셨던 술도 상품으로 발전하기 시작했다. 일제강점기였던 1916년에 2만 8천 개의 양조장이 있었고[2] 1926년에는 1,303개가 있었단 기록[3]이 이를 증명한다.

그런데 이 10년 동안 양조장의 수가 엄청나게 감소하여 어떤 사람은 '일제가 우리 전통주의 맥을 끊기 위해 탄압했다'고 분석하기도 한다. 일제가 1909년 주세법과 1916년 주세령을 시행하여 전통주 주조기술과 생산의 맥을 끊으려고 했단 주장이다.

하지만 어떠한 분야이건 산업이 되었을 때 규제하고 관리하며 세금을 걷는 일은 필수적이다. 특히 술에 걷는 주세가 산업화 시기에 국가들이 공통으로 부과하던 중요 세원이란 걸 감안하면, 주세 규제를 우리나라의 전통주가 산업으로 변모하고 있단 증거로 봐야 할 것이다.

무수히 난립한 영세 업체들이 경쟁을 치르면서 그 수가 감소하고 살아남은 곳은 더 대형화하는 현상은, 영세한 분야가 산업으로 발전하는 과정에서 흔하게 일어난다. 그렇기에 일제강점기에 사라진 술이라면 판매의 문제든 비용의 문제든 경쟁력이 부족해서 사라진 것으로 해석해야 한다.

소주와 진로

진로가 탄생한 때가 바로 소주 산업화의 시기였다. 진로는 장학엽 회장이 1924년 평안남도에 세운 진천양조상회에서 출발한다. 장학엽 회장은 황해도 보통학교 선생님이었다가 학교를 그만두고 동업자와 함께 양조장을 차렸다. 그리고 이렇게 만든 35도 소주에 '진로'라는 이름을 붙였다. 평안남도 진천의 '진鎭'에, 증류기에 맺힌 술이 이슬 같아서 이슬 '로露' 자를 결합해 만든 브랜드명이다.

하지만 국내 양조 업계는 산업화로 대형 양조장이 늘어나는 시기였기에 신생 소형 양조장이었던 진천양조장은 경쟁력이 없었고 팔수록 적자를 누적하다가 결국 폐업했다.

장학엽 회장은 양조장을 폐업하고 당시 유명 양조장이었던 평양의 동원양조장으로 가서 술 도매에 나선다. 동원양조장의 조동원 사장이 술 도매에서 장학엽 회장의 능력을 인정했는지 장학엽 회장에게 자신의 동생과 함께 양조장을 창업해보기를 권한다.[4] 그렇게 장학엽 회장은 양조 업계에서 재기의 발판을 마련한다.

다시 시작한 만큼 전과는 달라야 했다. 이때 선택한 비장의 무기가 흑국이었다. 앞서도 이야기했듯이 우리나라에서 술을 발효할 때 누룩을 사용해왔다. 그런데 장학엽 회장이 국내에서 처음으로 일본을 통해서 오키나와에서 주로 사용하던 흑국을 들여온다. 흑국을 사용하면 생산되는 술의 양이 더 많았다. 즉, 단위당 생산 비용이 절감되었다. 흑국을 주무기로 진천양조상회와 진로는 새롭게 출발했다.

흑국으로 만든 진로는 쓴 뒷맛 덕분에 인기를 끌었고, 비용은 감소하고 매출은 증가하면서 진천양조상회도 안정적으로 성장한다.

군국주의를 표방하던 일제는 전비 마련을 위해서 주세를 계속 높여갔는데 그럼에도 불구하고 진로가 망하지 않았다는 사실은 판매도 판매이지만 경영적인 측면에서도 경쟁력 있는 곳이었단 의미다. 실제로 해방 직전엔 소주 업계 13위를 차지할 정도로 제법 큰 소주 업체였다.

하지만 1950년 한국전쟁이 벌어지자 자산을 모두 두고 남쪽으로 피난을 가야 했고 장학엽 회장은 다시 빈손이 된다.

아무리 전쟁 중이어도 술 수요는 존재했다. 우리나라 사람들이 원체 술을 좋아하기도 했지만, 전쟁과 피난이란 현실의 고달픔을 견디기 위해 술을 찾는 사람도 많았기 때문이다. 그래서 부산의 유일한 양조공장이었던 동화양조를 찾아가 동업을 시작하여 금련,

낙동강 등의 소주를 성공시킨다. 모든 것을 다 잃고 피난을 왔다지
만 양조업자로서의 경쟁력은 남아 있었다.

전쟁이 휴전 상태로 접어들자 장학엽 회장이 서울로 올라와 서
광주조를 세우고 1954년 7월에 진로를 다시 생산한다. 진로 소주
병에 두꺼비가 붙은 것도 바로 이때다.

초기엔 잘 팔리지 않았다. 전쟁 직전 소주 업계 13위를 차지할
정도로 잘나갔다지만, 그것은 평안도에서의 성공에 불과했다. 서
울의 유통업자는 진로의 과거를 잘 몰랐다. 하지만 한번 팔리기 시
작하자 서울의 양조장 중에서도 두드러질 정도로 잘 팔렸다.

잘 팔린 이유는 여러 가지가 있겠으나 그중에서도 장학엽 회장
의 양조 실력이 으뜸이었을 것이다. 한국전쟁 이전 양조장은 지역
유지와 유력자가 운영하던 돈이 많이 들어가는 사업이었다. 하지
만 휴전 이후 양조업을 하던 경영자의 대부분은 더는 양조를 하지
않았다. 이는 당시 주조업이 전통을 기반으로 계승될 만큼 확고한
사업성을 갖추지 못했기 때문이다.[5]

한국전쟁 이후에는 술 수요가 늘어, 술이라고 이름만 붙여도 팔
려나갔다. 판매되는 소주 브랜드는 많았어도 제대로 술을 생산하
지 못하는 업체가 많았다. 그러한 가운데 평안도에서 제대로 양조
업을 해왔고 해방 이전 기준으로도 높은 기술력을 갖추고 있었던
장학엽 회장이 빛을 발한 것이다.

하지만 소주로서의 진로보다 기업으로서의 진로에 주목해야 한

다. 진로는 무엇보다도 광고를 잘 활용했다. 1959년에 나온 국내 최초의 애니메이션 광고이자 최초로 광고 음악을 활용한 진로 소주의 광고, 일명 '차차차 광고'는 진로가 광고에 얼마나 심혈을 기울였는지를 명확하게 보여준다. 해당 광고 음악이 진로의 사가社歌로 쓰였을 뿐 아니라, 일반 대중이 여기저기서 부를 만큼 중독성이 있었다. 덕분에 사람들의 뇌리에 진로가 확실하게 각인되었단 점에서 시대를 앞선 광고 전략이었다.

수많은 상품과 브랜드를 조사하다 보면 광고의 힘이 기업의 성장을 위해 얼마나 중요한지를 알 수 있다. 1950년대에 소주 브랜드는 많았지만 진로만큼 광고를 잘하는 곳은 없었다.

진로는 경품 행사도 적극적으로 실시했는데 1959년에 1등 당첨금이 50만 환이었다. 당시 노동자의 월급이 3만 환 정도였으니, 어마어마한 돈을 뿌린 행사다. 많은 기업이 이런 경품 행사로 소비자를 현혹하기 시작한 시기가 1960년대 중반부터였음을 고려하면 이 또한 시대를 앞섰다고 볼 수 있다. 이 정도의 규모면 화제가 되지 않을 수가 없고 사람들도 경품 당첨을 노리고 진로를 마실 테니 말이다.

1962년엔 총 경품 규모 500만 환의 대형 이벤트를 진행했다. 1966년부터 시작한 '병뚜껑 속 두꺼비를 찾아라' 이벤트는 병뚜껑 안에 그려진 금두꺼비를 찾으면 금 5돈(18.75그램)짜리 금두꺼비를 주는 파격적인 이벤트였다. 이 행사를 매년 진행했다. 나중에 정부가 사행성 마케팅을 금지함에 따라 경품의 규모는 줄어들었지만, 규제가 미비하던 시절에 저돌적으로 소비자의 관심을 자극했다. 진로의 진짜 강점은 이런 마케팅을 감행하는 기업으로서의 역량에 있었다.

하지만 그 당시까지 소주는 지금처럼 대중적인 술이 아니었다. 대중적인 술은 막걸리 같은 탁주였고, 고급술은 청주였다. 그에 비하면 소주의 위치와 술 자체의 정체성이 애매했다. 원래 소주는 청주를 증류시켜 만들기에 청주보다 훨씬 고급스러운 술이었다. 하지만 희석식 소주가 조금씩 확장세를 보이면서 그 정체성 또한 희석되었다.

희석식 소주는 전분 작물을 증류한 술의 원액(주정)을 물에 희석하여 만든 소주다. 이 방식이 1919년부터 국내에 도입되었지만 널리 확산되지 못했다. 저렴한 술론 탁주가 있었고, 증류식 소주에 비하기엔 희석식 소주가 맛과 향 둘 다 떨어졌기 때문이다.

하지만 한국전쟁을 거치면서 술의 공급이 부족해지자 소비자가 저렴한 희석식 소주를 찾았고, 판매자는 희석식 소주의 맛과 향의 단점을 가리기 위해 증류식 소주와 희석식 소주를 섞어서 판매했다. 이러다 보니 소주가 다소 애매한 포지션의 술이 되었다.

양곡관리법이 부른 격변

이렇게 애매한 포지션의 소주를 국민 주종酒種으로 만든 계기는 1964년 12월에 시행된 양곡관리법이었다. 1950년대부터 이어진 만성적인 쌀 부족은 쌀을 주식으로 하는 국가에서 심각한 문제였다. 그렇기에 식량으로 써야 할 곡식으로 술을 빚는 행위는 정부의 식량 정책에 방해가 되는 요소였다.

특히 1961년에 군사 쿠데타로 집권한 박정희 정부는 이를 매우 심각하게 여겼다. 집권 초기인 1960년대 초부터 흉작이 겹치자 정부가 나서서 양조 업계에서 잡곡을 사용하는 걸 금지하고 고구마로 주정을 생산하도록 한다. 탁주는 워낙 대중적인 서민의 술이고 청주는 제사에도 쓰던 고급술이라 정부에서 술의 원료를 제한하기 힘들었다. 그나마 소주가 만만한 위치여서 이 규제 정책의 대상이 되었다.

하지만 이는 1964년 양곡관리법 개정으로 쌀을 이용해 술을 담그는 것 자체를 금지하면서 상황이 반전된다. 막걸리를 비롯한 탁주 자체는 정부에서 남아도는 밀가루로 양조하게 하면서 막걸리라는 술 자체는 존속할 수 있었다. 하지만 밀막걸리는 쌀막걸리보다 맛이 없어서 막걸리는 온 국민의 술이라는 대중적인 위상을 점점 잃어버린다.

청주 생산 공장이 더 심각했다. 쌀이 아니면 청주가 될 수 없었기에 사실상 문을 닫아야 했다. 그리고 이는 청주로 만든 증류식 소주도 마찬가지였다. 희석식 소주만이 당시 양조 업계의 유일한 탈출구였던 셈이다.

2010년대에 세계적인 인기를 끈 HBO의 드라마 〈왕좌의 게임〉 속 모략꾼 피터 베일리시는 이렇게 말했다. "혼돈은 수렁이 아닙니다. 혼돈은 사다리죠." 이 대사처럼 경쟁 시장을 잘 설명하는 단어가 어디 있을까?

안정은 1위에게나 좋은 상태다. 시장이 안정적일 때는 '마태효과'가 발생한다. 잘되는 횟집일수록 회전이 빨라 횟감이 더욱 신선해서 더 많은 사람이 모이는 것처럼, 잘되기 때문에 더 잘된다. 현재의 성공이 다음 경쟁에서 더욱 유리한 위치에 서게 만들어주고 그것이 다음 성공을 이끈다.

그렇기에 시장이 안정적일 때 후발주자에게는 1위를 추월할 방법이 보이지 않는다. 하지만 혼돈기라면 사정이 다르다. 시장이 그렇기에 후발주자에게 혼돈은 사다리가 될 수 있다. 오르다가 떨어질 수도 있지만 올라갈 기회가 된다.

소주 업계도 마찬가지였다. 양곡관리법으로 양조 업계에 격변이 일어나면서 술을 만드는 방식 자체를 다 바꿔야 했다. 이 혼돈으로 인해 양조에 관한 과거의 우위는 모두 초기화되었다.

이러한 상황에서 가장 먼저 사다리를 오르고 시장을 장악한 업체는 목포를 기반으로 성장한 삼학이었다. 지금은 노년층 일부만 기억하는 브랜드이지만, 1960년대만 하더라도 소주 하면 삼학이라고 할 만큼 전국적으로 명성이 자자했다. 당시 술은 양조장이 있는 지역에서만 주로 팔렸고, 지역을 넘어서는 영향력을 갖춘 브랜드가 거의 없었다. 삼학이 예외적인 기업으로, 진정으로 대단한 성과를 거두었다.

경부고속도로가 건설되기 전, 유통이나 물류 산업이 제대로 형성되지 않았던 시대에는 각 사업체가 지역 단위로 생산 공장을 만들고 지역 단위로 유통을 전개했다. 지금이야 공장 단지에서 생산하여 거미줄처럼 뻗은 물류망과 유통망을 통해 제품을 유통하고 있지만, 이는 1980년대 중반 이후에 등장한 풍경이다. 하지만 삼학은 각종 제약에도 불구하고 목포와 전남 지역을 넘어서 서울과 경기도 지역에까지 영향력을 미쳤다. 어떻게 가능했을까?

삼학이 혼돈스러운 희석식 소주 시장을 장악하고 전국적인 브랜드가 될 수 있었던 결정적인 이유는 삼학에서 만드는 대왕표 청주 덕분이었다. 1960년대까지 백화의 수복표, 보해의 금천표와 함께 대왕표 청주는 우리나라 최고의 청주로 꼽혔다. 그중에서도 삼학은 정부에서 진행하던 명주 콘테스트에서 매년 최우수를 달성하던 고급 브랜드였다. 그리고 이를 증류한 삼학 소주도 1957년부터 소량이지만 생산하고 있었다.[6] 하지만 양곡관리법이 시행되면서 아무리 청주를 잘 만들어도 청주를 더는 생산할 수 없게 되었다. 유일한 활로는 희석식 소주뿐이었다.

다행히도 삼학은 증류식 소주의 원재료가 되는 주정을 만드는 공장도 운영하고 있었다. 기반이 될 수 있는 공장과 사업이 있다는 것 자체가 중요했다. 삼학은 정부가 양곡관리법을 발표하자 발 빠르게 서울에 주정 공장을 세우고 희석식 소주 생산에 들어간다. 삼학이 고품질의 청주를 생산한다는 이미지는 희석식 소주까지 확장되었다. '그 삼학'이 만드는 소주라니 소비자도 믿고 마실 수 있었다.

강한 브랜드 파워, 설비를 갖춘 주정 공장, 빠른 시장 진입이란 3요소 덕분에 삼학은 초기 희석식 소주 시장의 승자가 되었다. 삼학의 전략은 훌륭했고, 초기 소주 시장을 석권해냈다.

진로 또한 명주 콘테스트 소주 부분에서 우승을 차지할 정도로 좋은 브랜드이긴 했지만, 고급 브랜드로서 삼학이 가진 이미지를 넘긴 힘들었고 삼학보다 시장 진입도 늦었다. 이 차이가 그대로 매출로 이어졌다. 삼학의 매출은 진로의 두 배였고 이 상황이 몇 년 지속되면서 시장의 주도권은 삼학이 쥐고 진로는 2, 3위에 머무르는 형세로 흘러갔다.

그런데 시장에 다시금 격변이 찾아온다. 1971년에 삼학이 납세필증 위조 사건으로 검찰 조사를 받은 것이다.

규제로 재편된 소주 시장

과거부터 주세는 국가의 주요 세입원이었고, 술에는 높은 세금이 부과된다. 그래서 과거엔 술병마다 세금을 납부했던 납세필증을 붙였는데 삼학이 이를 위조해서 유통하다 걸리는 사건이 발생한다. 주류 시장의 대표 브랜드로 잘나가던 기업이었기에 이 소식은 큰 파장을 일으킨다.

잘나가던 삼학이 이 사건으로 몰락한 것으로 생각한 사람이 많아 이런저런 음모론이 생겨났다. 전라도 기업에 대한 정치적 보복이란 말부터 경쟁사인 진로의 계략이란 이야기까지 나왔다. 결론부터 이야기하자면 이 사건은 삼학 몰락의 원인이 아니라 결과였다. 삼학이 경영난을 겪고 있었기에 납세필증을 위조하는 일이 벌어진 것이었다.

삼학은 발 빠른 움직임으로 희석식 소주 시장을 선점하는 데 성공했지만, 정작 이 성공을 진두지휘한 김상두 사장은 건강이 나빠져서 경영을 맡을 수 없는 지경에 이르렀다. 그래서 1969년부터 일본에 머무르며 치료에 들어갔고 경영자의 공백은 곧 경영 부실로 이어졌다. 이 공백기 동안 회사 임원들이 자금을 유용했고 재무 구조가 악화되었다.[7]

당시 주류 업계는 외상 매출과 덤핑 경쟁이 심해서 경영이 잘못되면 순식간에 회사가 주저앉을 수 있었다. 삼학이 정확히 그러한 사례였다. 김상두 사장이 병으로 자리를 비운 지 1년 만인 1970년에 부도를 맞았다. 특혜 논란이 일었던 융자까지 받아서 연명은 했지만 회사의 경영난을 해결할 수 없어 납세필증 위조 사건까지 벌였다. 이 때문에 탈세 금액을 추징당하면서 결국 삼학은 순식간에 사라지고 만다.

진로 입장에서 보자면 가장 큰 경쟁자가 자멸했으니 뜻밖의 행운이라고 할 수 있다. 하지만 다른 측면에서 보자면 진로가 원래부터 강점이었던 광고와 영업으로 경영 공백이 생긴 삼학에 출혈을 강요할 수 있었기에 삼학이 무너졌다고 해석할 수 있을 것이다.

양곡관리법으로 희석식 소주가 탄생하고 그로 인해 소주 소비량이 폭발적으로 증가하면서 소주 업체 간의 경쟁도 과거보다 훨씬 격화되었다. 이때도 진로의 판매 능력은 빛을 발했다.

앞에서도 언급한 진로의 공격적인 경품 행사가 1970년대 초반 절정을 이루었기 때문이다. 너도 나도 소주의 소비를 늘리는 상황에서 더 많이 팔리면 그만큼 화제 몰이로 사람들의 수요를 끌어들여야 했다. 어차피 시장이 폭발적으로 성장하는 판이니, 고가의 경품 따위는 문제가 되지 않았다. 이로 인해 다른 지역의 경쟁 소주 업체들도 맞대응을 하려면 경품 행사를 할 수밖에 없었고, 당시 소주 산업은 말 그대로 경품 대잔치였다.

이러다 보니 희석식 소주의 원재료로 쓰는 주정이 부족할 수밖에 없었다. 1919년에 국내에 주정으로 만드는 희석식 소주가 소개된 이후로 주정은 사탕수수에서 설탕을 정제하고 남은 당밀로 만들어왔다. 하지만 소주 소비가 폭발적으로 늘면서 해외에서 수입하는 당밀로는 충분한 주정을 만들지 못하는 주정 품귀 현상이 발생했다.

이 문제를 해결하기 위해 진로는 1973년에 25도 소주인 일명 '빨간 두꺼비'를 출시했다. 30도 소주가 대세이던 상황에서 도수를 5도 낮추면 그만큼 주정을 절감할 수 있기 때문이다. 또한 이전의 표준이었던 30도보다 5도나 낮추면서 시장의 다른 경쟁자들에게 충격을 안겨줄 수 있었다.

정부로서는 이렇게 돌아가는 시장을 규제할 필요가 있었다. 일단 주정 부족 현상을 완화하기 위해 타피오카를 공급하는 한편, 소주 업체 간 과열 경쟁과 술의 품질 저하를 막는단 의미에서 각 지역에 난립한 소주 업체들을 통폐합한다. 통폐합으로 소주 업체 수를 줄여 경쟁의 강도를 낮추는 것이었다. 그 결과 소주 업체들은 단위 지역별로 1개로 정리되기 시작했다.

이어서 지방 산업을 보호한다는 명분으로 해당 지역에서 생산된 소주의 50퍼센트 이상을 의무적으로 구매하는 자도주의무구입제도가 1976년부터 시행된다. 사실상 시장의 경쟁을 봉쇄해버린 제도다.

초기엔 지방의 소주 업체가 이 제도를 굉장히 환영했다. 1970년대의 낙후된 도로와 유통망으로는 공장에서 생산되는 소주를 다른 지역으로 유통하는 데 비용이 많이 발생했고, 다른 지역에서 경쟁하기 위한 판매 비용이 별도로 들었다. 그런데 자도주의무구입제도로 일단 자기 지역에서 매출을 확보하고 가는 것이니 그만큼 비용 절감 효과가 컸다.[8] 하지만 이 규제는 지방의 소주 업체를 보호한다는 원래 목적과는 달리 진로의 시장 지배력을 고착화하는 결과를 낳았다. 바로 인구의 증감 때문이다.

서울과 경기 지역이 우리나라 전체 인구에서 차지하는 비율은 1960년에는 20.79퍼센트였으나 이후 꾸준히 상승해 1990년엔 42.81퍼센트에 이르렀다. 반면 다른 지역의 인구는 30년 동안 0.47퍼센트포인트 상승한 부산·울산·경남을 제외하곤 모두 감소했다.

즉, 자도주의무구입제도로 각 지역의 소주가 해당 지역에 머물러 있는 동안 수도권을 차지한 진로는 매우 큰 시장을 확보하지만, 다른 지역들은 시장 규모가 서서히 줄어들면서 나머지 회사들의 점유율이 떨어졌다는 뜻이다. 이러한 시각으로 보자면 자도주의무구입제도는 삼학과의 경쟁에서 승리를 얻은 진로에 준 전리품이나 다름없다.

이 규제는 산업 전체로 보아도 부정적이었다. 1973년 두꺼비의 출시로 시장에 25도 혁명이 일어난 이후, 소주 시장엔 20년 가까이 혁신이나 변화가 없었기 때문이다. 1991년에 주류 생산 면허가 개방되고 1992년엔 자도주의무구입제도가 폐지되면서부터 상황

▼ **1960~1990년 지역별 인구 비율 추이**

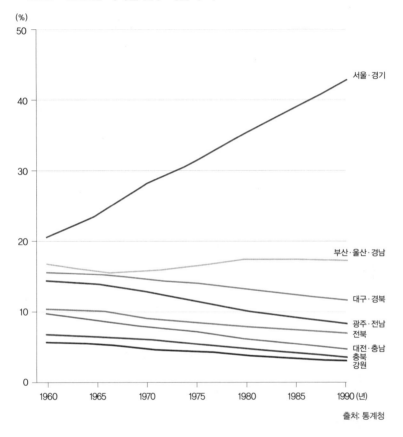

출처: 통계청

이 변하기 시작한다. 특히나 1993년에 두산이 강원도의 경월소주를 인수하여 규제로 고착화된 시장에 격변을 불러왔다.

이때부터 기존의 소주 업계도 변하지 않을 수 없었다. 1992년엔 보해양조에서 15도 소주인 보해라이트를 출시한다. 25도 소주가 일반적인 상황에서 그보다 10도를 낮추는 파격적인 조치였다. 보해라이트는 초반에 잠깐 인기를 끌다 이내 관심이 시들긴 했지만 이때부터 다른 업체들도 소주에 변화를 주기 시작한다.

1996년에 부산의 대선주조가 출시한 시원소주는 이런 변화의 흐름을 대변하는 상품이었다. 도수를 23도로 낮춘 시원 소주는 부산 시민들에게 엄청난 인기를 얻었다.

시원소주를 견제하기 위해 진로가 1997년에 부산 지역에만 산이라는 23도 소주를 출시했다. 이걸 본 대구·경북의 금복주와 경남의 무학 또한 참소주와 깨끗한 소주라는 23도 소주를 출시하고 수도권 진출을 시도한다.

진로가 25도의 시대를 연 것처럼 이번엔 지방에서 23도의 시대를 열었다. 결국 23도 소주의 열풍에 진로 역시 뒤늦게 뛰어들어 23도의 참이슬을 출시한다.

진로의 침체기

자도주의무구입제도는 시장 지배적 기업이었던 진로에도 독이 되었다. 창업자인 장학엽 회장은 1975년에 회사명을 진로로 바꾸고 경영권을 조카에게 넘겼다. 아들인 장진호 회장이 당시 23세로 경영권을 맡기엔 너무 어렸던 탓이다. 하지만 이 결정은 1984년에 경영권 분쟁을 낳아 장진호 회장이 이복형과 함께 주식을 몰래 매입하고 우호 지분을 매입하며 주주총회에서 경영권을 차지하면서 끝난다.

경영자가 된 장진호 회장이 보기에 소주 산업은 규제 등으로 인해 성장이 막힌 산업이었다. 산업과 회사를 더 키우고 싶어도 사실상 원천 봉쇄된 상황이었다. 또한 1980년대는 소주 시장이 정체기에 접어들고 맥주 시장이 폭발적으로 성장하던 때였다. 그 여파로 1990년에 주류 시장에서 소주의 점유율은 맥주의 절반에도 미치지 못했다.

그래서 1988년에 회장에 취임한 장진호 회장은 소주 산업을 벗어나 유통 등으로 산업을 확장할 것을 선언한다. 이후 다양한 기업을 인수하거나 설립하면서 외형적으로 크게 성장하는데 그중엔 맥주 사업도 있었다. 지금의 카스가 당시 장진호 회장이 설립한 진로쿠어스에서 생산한 맥주였다.

그러나 유통 산업과 맥주 산업에서 많은 부실이 발생했다. 유통 산업과 맥주 산업은 대규모 장치와 설비가 필요하고 이로 인해 막대한 규모의 투자가 필요하단 공통점이 있다. 게다가 그렇게 돈을 빨아들이면서도 확실한 규모를 갖추기 전까진 지속적으로 적자가 난다는 문제도 있었다. 여기에 필요한 자금은 성장이 정체된 진로에서 출자금과 대여금 명목으로 지원했지만 계속 감당하기에 역부족이었다. 결국 1997년에 진로는 부도를 맞았다.

진로그룹의 부도 자체는 장진호 회장의 경영 능력 부재에 1차적인 문제가 있었다. 하지만 경쟁을 차단하는 규제가 기업이 경쟁하지 않아도 돈이 벌리는 상황을 만든 것도 영향을 미쳤다. 36세의 야심 찬 젊은 회장에게 안정적인 수익이 보장된 소주 시장은 관심 밖으로 밀려날 수밖에 없었고 이는 결국 무분별한 사업 확장으로 이어졌다.

진로가 소주 시장에서 현상 유지를 하는 동안 소주 시장에선 다시 큰 변화가 일어나고 있었다. 그린소주는 소주 시장의 규제가 풀린 1990년대 중반에 돌풍을 일으켰다. 두산이 인수하기 전까지만 하더라도 경월소주의 소주 시장 점유율은 5퍼센트에 불과했지만 그린소주가 출시되고 3년 만에 시장 점유율이 20퍼센트를 돌파했다. 사실 이 20퍼센트의 점유율은 진로의 점유율에 비하면 여전히 낮았다. 하지만 진로의 수도권 시장을 갉아먹는 데 성공했다는 점에서 큰 의미가 있었다.

결국 이 소주 시장은 진로가 2005년에 하이트맥주로 매각되고, 두산주류 또한 2009년에 롯데칠성음료로 매각되면서 새로운 단계로 접어든다. 이때 이뤄진 일이 바로 저도주 전쟁이다. 참이슬이 소비자의 저도주 취향에 맞춰 꾸준히 도수를 하향하는가 하면 2006년엔 20도의 처음처럼이 나오면서 경쟁적으로 도수를 낮추었다. 2021년 기준 소주의 도수는 16.5도까지 낮아진 상태다.

경쟁을 위한 규제, 경쟁을 막는 규제

이러한 소주 업계의 경쟁은 어떤 의의가 있을까? 후발주자의 추월은 시장이 격변하는 상황에서 발생한다. 규제는 특히 시장에 변화를 주는 대표적인 요인이라고 할 수 있다. 많은 기업가가 대체로 규제를 불필요하게 여기지만 사실 규제가 없는 산업은 존재할 수가 없다. 소비자를 보호하고 경쟁에 룰을 만들기 위해서다. 이 때문에 모든 사업은 규제에 맞춰 이루어진다. 그래서 시장의 규제가 달라지면 경쟁의 룰 자체가 바뀌면서 시장 지형이 크게 변화한다.

새로운 규제가 등장하거나 사라지면 기존의 기업이 지닌 강점이 무력화된다. 1964년에 등장한 양곡관리법은 모든 소주 업체를 양조 능력에 관계없이 동일한 출발점으로 끌어내렸다. 덕분에 서울의 소주 시장에서 우월한 경쟁력이 있던 진로는 이점을 일부 상실한다.

이러한 상황에서는 기민함이 최고의 덕목이다. 삼학은 자사의 주력 사업이 한순간에 사라지는 위기에도 불구하고 희석식 소주라는 변화의 핵심을 재빨리 파악하여 비주력 사업이었던 주정 공장을 단기간에 서울로 확장함으로써 국내 최대의 시장인 서울 수도권 시장을 장악하는 데 성공했다. 이 기민함은 광고와 영업 능력에서 탁월함을 갖추었던 진로도 따라가기 어려울 정도였다.

다만 시장 개척 4년 만에 경영자가 자리를 지키지 못하자 사업 운영에 치명적인 약점이 되었고 이는 반대로 진로에 기회가 되었다. 역사에 가정은 없는 법이라지만, 삼학의 김상두 사장이 좀 더 건강했거나 공백기를 채워줄 후계자가 있었더라면 경쟁의 양상은 지금과 달랐을지도 모른다.

진로의 추월은 운이었다고 이야기할 수도 있을 것이다. 하지만 그렇게 따지면 삼학소주가 시장을 선점할 수 있었던 배경이 된 양곡관리법의 등장은 운이 아니라고 할 수 있을까? 규제가 생기고 없어지면 경쟁의 룰도 바뀌기에 후발주자가 추월과 선점의 기회를 얻을 수 있다. 하지만 우리는 우리가 바라는 대로 시장의 판도를 바꾸거나 우리가 원하는 시기에 규제를 바꿀 수는 없다.

한편으론 경쟁 자체를 막아버리는 규제는 시장 전체에 마이너스가 될 수 있다는 점도 잘 보여준다. 소주 업계의 경쟁이 차단되자 소주 시장은 정체기에 접어들었고 이로 인해 장기적으로 주요 업체들이 경쟁력을 잃기도 했다.

그러나 자도주의무구입제도와 소주 시장의 규제가 철폐되면서 소주 업체들이 혁신적 상품을 다시 내놓기 시작했다는 점은 시사하는 바가 크다. 이로써 정체되었던 소주 시장도 활력을 되찾았다.

경쟁은 이기거나 앞서기 위한 겨룸이자 상호작용이다. 경쟁은 서로를 지치게 하는 부분도 있기에, 하지 않는다면 편하긴 하다. 하지만 경쟁에서 영원히 면제될 수는 없다. 추월의 사다리는 경쟁에 뛰어들지 않는 사람에게 내려오지 않는다.

08

혁신과 규제,
그 사이의 경쟁

브 랜 드 #이마트 #홈플러스 #까르푸 #월마트

주 제 어 #대량 유통 #신구 산업 세대교체

최근 30년 동안 우리의 삶에서 가장 큰 혁신이 벌어진 산업을 꼽으라면 어떤 산업이 있을까? 개인적으론 유통업을 꼽고 싶다. 우리가 너무나도 당연하게 누리고 있는 지금의 유통업은 30년 전만 해도 일상이 될 것이라고 생각하지 못했던 것들이다. 30년 전에는 새벽 배송이나 온라인 장보기는 고사하고 대형 마트와 창고형 마트도 등장하지 않았고 편의점도 태동기에 접어들던 시절이었다.

그렇다면 지금과 같은 유통의 형태가 갖추어지지 않았던 시절의 유통업은 어땠을까? 그 시절에는 소매 유통이라고 하면 고급 백화점과 동네 구멍가게, 전통시장이 전부였다. 또한 매매도 지금처럼 가격표에 적힌 금액 그대로 가격을 치르고 물건을 사는 게 아니라 주먹구구식이어서 정부 차원에서 가격정찰제를 안착시키려고 애를 쓰던 때이기도 하다. 상품을 생산자로부터 소매점에 공급하는 것은 도매상과 각 기업의 대리점이었고, 이러한 유통 방식은 오랜 기간 변화 없이 유지되었다.

그렇기에 지난 30여 년의 변화는 산업 자체를 완전히 뒤바꾼 대격변이었다. 지금도 많은 유니콘 기업과 아마존 같은 글로벌 거대 기업이 탄생하고 있을 정도로 유통산업은 혁신의 첨단에 서 있다. 어쩌면 이처럼 변화가 크고 격렬했기에 유통 산업에서 많은 규제가 발생했는지도 모른다.

혁신은 어떻게 산업을 뒤바꾸고 경쟁과 규제를 낳았을까? 우리 삶을 뒤바꾼 대형 마트의 등장과 그 경쟁에서 힌트를 찾을 수 있을지 모른다.

국내 대형 마트의 태동 이전

대형 마트에서 장을 보는 것을 좋아한다. 코로나19 팬데믹과 새벽 배송의 등장 이후 예전만큼 자주 가진 못하지만 이런 마트로 직접 가는 걸 선호하는 편이다. 온갖 상품을 직접 눈으로 보고 만지고 구매하는 것은 모니터 속의 사진들을 클릭하는 것과는 차원이 다른 경험을 제공하기 때문이다. 분명 상품의 종류는 쿠팡이나 SSG 같은 플랫폼에 훨씬 많지만 만족감은 코스트코 같은 대형 마트가 훨씬 높다. 페이지를 넘기고 스크롤링하는 것은 지루한 일인 반면, 마트에 쌓여 있는 물건을 보고 만지는 것은 전혀 다른 체험을 가져다주기 때문일 것이다.

대형 마트가 국내에 등장한 지 올해로 29년째다. 이전엔 대형 마트라는 게 없었다. 1980년대까지 국내 유통업은 보잘것없는 산업이었다. 소비자가 상품을 구매하는 방법은 전통시장에 가거나, 자그마한 동네 구멍가게에 가거나, 아니면 방문판매원에게 구매하는 것이 일반적이었다. 돈이 많은 소비자는 백화점에 가서 구매하기도 했지만 백화점에서 소비를 하는 것이 국민 보편의 일반적인 경험이라고 하긴 어려웠다.

생각해보면 당연한 일이긴 하다. 물류 유통의 핵심인 경부고속도로가 개통된 게 1970년이고 도로망이 충분히 뚫리기까진 시간이 더 필요했다. 이 때문에 주요 제조사들이 지역을 넘어선 유통을 하는 데 비용이 많이 들었고 이 비용을 절감하기 위해 지역 단위로 공장이나 독자적인 법인을 설립할 정도였다.

코카콜라만 하더라도 국내에 정식으로 생산이 된 것은 1968년에 두산그룹의 계열사인 한양식품이 보틀링 계약을 따내면서부터다. 한양식품의 생산 판매권은 서울·경기 지역으로 한정되어 있었다. 그 외에 우성식품(부산·경남), 호남식품(광주·전라), 범양식품(대구·경북·충청)이 지역별로 생산 유통 권리를 가지고 따로 유통했다. 유통 인프라와 기술이 보잘것없었던 탓이다.

이 때문에 제조 업체들도 여러모로 곤란한 일이 많았다. 예를 들어 여러분이 빵 공장을 운영한다고 가정하자. 빵을 생산하면 그 빵을 어딘가에 팔아야 할 텐데, 빵을 파는 과정도 쉽지가 않다. 앞서도 언급했다시피 옛날엔 대형 판매 업체가 없었고 동네마다 작은 구멍가게가 있었다. 대체 이 구멍가게를 상대로 언제 영업을 하고 언제 주문을 받아서 일일이 갖다 줄 수 있을까? 사실상 불가능한 일이다. 당장 재료를 조달하고 공장도 관리하면서 빵 생산하기도 바쁜데 일일이 구멍가게를 상대하기란 쉽지 않은 일이다.

그래서 옛날에는 이러한 역할을 지역의 대형 도매상들이 담당했다. 남대문·동대문 시장, 그리고 각 지역의 주요 핵심 시장엔 이런 대형 도매상이 있었고 이들에게 물건을 맡기면 자신들의 네트워크를 통해 다른 지역과 소매점으로 유통을 해줬던 것이다. 흔히 사람들이 유통 이야기를 할 때 중간상인이 많이 떼 먹는다는 말을 하곤 하는데 이들이 바로 그들이다. 옛날엔 이들의 역할이 상당했고 유통 인프라가 부실했기에 그만큼 유통 마진을 가져갈 수밖에 없었던 것이다.

그런데 시간이 좀 지나, 제조사들의 생산 역량이 증가하고 경영도 안정되면서 제조사들은 다른 생각을 하기 시작했다. 그동안 도매상을 거쳐왔는데, 도매상을 거치지 않고 자신들이 직접 도매 유통을 담당하면 그만큼 비용을 절감하고 더 많은 이익을 거둘 수 있겠다는 생각을 하게 된 것이다. 그래서 제조사들이 직접 지역 유통에 뛰어들어 자사의 상품을 판매하고 관리할 매장을 세우게 되었다.

이것이 바로 대리점 제도다. 지금도 사람들에게 익숙한 우유 대리점부터 음료 대리점, 과자 대리점, 아이스크림 대리점 등 각종 대리점이 이 시기에 지역 곳곳에 자리하게 되면서 직접 유통을 담당했다. 또한 한국야쿠르트 같은 곳은 아예 주부들을 프레시매니저로 고용해 소비자에게 직접 판매하는 방문판매 방식을 도입하기도 했다.

이렇듯 단순했던 유통이 급변하기 시작한 것은 시대와 상황이 변하면서부터다. 근로자 가구의 월평균 소득은 1980년만 해도 약 23만 원이었지만, 1990년엔 약 94만 원으로 네 배 증가했다. 만약 월급이 네 배로 늘어난다면 어떨까? 소비자는 전보다 더 좋은 물건을 사러 다니고 더 좋은 먹거리를 찾아다닐 것이다.

실제로 이 기간에 주요 가전제품의 보급률은 급증했고 자동차 등록 대수는 53만 대에서 339만 대로 6배 이상 증가했다. 가구당 자동차 보급률로 보자면 6.6퍼센트에서 30퍼센트로 급증한 것이다. 이처럼 소비자의 삶과 생활이 급변하는 데 반해 정작 물품을 취급하는 소매 유통에선 거의 변화가 없었던 셈이다.

이마트, 프라이스클럽, 킴스클럽

1993년, 삼성에서 독립한 지 얼마 되지 않았던 신세계가 새로운 프로젝트를 추진한다. 국민소득이 대폭 증가하고 중산층이 충분히 형성된 만큼 백화점과는 다른 개념의 중산층을 위한 쇼핑 공간을 만들고자 한 것이다. 이미 미국과 유럽 등지에서 대형 할인마트 개념이 널리 확산된 상태였기에 동일한 운영 방식을 국내에 접목할 경우 성공할 가능성이 다분하다고 판단했다.

그렇게 탄생한 것이 1993년 11월에 오픈한 이마트 창동점이다. 창동점은 지도 앱을 통해 확인하면 알 수 있듯이 주변의 창동 주공아파트 단지 사이에 매우 절묘한 위치에 자리하고 있다. 당시 주공아파트는 도시 근로자와 젊은 주부들이 주로 이사를 오던 곳이었다. 따라서 젊은 도시 노동자를 타깃으로 내세운 쇼핑 공간이란 점에서 그 지향점이 매우 명확했다.

게다가 과거보다 차량 보급률이 늘었다고는 하나 우리나라는 미국처럼 자동차가 필수품에 해당하진 않아서 가급적 주거 밀집 지역과 인접한 공간에 매장을 낸 것이다. 입점 위치에서부터 그야말로 한국형 대형 할인마트의 표본이었던 셈이다.

창동점은 오픈 당시 뉴스에서 화제가 될 정도로 어마어마한 인기였다. 마치 지금 사람들이 '에루샤(에르메스, 루이뷔통, 샤넬)' 매장에 들어가기 위해 오픈 전부터 줄을 서고 오픈런을 하듯이 그 당시에도 사람들이 오픈 전부터 들어가기 위해 대기를 할 정도였다. 덕분에 하루 매출이 1억 원이 넘었고, 그다음 해인 1994년엔 일평균 매출이 2억 원을 넘길 정도로 엄청난 인기였다.

이 성공을 바탕으로 1994년 9월엔 이마트 일산점을 오픈하는데 이곳은 하루 매출이 5억 원을 찍을 정도로 훨씬 큰 성공을 거뒀다.

지금 돌이켜 생각해보면 이러한 현상은 충분히 이해할 만한 부분이다. 소득은 크게 증가했는데 막상 소득에 걸맞은 쇼핑 공간은 부족했기 때문이다. 전통시장이나 구멍가게는 동네 가까운 곳에 있다는 장점은 있었지만 상품의 다양성 측면에서 많이 부족했고 위생 관념은 매우 뒤처져 있었다. 게다가 당시 이마트는 동네 구멍가게나 다른 판매처보다 가격이 20~30퍼센트 저렴했다. 소비자가 선택할 수밖에 없는 조건이었다.

시작부터 쉬웠던 것은 아니다. 앞서도 언급했듯이 1990년대 초반까지는 제조사들이 유통까지 확장했기에 제조사들의 영향력이 훨씬 강했다. 이러한 상황에서 이마트가 상품을 저렴하게 공급해 달라고 해봤자 자사의 대리점 유통망을 무너뜨리는 결과가 되기에 받아줄 리가 없었다. 이때 이마트가 선택한 방법은 대리점에서 상품을 대량으로 구입해 이윤 없이 판매하는 것이었다.[9]

이 방법으로 소비자를 충분히 끌어모은다면 바잉 파워를 얻게 되고 이를 통해 제조사와의 협상에서 유리한 위치를 차지할 수 있기 때문이다. 플랫폼들이 가입자와 이용자를 최대한 많이 유치하기 위해 적자와 비용을 감수하던 모습과 비슷하다.

제조사들은 이때 이마트에 상품을 팔지도 않았는데 이마트가 가격을 파괴해가며 팔던 것에 놀라 대리점 단속에 나섰다. 하지만 대리점 입장에선 이마트가 대량으로 물건을 구매해가니 수익에 큰 도움이 되었고, 본사의 단속에도 불구하고 이마트로 물건을 유통했다. 결국 이러한 과정이 반복되면서 이마트가 파괴적인 구매력과 집객력을 갖추었다는 것이 입증되었고 미국에서 월마트가 그랬듯이 제조사에 대해 상당한 협상력을 얻을 수 있었다.

신세계는 이렇게 매장 2곳에서 큰 성공을 거두는 한편, 코스트코와 기술 제휴를 통해 1994년 10월 서울 양평동에 프라이스클럽 (1993년에 코스트코와 합병한 창고형 회원제 할인마트)을 오픈한다. 이곳이 지금도 굳건하게 영업 중인 코스트코 양평점이다. 당시 신세계는 국내 상품 위주의 할인마트인 이마트와 해외 상품 위주의 회원제 할인마트인 프라이스클럽으로 이원화를 통해 국내 유통 시장을 개척할 계획이었다. 그리고 프라이스클럽도 매우 성공적이어서 1995년에 전 세계 프라이스클럽 점포 중 매출 3위를 차지할 정도로 큰 인기를 얻는다.[10]

신세계의 프라이스클럽 도입은 단순히 회원제 창고형 할인마트를 국내에 들여왔다는 것 이상의 의미가 있었다. 이마트 창동점이 오픈할 때만 하더라도 이마트는 창고형 할인마트의 모습에 가까웠다. 하지만 프라이스클럽을 오픈하면서 프라이스클럽과 이마트를 차별화할 필요가 있었다.

이 때문에 이마트의 경우는 국내 소비자에 맞춰 상품 진열 방식을 바꾸고 마트 직원들을 배치하면서 속칭 '한국형 할인마트'로 그 모양을 잡아나가기 시작한 것이다. 이후 외국계 마트와의 경쟁에서 이마트가 제시한 모델이 국내에서 큰 성공을 거뒀던 것을 생각하면 매우 적절한 변신이라고 할 수 있었다.

신세계의 이마트와 프라이스클럽이 성공적으로 자리를 잡자 경쟁 업체도 하나둘 국내 유통 시장 진입을 결정했다. 그중에 가장 먼저 두각을 드러낸 곳은 뉴코아백화점에서 만든 킴스클럽이었다. 지금이야 이랜드에 인수된 이 뉴코아를 아무도 신세계백화점과 비교하지 않지만 당시만 하더라도 매출 규모에서 신세계를 턱밑까지 추격했다. 게다가 1996년엔 매출 기준으로 신세계와 현대를 추월하고 백화점 업계 2위에 올랐을 정도의 신흥 강자였다. 그렇기에 킴스클럽은 신세계 입장에선 처음으로 만난 맞수였다.

킴스클럽도 초창기엔 이마트와 동일한 시행착오를 겪었다. 킴스클럽에 납품하려는 업체가 없었던 것이다. 이에 관한 일화가 있다. 처음에 킴스클럽이 롯데, 해태, 크라운, 오리온 등 4개 제과 업체에 과자를 싸게 납품해달라고 요청했지만 채산성을 맞출 수 없다는 이유로 거부당했다. 그래서 킴스클럽은 어쩔 수 없이 미국, 네덜란드, 벨기에의 수입 과자를 디스플레이했더니 오히려 소비자에게 큰 인기를 얻었다. 그래서 결국 국내 제과 업체들도 그냥 방관하다간 시장을 다 빼앗기겠다는 위기의식을 느끼고 킴스클럽에 납품을 시작했다.[11] 시장의 권력이 제조사에서 유통사로 이동하고 있다는 것을 보여준 상징적인 사건이었다.

킴스클럽은 이름에서 알 수 있듯이 월마트의 회원제 할인점인 샘스클럽을 모티브로 삼은 곳이다. 연회비를 3만 원으로 책정했는데, 이는 당시 신세계의 프라이스클럽과 동일한 금액이었다. 즉,

직접적인 경쟁자는 프라이스클럽이었다.

킴스클럽의 기세는 엄청났다. 오픈 직전까지 유료 회원 수는 8천 명에 불과했지만 오픈 후 11개월 만에 30만 명을 돌파할 정도로 가파른 성장세를 기록했다. 이러한 현상은 뉴코아그룹 김의철 회장의 모험 수 덕분이다. 프라이스클럽을 초기에 제압하기 위해 시험 운영 기간도 충분히 거치지 않고 곧바로 여러 개의 점포를 잇따라 오픈한 작전이 시장에 먹혔던 것이다. 프라이스클럽이 2호점을 개점하기까지 2년 9개월이 걸렸던 것을 감안하면 매우 큰 차이다. 이는 모기업인 뉴코아백화점이 단기간에 신세계와 현대를 매출 규모 면에서 따라잡을 수 있었던 비결이기도 했다.

결국 확장세가 느렸던 프라이스클럽을 여유롭게 추월한 킴스클럽은 경쟁 타깃을 이마트로 바꾸게 된다. 원래의 회원제에서 비회원도 입장 가능하게 정책을 변경하는 대신 회원들에겐 10퍼센트 더 할인해주는 쪽으로 혜택을 바꾼 것이 경쟁 타깃 변경에 따른 영업 전략의 변화였다.

공격적인 확장의 결과 1996년에 이마트가 점포 4곳을 운영할 때 킴스클럽은 11곳을 넘겼고 소비자 인지도에서도 24.7퍼센트로 이마트(17.8퍼센트)와 차이를 벌리면서 2년도 안 돼 추월할 수 있었다.[12] 이 차이는 매출에 그대로 반영이 되어 1997년 상반기 기준 킴스클럽은 3,391억 원을 기록하면서 이마트의 2,753억 원을 넘어 1위를 차지한다.[13]

　　하지만 킴스클럽의 고속 성장엔 또 다른 이유가 있었다. 유통에서의 확장엔 막대한 현금이 투입된다. 지금의 유통과 물류 유니콘들이야 온라인 사업을 기본으로 둔 채 막대한 투자금과 계획된 적자를 기반으로 하기에 이 부분이 문제가 될 일이 적다. 하지만 과거의 기업들은 지금처럼 막대한 투자금을 받을 일이 없었기에 계열사의 지원과 차입이 없다면 매우 느리게 확장할 수밖에 없다.

　　뉴코아그룹 김의철 회장이 선택한 방법은 바로 차입이었다. 새로운 매장을 낸 다음에 그 매장을 담보로 하여 돈을 빌리고 그 돈으로 다시 매장을 낸 후에 다시 차입을 하는 확장, 일명 '대우그룹식 확장'이다. 뉴코아 백화점과 킴스클럽이 고속 성장할 수 있었던 것은 바로 이러한 시스템 덕분이었다.

　　연쇄 차입을 통해 규모를 키우고 이 규모로 충분한 경쟁력을 확보한 후에 여기서 발생하는 현금 흐름으로 부채를 갚는 것은 성장의 방식으로선 아주 효과적이었다. 하지만 이러한 방식은 외부의 충격에 매우 취약하다는 단점이 있다. 모두가 알다시피 연쇄 차입의 구조상 하나가 무너지면 연쇄적으로 상환 요청이 들어오게 되어 있기 때문이다. 그리고 1997년 11월에 시작된 외환위기의 여파로 뉴코아그룹은 결국 부도를 맞게 된다.

　　킴스클럽이 추억 속의 할인점으로 물러난 시점도 바로 이때부터다. 모기업의 부도로 인해 납품 업체들이 납품을 꺼리고, 소비자도 부도난 기업에서 물품을 사려 하지 않는다. 거기다 1996년부터 시작된 외국계 할인마트의 진출, 농협 하나로클럽(현 하나로마트)의 부상으로 경쟁 업체가 점점 늘어나면서 킴스클럽의 집객력과 구매력은 더욱 하락할 수밖에 없었다.[14] 그 때문에 단기간에 가장 큰 두각을 드러내고도 결국엔 경쟁의 무대 뒤편으로 물러나게 된 것이다.

지금도 단기간의 고성장은 언론과 사람들의 관심거리가 된다. 하지만 킴스클럽의 사례는 외형적인 성장과 단기적인 현상에 열광하는 것이 얼마나 무의미한 일인지를 알려준다. 경쟁은 요기 베라의 유명한 말처럼 끝날 때까지 끝난 것이 아니다.

유통 공룡의 등장

킴스클럽이 무너진 자리를 채운 것은 1996년 6월에 국내에 처음 진출한 까르푸였다. 까르푸는 부천 중동에 첫 매장을 내고 11월에 일산과 대전 둔산에 연이어 점포를 오픈하며 적극적인 확장을 시도했다. 당시 까르푸는 월마트에 이어 전 세계 마트 시장 점유율 2위의 업체였고 현금 동원력도 국내 기업들에 비할 바 없이 높았다. 이마트도 점포를 4~5곳 운영하던 시절이라 까르푸의 빠른 확장세는 이마트에 직접적인 위협이 되었다.

다만 까르푸는 첫 단추를 잘못 끼웠다. 까르푸의 본사인 프랑스식 운영과 경험대로 국내에서 점포를 내다 보니 매장의 상품 구성이 식품 20퍼센트, 비식품 80퍼센트로 짜인 것이다. 하지만 매출 비율에선 50 대 50으로 식품 매장이 엄청난 실적을 기록했다.[15] 이 마트나 킴스클럽이 식품 구성을 50퍼센트까지 높게 잡은 것과 비교하면 그만큼 충분히 더 낼 수 있었던 잠재 매출을 내지 못한 셈이다.

1998년에 더 큰 문제가 벌어진다. 외환위기가 터지면서 외국 브랜드와 외국 상품에 대한 소비자의 저항감이 높아졌다. 실제로 1998년 초에 공공기관과 소비자 단체가 '국산차 마시기 운동'과 커피 불매 운동을 벌이면서 동서식품과 기타 커피 업체들이 커피가 수출품임을 강조하고 국산차도 따지고 보면 원산지 측면에서 수입품이라는 사실을 어필했다.[16]

까르푸 또한 소비자가 '까르푸에서 물건을 사면 외화가 빠져나간다'라며 발길을 돌렸고, 애국을 위해 까르푸 대신 국내 업체를 이용해야 한다는 주장이 횡행했다. 그래서 까르푸도 'Carrefour'라고 적힌 간판 대신 '한국 까르푸'라는 새 간판을 올리고 직원들도 명함을 새로 파는 등 변화를 꾀했다.[17]

그런데 설상가상으로 한국 까르푸 경영진들이 국내 투자금의 일부인 약 340억 원을 비자금으로 만들어 해외 밀반출한 일이 적발되는 대형 사건이 터진다. 한 푼이라도 아쉬운 외화를 국내에서 빼가려던 행위가 적발되었으니 그간 소비자 사이에서 소문으로만 떠돌던 외화가 빠져나간다는 이야기가 사실로 확인된 범죄 사건이었다. 이 사건에서 까르푸 측은 밀반출 금액을 전액 회수하고 국내 투자액을 늘리기로 약속하면서 추가적인 수사를 막았으나 이 사건으로 인해 국내에서 까르푸에 대한 반감은 극에 달했다.[18]

까르푸는 브랜드 이미지에 큰 타격을 입고 국내 경영진을 해고하고 사후 수습하느라 귀한 시간을 날리면서 당시 오픈 예정이었던 점포 5곳 중 겨우 2곳만 내는 데 그친다. 그리고 이러한 일은 까르푸의 경쟁사인 월마트에서도 벌어진다.

월마트는 1996년에 국내에 진출했던 네덜란드계 회원제 할인 마트 업체 한국 마크로를 인수하며 1998년에 첫 영업을 개시한다. 원래는 킴스클럽을 인수하려고 했으나 가격 차이로 협상에 실패하면서 마크로를 대신 인수한 것이었다. 그런데 정작 한국에 진출하고서도 월마트란 상표를 쓸 수 없는 문제가 터진다.

당시 국내에선 월마트란 상표권을 경원엔터프라이즈라는 의약품 원료·생수 업체가 1990년에 신청해 보유 중이었고 월마트란 이름의 슈퍼마켓 하나를 인천에서 운영하고 있었다. 게다가 단순히 한국어로 월마트란 상표를 보유한 것이 아니라 영문명과 월마트 특유의 중간에 별이 들어간 상표까지 모조리 신청해서 보유한 상태였다. 본래의 월마트와는 전혀 관계도 없는 기업이 월마트란 상표권을 가지고 슈퍼마켓을 운영했던 이유가 기가 막힌다. 해당 기업의 대표가 '월마트의 국내 시장 진입을 막고 취약한 국내 유통 시장 보호를 위해서 취득했다'라고 밝혔기 때문이다.[19]

정말로 월마트의 진입을 막기 위해 상표권을 신청한 것인지, 아니면 다른 진짜 이유가 있는지는 알 수 없다. 하지만 이 상표권 소송으로 인해 월마트는 1998년에 진출을 하고도 자사의 상표를 월마트라고 할 수 없는 상황이 1년간 지속되었다. 그동안은 계속 마크로란 상표명을 써야 했다.[20]

그래서 소비자 입장에선 신문상에선 월마트가 진출했다는 소식을 접했는데 실제로는 월마트를 찾을 수 없는 일이 벌어졌다. 브랜드 안착에 초기 시간이 얼마나 중요한지를 고려하면, 경원엔터프라이즈란 기업은 이마트를 위해 성공적으로 시간을 벌어줬던 셈이다.

현지화 실패가 실패의 진짜 이유일까?

그렇다면 이 와중에 신세계와 이마트는 무엇을 했을까? 1997년 말에 점포 10곳을 운영 중이던 이마트엔 까르푸와 곧 진입할 월마트가 강력한 위협이 되는 상황이었다. 1998년 5월, 신세계는 프라이스클럽을 미국 코스트코 본사에 매각하고 이마트에 집중하기로 결정한다.

매각액은 총 1억 달러로 당시 환율을 기준으로 하면 약 1,400억 원에 해당하는 금액이었다. 그리고 이 자금을 바탕으로 당시 전국 주요 상권의 핵심 부지를 사들였다.[21] 외환위기로 인해 부동산 가격이 폭락했던 상황이고, 특히 상업용 건물과 용지의 경우 많은 기업이 부도를 맞으며 더 크게 하락했던 때다. 덕분에 좋은 입지의 땅을 저렴하게 매입할 기회가 되었고 당시 신세계는 이 기회를 매우 적절하게 활용했다.

까르푸와 월마트가 정체를 겪던 와중에 실행한 신세계의 이 부지 매입은 사실상 경쟁의 판도를 이마트의 승리로 굳히기에 충분했다.

유통은 규모의 경쟁이다. 매장이 많다는 것은 그만큼 더 많은 소비자를 매장으로 끌어들일 수 있고, 그만큼 더 많은 매출이 발생한다는 것을 의미한다. 고객 수와 매출 규모가 크면 클수록 제조사들과 납품 계약을 맺기에 더 유리해진다. 한국 소비자가 중요시하는 신선 식품의 경우에도 확실하게 많은 수요량을 바탕으로 농가와 재배 계약을 맺고 안정적으로 상품을 공급받을 수 있기에 가격 경쟁력에서 우위를 확보했다.

경제학에서는 이러한 경쟁 상황을 베르트랑 모형으로 분석한다. 쉽게 이야기하자면 파는 상품이 서로 간에 거의 차이 나지 않는 과점 시장에선 극한의 가격 경쟁이 발생한다는 내용이다. 공교롭게도 초기 대형 마트의 경쟁이 여기에 딱 들어맞는다. 유통업이라는 특성상 서로가 취급하는 상품에서 사실상 질적 차이가 거의 없고 서로 가격표를 감시하면서 실시간으로 가격 경쟁을 하다 보니 소비자도 최저가를 중요시하는 것이다. 실제로 월마트를 비롯한 대형 마트들이 최저가 경쟁을 벌였던 사실을 생각하면 이해하기 쉽다.

이러한 상황에서 이마트는 규모를 통해 상품 도입 단가를 더 낮출 수 있었던 만큼 경쟁사들과 비교해서 수익을 내기에 더 유리한 위치에 서게 된다. 실제로 1999년에 이마트는 점포 20곳에 매입해둔 부지만 수십 곳이 있었고 까르푸는 점포 11곳에 매입 부지 10여 곳, 월마트는 점포 5곳에 매입 부지 4곳 정도로 큰 격차를 보였다. 결국 이 차이가 경쟁의 차이로 이어진 것이다.

거대 외국계 기업들이 우리나라에서 열세를 면치 못한 원인을 이야기할 때면 현지화 실패를 반드시 꼽곤 한다. 예를 들어 앞서 언급했던 식품 매장의 낮은 비중이나 특별히 소비자를 도와주지 않는 서비스와 같은 운영 방식 등이 그러한데, 종종 언급되는 '까다로운 한국 소비자의 요구를 맞추지 못한 것'이란 표현도 사실 블랙컨슈머 문제를 에둘러 표현한 것이다.

지금이야 블랙컨슈머 문제가 배달 앱이나 다양한 자영업자들 사이에서 논란이 되지만 당시엔 블랙컨슈머란 말 자체가 통용되지 않던 시절이다. '코스트코 양파 거지' '이케아 연필 거지'란 블랙컨슈머에 대한 비하적 표현이 등장한 것이 그리 오래되지 않았다는 걸 생각해보자. 지금도 우리나라 기업들은 블랙컨슈머의 요구를 뒷말 나오지 않게 대충 들어주고 조용히 넘어가는 경향이 없지 않다. 외국계 기업들이 이를 잘 응대했으리라고 기대하긴 어렵다.

한 예로 2000년에 신문에 실린 한 독자 기고 코너에선 까르푸가 고객 만족에 소홀하고 친절하지 않단 내용의 기사가 있었다. 그런데 그 내용이 지금의 시각에서 보자면 황당하다.

소비자가 까르푸에 가서 수박을 샀는데 상해서 다음 날 환불을 하러 갔다. 까르푸가 환불해줬는데, 그 과정에서 불친절하다고 느꼈다는 것이다. 이유는 '내가 수박을 들고 간 노동력은 보상하지 않더라도 적어도 차비는 보상해줘야 할 거 아니냐'였다. 환불만 해주는 것은 고객 입장에서 만족할 만한 친절이 아니란 얘기다.

이러다 보니 이마트와 같은 국내 마트보다 좋은 평가를 듣긴 힘들었고 이것이 매출에 영향을 주기도 했다. 하지만 이러한 현지화 실패는 매출에 부정적인 영향을 약간 끼쳤을 뿐 경쟁의 판도를 결정지은 요인이라고 보긴 어렵다. 앞서 언급했던 것처럼 이마트가 매장 부지 확보에 나서고 까르푸와 월마트가 그렇게 하지 못했을 때 이미 경쟁의 추는 이마트로 기운 상황이었다.

까르푸와 월마트에 부정적인 요인은 하나 더 있었다. 2001년에 시행된 백화점과 대형 마트의 셔틀버스 운행금지법이다. 까르푸와 월마트는 각각 프랑스와 미국에서 하던 대로 임대료가 저렴한 도시 외곽에 매장을 내는 방식으로 운영을 해왔다. 하지만 우리나라에선 선진국 대비 자동차 이용량이 많지 않고 필요한 식료품을 그때그때 마트에 가서 구매하는 것이 소비 패턴이었기에 대중교통 접근성이 중요했다. 이 부분을 해결해주던 것이 바로 셔틀버스였다. 마트 업계도 셔틀버스를 운영하면서 접근성 부분을 해결할 수 있었는데 이 방법이 2001년부터 차단됨에 따라 사실상 도시 외곽에 입지를 둔 점포는 접근성이라는 문제점을 고스란히 떠안을 수밖에 없었다.

이는 특히 까르푸와 월마트에 더욱 불리한 요소로 작용했다. 이마트를 비롯한 홈플러스와 롯데마트 등은 도심과 주요 주거 단지를 중심으로 매장을 출점한 데 반해 까르푸와 월마트는 외곽 지역에 매장이 많았기 때문이다. 당연히 경쟁자 대비 매출에 직접적인 타격이 발생하므로 이를 극복하기란 쉽지 않게 된다.

더군다나 도시와 주요 주거 단지를 중심으로 출점할 경우 비용이 급증한다. 이는 점점 벌어지는 격차와 맞물려 가격 경쟁력을 갈수록 상실하게 만드는 원인이 되므로 격차를 극복하는 것은 더욱 어려워진다. 이것이 사실상 외국계 마트의 국내 시장에서의 운명을 결정지은 마지막 방아쇠라고 보아도 무방한 이유다.

이렇게 까르푸와 월마트가 발이 묶이면서 이마트는 크게 앞서나가기 시작했고 또 다른 경쟁 업체도 두각을 드러내기 시작한다. 바로 홈플러스와 롯데마트였다.

홈플러스, 롯데마트

홈플러스의 시작은 1997년 삼성물산에서 대구에 매장을 내며 비롯되었다. 당시 삼성물산에선 유통업이 새로운 성장산업이 될 거라고 판단했다. 그래서 백화점에서 삼성플라자, 대형 마트에서 홈플러스라는 2개 축으로 유통 산업을 양성하고자 시도했다. 하지만 시점에서 알 수 있듯이 외환위기가 터지면서 그룹 차원에서 구조조정을 시행한다. 그리고 삼성물산의 유통 부문도 같이 정리 대상에 넣었다. 홈플러스의 하루 매출이 경쟁사 대비 30퍼센트 정도에 불과했기 때문이었다.

이때 홈플러스를 인수한 곳이 바로 영국의 테스코였다. 당시 까르푸에 이어 세계 3위 업체였던 테스코는 1999년에 홈플러스의 지분을 인수하면서 한국 진출을 시도했다. 진출 시기 자체는 경쟁업체보다 꽤 늦은 편이었지만 테스코는 반면교사를 잘 활용했다. 비식품 중심이던 월마트나 까르푸와 달리 이마트처럼 식품을 중심으로 매장을 구성하고 한국에서 굳이 잘 알지도 못하는 자사 브랜드를 강조하기보다 잘 알려진 한국 브랜드를 살리는 쪽으로 방향을 잡는다.

그래서 홈플러스를 인수한 뒤에도 테스코로 이름을 바꾸지 않고 삼성테스코 홈플러스란 이름으로 운영한 것이다. 삼성이 테스코에 홈플러스를 매각하긴 했어도 2011년까지 지분 1퍼센트는 남겨두고 있었기에 가능했던 조건이기도 했다.

이렇게 테스코 체제로 홈플러스가 새롭게 출발하긴 했지만 갈 길이 아주 멀었다. 경쟁자가 팔지 않는 상품을 파는 방식 등으로 차별화하지 않는 이상 마트의 유통 경쟁은 가격 경쟁이 될 수밖에 없는 법인데, 규모와 가격 경쟁력을 모두 확보한 이마트와 경쟁하긴 쉽지 않기 때문이다. 본사의 자금력 자체는 테스코가 이마트와 비교되지 않을 정도로 컸지만 애초에 한국 시장에만 그 자금을 쓸 수는 없을뿐더러 이미 격차가 벌어진 상황에선 투자가 큰 의미가 없다는 것을 까르푸와 월마트가 증명한 상태였다.

후발주자 홈플러스가 선보인 차별화 포인트는 바로 문화센터였다. 문화센터는 원래 백화점 업계에서 운영하던 것이었고 대형 마트 업계에선 이마트가 분당점에서 첫선을 보인 바 있다. 하지만 홈플러스만큼 본격적으로 문화센터를 활용한 곳은 없었다. 1999년부터 모든 매장에 문화센터를 운영하면서 이전까지 백화점 같은 고급 쇼핑센터에만 있었던 문화센터의 문턱을 크게 낮췄다.[22] 덕분에 홈플러스는 단순히 상품을 파는 곳이 아니라 마트가 입점한 지역과 밀착된 곳이 될 수 있었다.

이 차별화 전략은 엄청난 성공으로 이어졌다. 대형 마트 업계는 그간 늘 '백화점 같은 서비스'를 강조해왔지만, 홈플러스는 정말로 백화점 같은 서비스를 제공했기 때문이다. 덕분에 소비자들은 높은 충성도를 가지고 홈플러스를 방문하고 이용했고, 2005년에 홈플러스 문화센터 회원이 100만 명을 돌파할 정도로 성공을 거둔다. 이게 얼마나 효과적이었는지 영국 테스코 본사에서도 문화센터 운영 방식을 도입했을 정도였다.[23]

또한 초기에 서울 수도권에 매장을 낸 것이 아니라 상대적으로 경쟁 강도가 약한 대구, 부산, 경상도를 중심으로 출점한 것도 홈플러스의 안착에 큰 도움이 되었다. 이는 다른 경쟁 업체들과 직접 맞부딪히지 않고 높은 수익을 내면서 안정적으로 성장할 수 있는 요인이 되었다. 덕분에 테스코 체제 3년 만인 2002년에 까르푸와 월마트의 침체와 맞물려 매출 2조 원을 기록하며 업계 2위로 도약할 수 있었다.

이뿐 아니라 홈플러스는 지금은 마트 업계의 표준이 된 마케팅을 다양하게 시행했다. 현재는 대형 마트 입구에서 초고속인터넷, 보험, 여행상품 등을 파는 것이 낯설지 않은 풍경이다. 이 개념을 국내 최초로 채택한 곳이 홈플러스였다. 마트가 유형의 상품을 파는 공간이므로 무형의 상품 또한 취급할 수 있다는 테스코 본사의 경영 방식으로 인해 도입된 모델이다.

지금은 익숙한 무인 계산대도 마찬가지다. 이를 최초로 채택한 곳은 부산에서 주로 영업하던 메가마트였지만 대형 업체 중에선 홈플러스가 이를 최초로 받아들이고 시행했다.[24] 이러한 시도들 덕분에 매장 수에선 이마트에 열세였지만 매장당 매출에선 이마트를 앞서며 업계 2위로 이마트를 추격할 수 있었다.

홈플러스와 마찬가지로 2000년대 들어 두각을 드러낸 곳은 롯데마트였다. 롯데마트는 1998년에 롯데마그넷이란 이름으로 문을 열었다. 마그넷이란 이름은 고객을 자석처럼 끌어모은다는 의미로

붙인 것으로 알려졌다. 사실 1990년대에 백화점 업계에서 2, 3위 경쟁자들과 비교해 매출이 두 배에 달했을 정도로 큰 차이를 보였던 유통 공룡 기업이 롯데였던 것을 고려하면 대형 마트 업계 진출은 상당히 늦은 편이다. 이는 롯데가 대형 마트 시장을 신세계와 뉴코아가 선점했다고 판단하여 진입을 포기했었기 때문이다.[25]

하지만 외환위기로 뉴코아가 무너지고 전국에서 유통 업체들의 부도가 속출하자 롯데의 노선이 바뀐다. 시장이 급변하는 바로 그때가 시장 진입의 적기라는 판단을 내린 것이다. 그래서 강변에 매장을 내면서 뉴코아의 매장 중 일부를 사들이는 등 인수를 통한 방식으로 시장에 뛰어든다.

당시 롯데는 마그넷을 백화점처럼 운영했다. 예를 들어 백화점이 시즌마다 세일을 하는 것처럼 정기 세일을 한다든가, 마일리지 제도를 운영하면서 포인트 적립 실적에 따라 백화점 상품권이나 TV 같은 사은품을 준다든가, 신문 광고를 대대적으로 하는 등의 방법을 적용했다.

하지만 이러한 방법은 그리 성공적이지 못했다. 백화점과 대형 마트는 소비자가 다르고 소비 패턴도 달라서 백화점의 방식을 그대로 적용하는 것으로는 제대로 된 효과를 얻기가 힘들었던 것이다. 대표적인 것이 신문 광고로, 백화점이야 전국 광고를 통해 품목별 할인율을 어필하는 방법이 가능했지만 마트의 경우 매장마다 도입 단가와 비용 구조가 조금씩 다르기 때문에 지역 단위별로 전단지를 돌리며 판매를 하는 게 유리했다. 이 차이로 인해 당시 롯데마트의 영업과 마케팅 방식은 백화점이 보인 우월함에 비해 마트에선 다소 지지부진했다.

그럼에도 불구하고 롯데백화점의 존재가 뒤에 있다 보니 롯데백화점과 연계한 카드와 이벤트, 모기업의 강력한 자금 지원이 더해지면서 경쟁력을 확보해갔다. 이것이 잘 맞물려 2000년대 초반 쇠퇴하기 시작한 까르푸와 월마트를 밀어내고 3위로 도약할 수 있었다.

대형 마트 전성 시대

2000년대 중반까지 까르푸와 홈플러스는 각기 나름대로 최선을 다했다. 까르푸는 롯데마트와 3위 경쟁을 벌이면서 안정적인 수익을 내고 있었고 2005년까지 의욕적으로 계속 확장을 시도했다. 그렇기에 2006년의 까르푸 철수는 당시 소비자에게 갑작스러운 뉴스였다. 하지만 이는 '3위 안에 들지 못한 지역은 사업을 정리한다'라는 본사의 방침에 따른 것으로, 2006년 이랜드 그룹이 사들이며 홈에버란 이름으로 바뀐다. 규모나 운영 성적은 나쁘지 않았기에 매각금액이 1조 4,800억 원으로 책정되면서 한국에 투자한 금액 대비 이상의 차액을 거두었다.

월마트 역시 최선을 다했다. 다만 까르푸보다 확장에 대한 적극성이 많이 떨어진 점이 발목을 붙잡는다. 특히 2003년 내수 시장 불황 당시에 미국에서의 경험으로 인해 매장 확장을 자제하고 안정 운영을 시도하다가 투자 확장 시기를 놓치면서 5위로 추락하고 만다. 점포 수를 보자면 월마트는 2005년에 16곳으로 이마트 73곳, 홈플러스 49곳, 롯데마트 42곳, 까르푸 31곳에 비해 큰 폭으로 뒤처진 상태였다. 앞서도 강조했듯이 유통에서 규모가 중요하다는 점을 생각하면 사실상 경쟁에서 밀려난 것이나 다름없었다.

활력을 잃은 월마트를 2006년에 이마트가 인수한다. 월마트는 원래 한국 철수 계획이 없었다고 알려져 있다. 하지만 후발주자들의 강력한 추격을 본 이마트가 까르푸나 월마트 중 하나를 인수하기로 결정하고 월마트 인수에 8,250억 원을 제시하면서 철수를 결정했다.

이마트 입장에서는 인수를 통해 후발주자와의 격차를 벌릴 수 있는 묘수였다. 당시 홈플러스 역시 다른 대형 마트의 인수를 시도하고 있었던 것으로 알려져 있는데 만약 홈플러스가 월마트를 인수했다면 홈플러스는 이마트와의 격차를 크게 좁힐 수 있었던 상황이었다. 하지만 이마트가 월마트를 인수하면서 격차를 더 벌렸고 우위와 경쟁력을 유지할 수 있었다.

그럼에도 불구하고 홈플러스는 꾸준히 이마트를 추격했다. 그리고 2008년 들어 자금난을 겪던 이랜드가 비정규직 문제로 골머리를 앓고 있던 홈에버를 내놓자, 재빠르게 9,500억 원에 인수하면서 격차를 더욱 좁혔다. 또한 SSMSuper Supermarket 시장에 새롭게 진출하며 홈플러스 익스프레스로 돌풍을 일으켜 마트뿐 아니라 유통 시장 전체에서 신세계와의 격차를 좁혀나갔다. 덕분에 2008년에 두 브랜드의 점유율은 각각 34퍼센트와 28퍼센트로 그 격차가 6퍼센트 포인트로 좁혀졌다. 또한 2010년에 이마트와 홈플러스의 매출은 12조 원과 10조 원으로 턱밑까지 추격했다.

롯데마트도 가만히 있지 않았다. 토이저러스와 계약을 맺고 구로점에 숍인숍 개념으로 체험형 완구 매장을 출시한 것이다. 이를 통해 매장에 따른 특성화로 차별화를 추구했다. 실제로 이마트가 2010년 초반에 뒤늦게 완구 코너를 확충하기 시작했음을 감안하면 롯데마트의 방향 설정과 움직임은 재빨랐다고 할 수 있다. 또한 2009년엔 마트 업계에서 최초로 전자 가전제품을 체험하고 구매할 수 있는 체험형 매장을 열었다.[26] 특성화 매장의 또 다른 형태로 지금은 일반화된 체험형 매장을 도입하면서 소비자에게 어필하려고 노력했다. 덕분에 롯데마트도 이마트, 홈플러스와는 다소 격차가 있긴 했으나 후발주자로서 잘 추격할 수 있었다.

대형 마트 vs. 영세 자영업자

2010년 이마트에선 매장에서 직접 구워 판매하는 대형 피자인 이마트피자를 출시한다. 가격은 1만 1,500원으로 당시 프랜차이즈

피자가 2만 원대였던 것을 생각하면 가히 파격적인 저가였다. 덕분에 소비자로부터 엄청난 반향을 일으켰다. 이에 롯데마트에선 치킨 한 마리를 5천 원이란 가격에 버킷으로 판매했다. 이것이 그 유명한 '통큰치킨'이다.

통큰치킨의 화제성은 실로 어마어마했다. 뉴스에까지 언급될 정도로 사회적인 현상을 만들어냈다. 하지만 다들 기억하다시피 통큰치킨은 엄청난 반발에 시달리며 일주일 만에 판매를 중단한다. 그 반발은 대기업이 영세 자영업자들의 영역을 침범한단 내용이었다.

당시 피자는 고가와 저가로 시장이 확연히 구분되어 있었고 피자 프랜차이즈들의 피자는 이마트의 피자와 차별화되어 있었기에 사실상 서로 겹치지 않았다. 이 때문에 이마트가 피자를 출시할 때는 주요 프랜차이즈 업체들이 크게 반응하지 않은 것이다. 하지만 치킨의 경우는 달랐다. 시장이 제대로 차별화되거나 구분되지 않았기 때문이다. 따라서 통큰치킨의 출시는 주요 대형 치킨 프랜차이즈들과 직접적으로 겹치는 문제가 발생했다.

주요 프랜차이즈들은 앞장서서 반발했고 언론을 통해 가맹점주들의 목소리를 널리 알렸다. 이 때문에 롯데마트의 통큰치킨은 엄청나게 큰 사회적 이슈가 되었다.

하지만 이 논란의 본질은 다른 데 있었다. '대형 마트가 동네 상권을 파괴하고 영세상인들을 죽인다'라는 시각이었다. 치킨은 동네 상권을 비롯해 영세 자영업자들과 직접 겹치는 영역이기 때문이었다.

그런데 이 문제는 우리의 생각보다 훨씬 더 복잡하다. 앞서 외국계 마트의 운명을 가른 대형 마트 셔틀버스 금지법은 대형 마트로 인해 고객이 찾아오지 않자 반발한 전통시장 상인들로 인해 등장한 법이었다.[27]

하지만 아이러니하게도 이 법안으로 인해 대형 마트는 도시 내부로 침투할 수 있는 실마리를 잡게 되었다. 고객을 불러들일 수 없다면 고객이 있는 곳에 자리하는 것이 가장 좋은 해결책이기 때문이다. 경쟁을 제약하기 위해 등장한 법안이 이후에 벌어질 더 직접적인 경쟁의 씨앗이 되었다는 점은 생각해볼 여지가 많다.

소비자의 후생이란 측면에서 이 문제를 바라보자면 사실 대형 마트를 규제해야 할 이유는 어디에도 없다. 소비자는 소득이 늘어나고 생활 수준이 개선된 만큼 더 좋은 환경과 더 다양한 상품을 원하기 때문이다. 이러한 맥락에서 보자면 대형 마트가 등장하고 수많은 소비자가 대형 마트로 몰리는 것은 지극히 자연스럽다. 소비자가 전통시장을 선택하지 않는 데에는 그 나름대로 이유가 있었다.

하지만 모든 작용에는 반작용이 따른다. 대형 마트가 일으킨 변화는 같은 시기 그 무엇보다도 혁신적이었다. 혁신으로 인해 파괴되는 구산업에서는 당연히 불만이 생길 수밖에 없었다. 이러한 상황에서 SSM의 등장은 이러한 논란에 말 그대로 기름을 부은 격이었다. 엄청난 수의 사람들이 이 엄청난 혁신으로 인해 일자리와 소득에 큰 타격을 받는 상황이 벌어졌고 그만큼 반발은 더욱 거세졌다. 결국 이것이 통큰치킨에서 불타올라 정치권에서까지 논의되는 문제로 번진 것이다.

이로 인해 마트 업계는 정치권과 전통시장 상인의 공공의 적이 되었다. 그래서 SSM 출점 금지와 마트 출점 제한, 영업시간 제한, 강제휴무제 실시라는 강력한 규제가 등장했다. 그리고 이 규제는 이명박 정부 때 처음 마련되었고 박근혜 정부와 문재인 정부를 거치면서 더욱 강화되었다. 이 때문에 2010년대 들어 대형 마트 시장은 완전히 정체 상태로 접어든다.

홈플러스는 원래 대형 마트 홈플러스와 SSM 홈플러스 익스프레스라는 이원화로 유통 시장을 공략할 복안을 세웠다. 하지만 이는 오히려 홈플러스에 악재로 작용했다. 출점 제한이 걸렸을 뿐만 아니라 소상공인의 반발도 거세게 불러왔기 때문이다. 발을 걸친 영역이 넓었기에 그만큼 집중 포화 대상이 된 것이다.

성장이 멈춘 문제를 해결하기 위해 홈플러스 365라는 이름으로 편의점 사업에도 진출하지만 정치권과 소상공인의 견제와 반발이 워낙 심해 점포를 쉽게 내지 못하면서 정체 상태로 접어든다. 매출과 영업 이익이 감소하며 홈플러스는 흔들리기 시작했다.

영업 이익이 줄어드니 2008년에 홈에버 인수를 위해 빌린 차입금 상환이 부담되기 시작했고 결국 상환을 위해 주요 알짜배기 점포와 물류센터를 매각하기에 이르렀다. 당장 급한 불은 껐지만, 홈플러스의 장기 성장성은 훼손되었고 성장 동력도 완전히 상실했다.[28] 여기에 개인정보 유출 사건이 터지면서 논란의 중심에 서고, 테스코 본사가 부정 회계 스캔들을 저지르면서 결국 홈플러스는 MBK 파트너스에 매각되고 말았다.

롯데마트도 홈플러스와 마찬가지로 2010년대 들어서 성장이 정체된다. 그렇지 않아도 이마트나 홈플러스보다 규모에서 뒤처졌는데 확장이 제한되자 할 수 있는 게 많지 않았다. 홈플러스와 마찬가지로 전통시장 및 소상공인과 부딪히면서 출점에 큰 어려움을 겪었다. 온갖 정치적 이슈에 휘말리는 악재에도 시달렸다. 게다가 이마트가 철수해 주도권을 잡아나가던 중국 시장마저도 사드 배치 논란으로 인해 중국의 한한령과 불매 운동에 시달리며 큰 타격을 입었다. 그 이후엔 반일 불매 운동으로 인해 국내 시장 역시 영업에 상당한 영향을 받았다.

대형 마트 유통 규제는 무엇을 남겼나?

이마트 역시 영업 제한에 타격을 입긴 마찬가지였다. 하지만 여러 경쟁사에 비해 긍정적인 측면이 적지 않았다. 규제로 경쟁이 제한된 만큼 추격을 걱정하지 않아도 되었고, 이마트 트레이더스 출범과 PB 상품 강화로 새로운 성장의 기회를 확보할 수 있었다. 그리고 트레이더스는 2010년대에 매년 두 자릿수 성장률을 기록하며 이마트의 새로운 성장 동력이 되었다. 덕분에 이마트, 홈플러스, 롯데마트의 매출은 각각 약 15조 원, 7조 원, 5조 7천억 원으로 크게 벌어진 상황이다.

사실 이 모든 논란과 경쟁들은 현재의 쿠팡을 생각하면 무슨 의미가 있을까 싶다. 2021년 쿠팡의 매출은 22조 원으로 이마트와 SSG닷컴을 합친 금액보다도 더 크다. 30년 전에 시작된 유통의 혁신은 대형 마트를 넘어서 이제 대형 마트조차 낡은 것으로 만들었다. 온라인 배송과 새벽 배송의 시대를 연 것이다.

이러한 와중에 대형 마트에 대한 유통 규제는 무엇을 남겼을까? 사실 경제학적 논리대로라면 대형 마트에 대한 규제는 불필요하며 소비자의 권리를 침해한 규제라고 볼 수 있다. 그러나 세상이 경제학적인 논리와 소비자의 권리만으로 돌아가진 않는다. 오히려 정치적 이해관계에 더 큰 영향을 받는 것이 일반적이다. 그에 따르면 대형 마트의 엄청난 혁신과 확장에 전통시장 상인들과 소상공인들이 위협을 느껴 반발하는 것도 당연한 일이다.

하지만 이 부분을 이해한다고 전제하더라도 과연 규제로 소상공인들을 어디까지 얼마나 오래 보호할 수 있는가는 논란이 있는 부분이다. 지난 10년이 넘는 시간 동안 분명 변화가 있긴 했지만 그 정도의 변화로 충분하다고 할 수 있는가에 대한 의문이 뒤따르기 때문이다. 시장에 몸을 담은 이상 그 규모가 작든 크든 우리는 모두 경쟁을 해야 한다. 누구도 예외가 될 순 없다. 소비자 입장에선 자신에게 더 좋고 편리한 것을 선택하게 되어 있다.

소비자의 권리와 이익에 대한 제한은 어디까지 허용해야 할까?

지금까지 살펴본 대형 마트 업계와는 좀 다른 사례가 있으니 바로 편의점 업계다. 1981년에 정부는 공정위를 출범하면서 공정거래법의 정착을 위해 유통산업의 육성과 현대화를 추구하기 시작했다.[29] 이는 당시 유통업이 다른 산업에 비해 매우 낙후되고 열악했기 때문이다. 1988년 당시 도소매업 종사자는 전체 고용 인구의 15.9퍼센트나 차지했지만 소매업의 97퍼센트가 10평 미만의 점포에 5명 미만의 종업원으로 운영되던 구멍가게의 형태에 머물렀다.[30]

편의점 산업은 바로 이런 낙후된 소매 유통업을 개선하려는 정책의 일환으로 정부에서 시장을 열어준 것이었다. 이에 따라 세븐일레븐을 비롯해 로손, 서클K, 미니스톱, 패밀리마트 등 미국과 일본의 편의점 브랜드들이 국내 기업들과 제휴를 맺고 진입할 수 있었다. 덕분에 당시 국내 소매 유통의 대부분이었던 구멍가게는 편의점으로 빠르게 대체되기 시작했다.

당시에도 이러한 구멍가게 대체 현상을 우려하는 기사가 나오지 않은 것은 아니다. 1991년 〈경향신문〉에서는 편의점이 주택 밀집 지역을 파고들면서 구멍가게들이 문을 닫는 현상에 대해 다뤘다.[31]

하지만 1990년대와 2000년대에 이르기까지 이러한 편의점의 대체 현상에 대한 반발은 적었다. 이는 우선 구멍가게나 동네의 작은 슈퍼 상인들은 조직화되지 않고 파편화되었기에 정치권이나 언론에 어필할 힘이 부족했기 때문이다. 그리고 정부에서는 유통 산업의 현대화와 발전이란 목표를 내세우고 있었으며 소비자들 역시 소매 유통이 개선되는 상황을 긍정적으로 받아들였기 때문이다.

여기서 생각을 해보자. 만약 구멍가게를 보호하기 위해 편의점의 확장을 제한했더라면 어떻게 되었을까? 상권 분석과 POS, 유통 관리와 경영 기법이 소매 유통에 도입되지 못했을 것이며, 지금은 일상이 된 콜드체인도 도입되지 못했을 것이다. 소비자 입장에서도 4캔 수입 맥주 행사와 삼각김밥, 편의점 도시락 등 다양한 소비자 취향과 편의에 맞춘 상품을 일상적으로 접할 수 없었을 것이다. 대형 마트 산업이라고 크게 다르다고 생각하지 않는다.

혁신은 구산업의 대체와 파괴를 부른다. 따라서 구산업의 보호는 그만큼 산업이 낙후된 상태를 유지한다는 것을 의미한다. 산업은 소비자의 선택과 이 선택을 받기 위한 경쟁을 통해 발전을 이루기 때문이다. 특히나 지금처럼 온라인 유통과 새벽 배송이란 또 다른 혁신이 등장한 상황에선 보호 자체가 무의미해진다.

전통시장 보호를 위해 밤 11시 이후의 온라인 주문을 제한할 것인가? 소상공인 보호를 위해 매주 일요일에 홈페이지를 닫거나 새벽 배송과 온라인 배송을 금지할 것인가? 그리고 이 모든 것이 소비자 후생을 감소시켜야 할 만한 일인가? 다른 산업이나 업종과 비교해 형평성의 문제는 없는가? 12년 전 통큰치킨이 남긴 논란은 2022년 현재 당당치킨으로 재점화되었다. 그때와 달리 더는 소비자들은 '소상공인 보호'라는 명분에 공감하지 못한다. 소상공인들이 여전히 자신들이 일방적으로 보호받아야 한다고 주장하며 규제 강화를 외치고 정치권이 이를 계속 받아들인다면 언젠가 소비자의 분노는 소상공인들에게 쏟아질 수밖에 없다.

또 다른 한편으로는 기업가 입장에서도 생각해야 할 부분이 있다. 언제나 혁신엔 구산업의 반발이 뒤따른다는 사실을 반드시 염두에 두어야 한다는 것이다. 기업가들은 자신이 추구하는 혁신에 취해 이 반발을 아예 없는 걸로 취급하는 경우가 많다. 모든 일이 정치·경제 논리로만 돌아가지 않는 만큼 정치적인 측면에서 이 반발을 최소화할 방안을 마련할 필요가 있다.

이를 고려하지 않은 채 세상이 '나의 혁신을 가로막는다'라고 주장하는 건 의미가 없다. 대형 마트 산업은 이 부분을 간과했기에 강력한 저항에 부딪혀 결국 멈추고 말았다. 다른 혁신 산업이라고 별반 다르지 않을 것이다.

현대는 새벽 배송을 비롯한 배달의 시대다. 쿠팡이나 마켓컬리, 배달의 민족 등이 과거 대형 마트가 주도했던 것과 같은 혁신을 주도하고 있다. 이들에겐 아직 본격적인 규제의 손길이 미치지 않았다. 하지만 이 상태가 언제까지 유지될 수 있을까?

쿠팡, 마켓컬리, 배달의 민족 같은 플랫폼에는 플랫폼 노동자 이슈가 항상 뒤따르고 있다. 이 문제가 본격적인 규제의 등장으로 이어진다면 이들 기업도 전에 없던 새로운 상황에서 경쟁해야 한다. 당장 배달의 민족과 쿠팡 이츠는 배달의 딜레마에 빠져 있다. 산업이 성장할수록 배달비가 오르고 소비자와 자영업자의 불만이 커지는 것이다.

시간이 지날수록 이 문제를 해결할 대안으로써 플랫폼에 대한 규제가 체계화될 가능성이 크다. 이러한 상황에서 혁신을 이야기해봤자 잘 통하지 않을 것이다

PART

5

—

성공의 이면

'전략'이란 단어만큼 문장을 멋지게 만드는 표현은 흔하지 않다. 우리가 하는 행동에 전략이란 단어를 붙이는 순간 남다른 깊이가 부여되기 때문이다. 심지어 점심 메뉴를 고르는 것마저 '전략적 메뉴 선택'이라고 하면 '오늘 뭐 먹지?'와 같은 가벼운 고민이 아니라 철저한 분석과 연구에 기반한 깊은 고민이 있었던 것 같은 착각이 들게 만든다. 이는 많은 사람이 전략이란 단어에 대해 가지는 환상 때문이다. 특히나 《삼국지》 같은 소설이나 전쟁 이야기를 통해 전략이란 단어를 접하는 경우가 많다 보니 그 환상은 더욱 공고해졌다. 가령 '전략으로 열세를 극복하고 승리했다'와 같은 문장에서 전략을 마법으로 바꿔도 말이 될 정도다.

전략은 문제 해결을 위해 어떤 행동을 취할지 결정하고 그렇게 결정한 행동을 위해 한정된 자원을 어디에 집중할지를 선택하는 솔루션에 가깝다. 이 때문에 언제나 승리하는 만능 전략이란 존재할 수 없으며 성공한 타인의 전략을 함부로 모방하는 것은 대단히 위험한 일이다. 주체마다 무엇을 문제로 인식하는지가 다르고 가진 자원과 환경, 상황이 다르기 때문이다.

이 때문에 전략은 특정 지역에서 자란 나무를 다른 지역으로 옮겨 심는 것과도 같다. 원래 자라던 지역과 유사한 환경이라면 옮겨 심어도 잘 자라겠지만 그렇지 않다면 금방 말라 죽을 것이다. 최선의 전략이 최악의 전략이 되기도 하는 것은 이런 이유 때문이다.

이 책에서 다양한 경쟁에 관해 다루는 것도 결국은 나와 유사한 상황과 조건에서 이뤄진 경쟁을 찾으면서 다양한 상황에서 벌어지는 경쟁을 미리 간접 경험해보고자 하는 것이다. 경쟁에서 상대방의 존재를 인식하고 그에 대응하는 것 또한 전략의 일환이기 때문이다.

이번 파트에선 기업의 전략적 선택에 대해 알아보고자 한다. 아울러 현재 한국 대기업 그룹에서 가장 큰 이슈가 되는 승계에 의한 오너 경영과 CEO 경영의 갈림길에 대해서도 다뤄보고자 한다.

동일한 전략,
전혀 다른 결과

브 랜 드   #카페베네 #써브웨이
_____

주 제 어   #프랜차이즈화 #양적 성장 전략

2010년대 초반 카페베네만큼 높이 올랐다가 급속히 추락한 사례
는 찾아보기 어렵다. 그 성공과 몰락이 너무나도 드라마틱했기 때
문에 세간의 이목을 끌었고 사례 연구로도 자주 활용되었다. 그렇
다면 과연 우리는 카페베네의 성공과 몰락의 원인에 대해 얼마만
큼 알고 있을까?

카페베네가 추구한 확장적 전략은 초기에 언론의 주목을 받았
고 성공의 표준 모델로도 박수갈채를 받았다. 하지만 지금은 모두
가 바로 그 확장 전략이 문제였다고 이야기한다. 카페베네는 매장
수가 상당히 많았다. 하지만 그 수에 비해 선호도가 높지 않은 브
랜드였다. 당시 소비자들이 어딜 가든 볼 수 있는 카페베네 매장을
두고 '바퀴베네'라는 멸칭으로 불렀다는 것이 이러한 사실을 방증
한다. 그렇기에 이러한 확장 전략에 대해 부정적인 인식을 갖는 것
은 당연한 일이기도 하다.

하지만 한편으로는 당시 상황상 확장적 전략 자체를 부정적으

로 보긴 어려운 점도 있다. 2000년대 후반은 커피 시장이 매년 폭발적으로 성장하고 있었던 때다. 이러한 상황에서 양적 확장을 통해 시장을 장악하고자 하는 시도는 매우 일반적인 전략이기 때문이다. 시장이 폭발적으로 성장하는 상황에선 스타트업이나 유니콘 기업들이 매년 막대한 적자를 감수하면서까지 양적 확장에 초점을 둔다는 점을 상기해보자.

게다가 이러한 확장 전략이 아주 효과적으로 먹혔던 사례도 존재한다. 바로 샌드위치 전문점인 써브웨이의 확장 전략이다. 프레드 데루카가 설립한 써브웨이는 확장 전략을 통해 샌드위치 시장을 장악하는 데 성공했다. 현재 써브웨이는 전 세계에 4만 개가 넘는 매장을 운영 중이다. 매장 수로 보면 맥도날드나 스타벅스를 훨씬 능가한다. 그렇다면 두 기업의 닮은 점은 무엇이고 다른 점은 무엇일까?

카페베네가 등장하기까지

카페베네의 설립자는 한식 프랜차이즈를 운영하던 김선권 대표다. 하지만 실무를 맡았던 이는 스타벅스 론칭 TFT에서 일하다 할리스를 오픈한 강훈 대표다. 이 둘이 만나면서 카페베네는 폭발적인 성장을 이루었다. 그렇다면 왜 두 대표는 카페베네를 운영하면서 확장 전략을 추구한 것일까? 이러한 배경을 이해하려면 카페베네의 창업자인 김선권 대표의 배경을 먼저 알아야 한다.

 우선 김선권 대표는 카페베네 이전에 프랜차이즈 사업으로 성공적인 사업가로 자리 잡은 사람이다. 그가 처음으로 성공을 거둔 사업은 오락실 사업이다. 우리나라에서 오락실은 1990년대까지 청소년 탈선의 온상으로 취급받았다. 아마 1990년대에 10대 시절을 보낸 이라면 어릴 적 오락실에 갔다가 돈을 빼앗긴 경험이 한두 번은 있을 것이다. 당시 오락실에서는 많은 현금이 오갔다. 이를 눈여겨본 사람이 김선권 대표였다.

 그는 오락실 사업이 대단한 현금 장사라는 사실을 눈치채고는 사업을 하기로 결정한다. 이때 기기 도입 비용을 줄이기 위해 일본에 간 것이 사업의 전환점이 되었다. 당시 우리나라의 오락실은 폐쇄적이고 어두운 곳이었지만 일본의 오락실은 밝고 개방적인 엔터테인먼트 공간이었다. 그래서 국내에도 이런 방식의 인테리어를 도입하여 새로운 오락실을 운영하기로 결정한다.

 전에 없던 새로운 오락실에 청소년이 몰리는 것은 당연한 일이었다. 고급화된 인테리어와 밝은 분위기, 최신형 게임과 기기는 많은 어린이와 청소년을 끌어들였고 곧바로 탄탄한 현금 수입원이 되었다. 이러한 운영방식이 통하는 것을 보자 김선권 대표는 곧바로 일본을 본따 오락실을 프랜차이즈 사업화했다. 그것이 바로 1997년에 탄생한 '화성침공'이다.

 화성침공은 당시 이례적일 정도로 주요 신문에 광고 공세를 펴

부었는데 시점이 외환위기와 맞물리면서 대단한 성공을 거두었다. 주 소비층이 상대적으로 경기변동을 타지 않는 청소년이었기 때문에 외환위기와는 무관하게 수입이 탄탄했다. 이 점이 당시 직장을 잃고 새로운 일거리를 찾던 중년층과 맞물려 200개가 훨씬 넘는 가맹점 확산으로 이어졌다.

하지만 오락실 프랜차이즈 사업엔 문제점이 하나 있었다. 그것은 가맹점 개점 시에만 수익이 발생할 뿐, 운영 시엔 본사가 수익을 거둘 수 있는 부분이 없다는 것이었다. 김선권 대표가 음식점 프랜차이즈화에 관심을 가지게 된 것은 바로 이런 이유 때문이었다. 음식점은 가맹점 개점 시에도 수익을 낼 수 있을 뿐만 아니라 식자재 유통 과정에서도 수익이 발생하기 때문이다. 이러한 생각을 바탕으로 김선권 대표가 제일 먼저 선택한 아이템이 바로 삼겹살이었다.

지금이야 삼겹살이 국민 외식 메뉴 중 하나로 자리 잡았지만 그 역사는 생각보다 길지 않다. 《대한민국 돼지산업사史》에 따르면 인분이나 잔반을 먹여 키우던 과거의 돼지는 사육 환경으로 인해 고기에서 냄새가 많이 났기 때문에 그다지 선호되지 않았다.[1] 돼지고기 요리에 생강과 마늘을 사용한 양념을 섞거나 된장과 향신채를 넣은 물에 고기를 익히는 수육이 돼지고기의 주요 조리 방법이었던 것만 보아도 돼지고기에서 나는 냄새가 얼마나 심했는지 잘 알 수 있다.

하지만 1970년대부터 현대적인 사육법과 배합사료의 보급으로 돼지고기의 품질이 급격하게 상승하기 시작했다. 이러한 사육 방식이 일반적으로 자리 잡는 1990년대 들어서서는 고기를 생으로 구워 먹어도 냄새가 나지 않게 되었다. 그 결과 1990년대에 삼겹살은 회식 메뉴이자 소고기 로스구이의 대체 메뉴로 떠오르면서 지금과 같은 인기를 얻게 된 것이다. 이러한 배경으로 인해 2000년대 초반까지도 삼겹살집은 동네 정육점이 직접 식당을 운영하거나 아니면 동네 정육점에서 고기를 받는 방식으로 운영되었다.

김선권 대표가 삼겹살의 프랜차이즈화를 시도할 수 있었던 것은 음식점 사장의 관점이 아니라 사업가의 관점으로 식당을 바라보았기 때문이다. 돈을 벌기 위해 프랜차이즈화가 가능할까 싶었던 오락실을 프랜차이즈화한 것처럼 똑같은 방식을 삼겹살집에 도입했던 것이다. 당시 김선권 대표가 프렌차이즈화한 삼겹살집은 식당이 조리를 담당하는 것이 아니라 손님이 고기를 불판에 굽는 방식이었다. 식당은 그저 삼겹살을 구울 공간과 불판을 제공하고 술과 쌈 야채를 서비스하는 것이 사업의 핵심이었다. 이 때문에 점주가 특별한 기술이나 경험이 없어도 오픈할 수 있는 업종이었고 이 낮은 진입장벽은 프랜차이즈로 가맹점주를 모집하는 데 매우 중요한 조건 중 하나가 되었다. 게다가 가맹점 모집을 통해 규모를 이룰 경우 고기를 가맹점 수만큼 대량으로 구매할 수 있어 구매

비용을 절감할 수 있고 이는 본사의 이익이 될 수 있었다.

김선권 대표는 이러한 시스템을 실현하기 위해 먼저 양재동에 있던 삼겹살닷컴이란 삼겹살집을 인수한다. 그가 이곳을 인수한 이유는 당시 강남에서 가장 유명한 삼겹살집이었기에 이곳의 명성과 거래처를 그대로 인수해 확장을 시도할 수 있었기 때문이다.[2] 그는 가맹사업을 하려면 일반 삼겹살집과는 다른 무언가가 필요하다는 판단에 따라 인테리어를 고급화하고 많은 광고를 내는 방식을 취했다. 오락실을 프랜차이즈화할 때와 동일한 방식을 삼겹살집에도 적용한 것이다. 가맹점주를 모집하기 쉬운 삼겹살집이란 아이템과 삼겹살에 대한 인기가 맞물리면서 삼겹살닷컴은 2년 만에 250여 개가 넘는 점포를 모집했다.

하지만 진입장벽이 낮은 탓에 삼겹살집의 인기가 높아지면서 경쟁이 매우 치열해졌다. 2000년대는 솥뚜껑 삼겹살의 인기를 시작으로 와인 숙성 삼겹살, 녹차 숙성 삼겹살 등이 인기를 얻으며 트렌드가 급격하게 변하던 시점이었다. 이 상황에서 프랜차이즈화만 고려했지 트렌드를 따라갈 역량이 부족했던 김선권 대표의 사업은 금방 침체기로 접어든다. 특히 점포 개설에만 치중하고 관리를 제대로 하지 못하면서 회사는 거의 회생 불가능한 지경에 접어들고 말았다.[3]

삼겹살집의 실패로 쓴맛을 본 김선권 대표는 이번엔 트렌드를 덜 타는 메뉴로 프랜차이즈화를 했다. 그렇게 해서 등장한 것이 바로 2002년에 오픈한 추풍령 감자탕이다. 기본 개념은 삼겹살의 프랜차이즈화와 동일했다. 당시 감자탕집은 주로 30~40평 이하의 매장에서 부부가 생계형으로 24시간 운영하는 곳이 일반적이었다. 김선권 대표는 이러한 감자탕집을 규모를 키우고 인테리어에 좀 더 신경을 쓰고 메뉴를 다양화하면 확장 가능성이 있다고 판단했다. 이 다양화의 방법으로 내놓은 아이디어가 바로 2004년에 내놓은 묵은지 감자탕이다.[4]

묵은지는 지금은 모두에게 익숙한 또 다른 김치 메뉴이지만 1990년대까지만 해도 거의 찾는 사람이 없는 식재료였다. 일반적으로 6개월 이상 숙성시킨 김치를 묵은지라고 지칭한다는 사실을 고려하면 과거 일반 가정에선 그 정도로 김치를 묵힐 이유가 없었던 것이다. 하지만 김치가 산업화하고 공장제 김치가 등장하면서 팔리지 않은 재고를 저온 숙성 창고에서 보관하다 보니 묵은지가 어쩔 수 없이 생산되는 일이 생기게 되었다. 그 결과 산업적인 측면에서는 이 묵은지의 활용이 최대 고민거리가 된 것이다. 이 묵은지 활용 방안은 예상치 못한 행운으로 열리게 되었다.

2003년에 중국 광둥성에서 시작된 사스SARS(중증급성호흡기증후군) 바이러스는 당시 중국, 홍콩, 대만 등으로 퍼지면서 수천 명의 감염자를 낳았다. 재미있는 점은 당시 우리나라에선 총 3명의 감염자가 나왔고 그 3명도 완치되면서 다른 나라의 피해와 대조적인 모습을 보였던 것이다. 이 때문에 당시 우리나라에선 '김치 때문에

274

사스에 걸리지 않는 것이다'라는 주장이 나돌게 되었고[5] 이후 김치의 효능에 대해 사람들이 많은 관심을 가지게 되면서 김치 붐이 불게 된다. 덕분에 묵은지도 김치의 다른 형태로 관심을 받으며 본격적으로 인기를 얻기 시작한 것이다. 2004년 '종가집 김치'의 묵은지 출시는 이러한 소비자의 수요와 트렌드를 정확하게 보여준다.

이러한 트렌드의 초기에 김선권 대표는 묵은지를 감자탕에 결합하는 아이디어를 낸다. 이것이 '추풍령 감자탕'에서 내놓은 카레 감자탕, 치즈 감자탕과 같은 다른 신메뉴보다 훨씬 감자탕에 잘 어울림으로써 곧 인기 메뉴로 등극하여 김선권 대표의 성공을 이끈다. 이런 결과로 오픈 4년 만인 2006년에 가맹점 수 300개를 돌파하면서 어엿한 젊은 기업가로 이름을 올리게 된 것이다. 하지만 이 또한 몇 년 지나지 않아 묵은지 열풍이 불면서 경쟁 업체가 늘어났고 김선권 대표의 감자탕집은 빠르게 경쟁력을 잃어버렸다. 그래서 그다음 아이템으로 카페를 선택했다.

하나의 사건, 엇갈린 해석

카페베네의 탄생에는 김선권 대표의 역할도 있지만 신세계 스타벅스 TFT의 일원이자 할리스의 창업자였던 강훈 대표의 역할도 컸던 것으로 알려져 있다. 이 두 대표는 모두 책을 내기도 했다. 카페베네의 최전성기인 2011~2012년에 자신들이 참여한 사업에 대해 각자의 입장에서 집필한 저서 《꿈에 진실하라 간절하라》[6]와 《카페베네 이야기》[7]가 바로 그것이다.

여기서 카페베네에 대한 내용을 살펴보면 두 책은 내용에서 차이가 있다. 강훈 대표의 《카페베네 이야기》에선 실무적인 이야기를 다루면서 김선권 대표에 대해선 상대적으로 카페업을 몰라서 설득하는 입장이 그려진다. 반면 김선권 대표의 《꿈에 진실하라 간절하라》에선 꿈, 목표, 열정 같은 상당히 추상적인 이야기가 많이 담겨 있으며, 강훈 대표에 대해선 '초기에 많이 도와줬다'라고 한 줄로 짤막하게 언급된 것이 전부다.

대표적인 것이 바로 강남 출점에 관한 내용이다. 김선권 대표의 책에서는 처음엔 강남점으로 매장을 내고 싶었지만 임대료가 너무 비싸고 먼저 봐뒀던 매장이 나가버려서 내지 못했다고 나와 있다. 그런데 강훈 대표의 책에서는 김선권 대표가 강남에 매장을 낼 돈이면 다른 지역에 10개를 낼 수 있기 때문에 애초에 고려 대상이 아니었다고 나온다. 매장의 콘셉트과 디저트 중심의 차별화도 김선권 대표와 강훈 대표가 서로 자기가 낸 아이디어라고 주장한다. 마치 구로사와 아키라의 영화 〈라쇼몽〉에서처럼 같은 사건에 대한 서술이 서로 입장과 이해관계에 따라 다른 모습을 보인다.

성공한 기업 대표의 이야기를 들려주는 그대로 받아들여선 곤란하다는 사실이 여기에서 잘 드러난다. 많은 사람은 성공한 기업 대표의 이야기에는 무언가 배울 만한 가르침이 있을 거라고 믿지만 애석하게도 이는 왜곡된 경우가 적지 않다. 왜냐하면 그것이 현실을 자신에게 유리한 방식으로 해석하고 바라본 것인지, 아니면 진정한 가르침을 품고 있는 것인지 불명확하기 때문이다.

카페베네의 경우 양쪽 이야기 모두 일부의 진실을 담고 있겠지만, 당시 실무를 담당했고 초기 론칭 과정에 대해 더 자세한 이야기를 담은 강훈 대표의 이야기에 좀 더 가중치를 두어야 할 것이다. 이 두 사람의 이야기를 조합해 카페베네의 초창기를 살펴보도록 하자.

'커피는 이미지'라는 카페베네

김선권 대표가 카페베네를 천호동에 오픈했을 당시 기대만큼 장사가 잘되지 않았다. 그가 이전에 했던 방식대로라면 가게를 오픈하고 일간지를 통해 광고를 쏟아내면 가맹점주들이 몰려왔어야 했다. 하지만 카페베네로는 아무도 찾아오지 않았고 카페베네를 찾는 손님도 적었던 것이다. 이는 전적으로 김선권 대표의 창업 방식 때문이다.

김선권 대표의 창업 궤적을 잘 살펴보자면 산업을 분석하고 공부하는 것과는 거리가 멀었음을 알 수 있다. 앞서도 살펴봤듯이 오락실, 삼겹살, 감자탕처럼 아직 확고한 경쟁자가 존재하지 않는 초기 시장에서 양적 확장에 투자함으로써 성공을 거둔 것이 그의 창업 방식이었다. 돈이 될 것 같은 트렌드를 잘 캐치하고 거기에 일찍 올라타는 능력이 탁월했던 것이다.

하지만 커피 시장은 달랐다. 카페베네가 등장한 2008년은 스타벅스가 국내 커피 프랜차이즈 시장을 개척한 지 9년이 되는 해였고 '커피빈', '투썸플레이스', '탐앤탐스' 등 이미 수많은 경쟁 업체가 등장하고 확고한 브랜드를 쌓아올린 상황이었다. 전혀 다른 상황과 시장임에도 불구하고 똑같은 방식을 시도했으니 반응이 좋을 리 없었다.

김선권 대표는 이러한 상황을 개선하기 위해 2008년 6월에 배우 최수종을 광고 모델로 전격 기용한다. 하지만 이러한 시도는 그가 얼마나 커피 산업에 대한 이해가 부족했는지를 단적으로 보여주는 예에 불과하다. 김선권 대표는 최수종을 모델로 섭외한 것에 대해 스타 마케팅의 시발점이었으며 효과도 좋았다고 자평한다. 하지만 2000년대 후반 당시 커피 프랜차이즈의 주요 소비자가 2030 여성이었음을 생각하면 당시 40대 후반으로 접어들던 최수종을 모델로 택한 것은 효과적이었다고 보긴 힘들다. 결국 이러한 상황은 2008년 8월에 강훈 대표를 실무자로 영입하면서 바뀌게 된다.

강훈 대표는 1997년 신세계에서 스타벅스 출범을 위해 신설한 TFT에 참여하면서 커피 업계와의 연을 시작한다. 당시 그는 스타벅스와 커피 산업에 매우 큰 인상을 받은 것으로 보인다. 그는 커피 사업이 기회라는 것을 파악했다. 바로 그러한 판단 때문에 외환위기로 인해 스타벅스 오픈이 무기한 연기되자 회사를 나와 독자적으로 커피 프랜차이즈 사업을 결정할 수 있었던 것이다.

강훈 대표는 커피 산업의 핵심이 커피의 맛에 있는 것이 아니라 이미지에 있다고 판단했다. 그래서 이미지 마케팅이 가장 중요하다고 주장했다. 이러한 그의 시각은 그가 개입한 카페의 본점이 모두 강남과 압구정에 있었다는 사실에서 확인할 수 있다. 강남과 압구정이라는 고급 이미지를 갖춘 지역에 본점을 세워야 그 이미지를 획득할 수 있다고 본 것이다. 실제로 그는 카페베네로 합류하자마자 본점을 압구정으로 이전하는 계획을 추진했다.

커피는 이미지로 팔린다는 강훈 대표의 분석으로 이때부터 카페베네는 이미지 브랜딩을 위해 스타 마케팅에 돌입하기 시작한다. 이는 강훈 대표가 할리스를 매각할 때의 인연으로 싸이더스 대표와 친분이 있었기 때문에 가능한 일이었다. 그래서 최수종과의 계약을 종료하고 당시 싸이더스 소속이었던 한예슬을 모델로 기용하여 전국적인 광고에 돌입한다.

당시 커피 프랜차이즈 업계에서는 광고를 하는 일이 거의 없었다. 이는 당시 시장 개척자이자 리딩 브랜드였던 스타벅스가 상품이나 브랜드를 매체를 통해 직접 어필하는 '광고'보다 소비자들이 브랜드를 인지하게 하고 이야기하게 만드는 'PR'에 주력했고, 이

것이 당시 시장의 표준이 되었기 때문이다. 그렇기에 당시 커피 프랜차이즈의 광고는 여러모로 신선한 시도로 받아들여졌다. 게다가 당시 최고의 인기 스타로 떠오른 한예슬이 알려지지 않은 신생 브랜드의 모델이 되었다는 사실 때문에 엄청난 화제를 불러일으켰다. 또한 싸이더스와의 연계로 압구정 카페베네 본점은 연예인이 자주 찾는 카페로도 유명해지면서 스타 마케팅의 덕을 톡톡히 보았다.

덕분에 2008년 말 16개에 불과했던 카페베네 매장은 2009년엔 115개, 2010년엔 451개를 기록할 정도로 폭발적인 성장세를 보인다. 이는 1999년 7월에 첫 영업을 시작한 스타벅스가 11년 동안 327개의 점포를 연 것과 대비되는 놀라운 성장이었다. 고속 성장은 모든 기업이 바라는 것이기에 카페베네는 매우 큰 주목을 받았다. 특히 후발주자라는 불리한 한계를 딛고 이 정도 고속 성장을 이뤄냈기에 당시 카페베네와 김선권 대표에게는 엄청난 박수와 호평이 쏟아졌다.

카페베네의 이러한 초고속 성장에 대해 우려의 목소리가 없었던 것은 아니다. 이에 대해 강훈 대표는 브랜드를 알리기 위해선 양적 성장이 우선시될 수밖에 없다는 이야기를 남겼다.[8] 커피 맛이 좋아봤자 브랜드를 모르면 아무도 알아주지 않는다는 논리이자 더 많은 매장 자체가 광고판의 역할을 하여 브랜드를 강화한다는 논리다. 그러나 김선권 대표의 경우에는 초고속 성장이 갖는 문제점에

대한 인식을 아예 찾아보기가 어렵다. 그는 오히려 꿈의 크기가 성
공의 크기라는 추상적인 표현을 이야기할 뿐이었다.

양적 성장의 실패

강훈 대표는 2011년에 카페베네를 나와 망고식스를 차린다. 그리
고 카페베네는 초고속 성장을 계속 이어갔다. 그 결과 2011년엔
600여 개, 2012년엔 800여 개 점포를 돌파한 데 이어 뉴욕과 중
국에도 지점을 내기에 이른다. 김선권 대표는 양적 성장에 몰두
했다. 3년 내 중국 매장 1,500개를 열고 스타벅스를 잡겠다든가[9]
1,000호점 돌파 기념식에서 2020년까지 매장을 1만 개까지 늘리
겠다든가 하는 발언을 한 점[10]으로 미뤄볼 때 양적 성장을 향한 그
의 관심이 어느 정도였는지를 알 수 있다. 당시 그의 발언에는 서
비스 개선이나 고객 만족, 수익성 개선과 같은 질적 성장에 대한
이야기는 전혀 언급되지 않고 오로지 양적 성장에 대한 이야기만
거론되었던 것이다.

그 이후의 이야기는 세간에 알려진 그대로다. 2014년에 점포 수
로 정점을 기록하지만 그 이후 관리와 운영 미숙으로 점포들이 급
감하기 시작했고 2016년엔 336억 원의 적자를 기록하고 자본 잠
식에 빠진다. 그리고 2018년엔 법정관리에 들어가 사모펀드에 매
각된다.

　그렇다면 김선권 대표는 왜 이렇게 양적 성장에만 치중했을까? 이는 그의 책을 통해 추정해야 할 부분이다. 김선권 대표는 저서에서 자신의 가난했던 어린 시절을 수차례 언급한다. 그리고 자신이 사업을 통해 돈을 벌었다고는 하지만 부모로부터 재산을 물려받아 태생적으로 부자인 사람을 넘어설 수는 없었다고 토로한다. 그렇기에 어쩌면 그는 스스로의 힘으로 달성할 수 있는 가장 높은 목표점을 지향했는지도 모른다. 바로 그 점에서 양적 성장은 대외적으로 보여주기에 가장 적합한 목표에 해당한다. 그가 그토록 양적 성장에 집착했던 것은 어쩌면 바로 이런 이유 때문이 아니었을까?

　이러한 부분은 강훈 대표에게서도 엿보이는 대목이다. 그는 자신의 저서에서 할리스 시절부터 '스타벅스보다 더 큰 카페를 만들겠다'라는 목표를 추구했다고 밝힌다. 여기서 '더 좋은 카페'가 목표가 아니었다는 사실에 주목하자. 신세계의 스타벅스 TFT 출신으로 이 산업에 진입한 사람답게 목표는 스타벅스를 넘어서는 것이었고 이 때문에 카페베네에서도 양적 성장을 추구한 것이다. 그리고 그가 스타벅스를 나와 낸 책의 부제가 '스타벅스를 이긴 토종 카페'라는 점은 카페베네가 태생적으로 양적 성장을 목표로 할 수밖에 없었다는 것을 의미하기도 한다.

　카페베네 몰락의 가장 큰 원인은 카페베네의 무분별한 양적 성장에 있다. 하지만 이 장의 초반부에서도 언급했듯이 양적 성장 전략 자체가 문제라고 보긴 어렵다. 시장이 폭발적으로 성장할 때는 양적 성장을 추구하며 시장을 장악하는 것이 유리하기 때문이다. 카페베네처럼 정확하게 양적 성장 일변도를 추구했지만 오히려 성공한 써브웨이가 대표적인 사례다.

무모한 도전, 써브웨이의 탄생

써브웨이의 창업자 프레드 데루카는 여러모로 입지전적인 인물이다. 가난한 이민자 집안의 아들로 태어나 17세 때 대학 등록금을 마련하기 위해 써브웨이를 차린 것을 계기로 이후 전 세계적인 프랜차이즈로 키웠기 때문이다. 상세한 일화는 이렇다. 당시 프레드 데루카는 의대 진학을 앞두고 학비가 없어서 고민을 하다 아버지의 친구이자 자신을 아끼던 옆집 이웃 아저씨 피터 벅에게 도움을 요청한다. 피터 벅은 당시 잘나가던 핵물리학 박사로 그간 자신의 진로와 공부에 대해서도 많은 도움을 줬던 인물이었기에 학비 문제를 이야기하면 그가 분명 도와주리라 생각했던 것이다.

아무리 친하다고 해도 돈 이야기는 하기 어려운 법이다. 그래서 프레드 데루카는 살짝 돌려서 이야기를 꺼냈다. "대학교에 진학하고 싶은데 돈이 없습니다. 학비를 벌기 위해 뭘 하면 될까요?" 학비를 대줄 테니 나중에 졸업하면 갚으라고 이야기해주길 내심 기대했던 프레드에게 피터는 예상외의 조언을 해준다. "잠수함 샌드위치Submarine Sandwich(긴 원통형 빵을 잘라 속을 채운 샌드위치) 가게를 차리면 어떨까?"

피터 벅이 이런 대답을 한 것은 별다른 이유가 있어서가 아니었다. 그냥 그가 잠수함 샌드위치를 좋아하기 때문이었다. 두 사람 다 샌드위치를 먹을 줄만 알았지 만들 줄은 몰랐고 음식점을 운영해보거나 그런 곳에서 일해본 경험도 전무했다. 그래서 당시 뉴욕에서 로스트비프 샌드위치로 인기 있던 '마이크스Mike's 써브마린 샌드위치'를 모방하기로 결정한다. 가격, 샌드위치의 크기, 다양한 메뉴와 운영 방식을 그대로 따온 것이다.

다만 맛과 재료 구성에선 피터의 고향에 있던 아마토스Amato's 샌드위치를 모방하기로 한다. 아마토스는 지금도 미국 동북부 지방에선 유명한 샌드위치 매장이자 미국에 이탈리아식 샌드위치를 처음 소개한 것으로도 유명한 곳이다. 바로 이 결정으로 인해 써브웨이는 야채는 별로 없고 고기와 치즈가 가득한 미국식 샌드위치가 아니라 야채가 듬뿍 들어간 이탈리아식 샌드위치를 만들게 된 것이다.

그렇게 프레드는 피터에게 1,000달러의 투자금을 받고 1965년에 '피츠 써브마린스Pete's Submarines'라는 이름의 샌드위치 가게를 열게 된다. 학자금을 빌려보겠다고 꺼낸 말 덕분에 갑자기 샌드위치 가게의 사장이 된 것이다. 첫 영업일에 312개를 판매했다. 사람들이 몰려드는 바람에 그날 준비한 재료가 중간에 떨어질 정도로 성공적인 성적이었다. 이렇게만 하면 앞으로 학자금 걱정은 안 해도 되겠다 싶었지만 이게 사실 '오픈빨'이었다. 이후 6개월 동안 계속 판매량이 줄어들더니 나중엔 7개 팔리는 정도에 그친 것이다.

이 때문에 550달러라는 거금을 들여 라디오 광고를 했다. 그럼에도 불구하고 고객은 도무지 늘지 않았다. 라디오 광고로 인해 찾아오는 손님은 피츠 써브마린스를 피자 써브마린스로 잘못 듣고 피자 가게로 착각한 사람뿐이었다.

상황이 이러하다 보니 혹시 이름이 문제인가 싶어서 이름을 바꾸게 된다. 바로 이때 지은 이름이 지금의 'Subway'다. 흔히 인터넷이나 유튜브, 인스타 등지에서 이 써브웨이의 작명을 두고 '지하철'이란 의미가 아니라 써브마린에 '방식'을 뜻하는 'way'를 결합한 합성어라고 이야기하기도 한다. 하지만 그것은 이후에 이 이름을 그럴듯하게 보이게 하기 위해 덧붙인 설명에 불과하다. 창업자인 프레드 데루카의 저서 《작게 시작해서 크게 끝내라Start Small Finish Big》에 따르면 짧고 뜻이 명확하고 발음하기 쉽되 잠수함을 나타내는 'Sub'가 꼭 들어가는 이름을 고민하다 보니 그냥 '지하철Subway'이라는 단어가 문득 떠올라서 써브웨이로 지었다고 한다.[11] 역시 그럴듯한 설명은 나중에 덧붙이기 나름이다.

이렇게 이름을 바꿨지만 매출 부진은 해결될 기미가 보이질 않았다. 정상적이라면 폐점을 고민해야 하는 상황이었고 프레드와

피터도 처음엔 그렇게 생각했다. 하지만 문제의 원인을 고민하다
보니 애초에 가게 자리를 싼 곳으로 정한 입지 때문에 안 팔리는
것이란 결론을 내리게 된다. 문제의 원인이 입지에 있다면 매장을
입지가 좋은 곳으로 옮기는 것이 가장 확실한 방법이다.

　그런데 문득 프레드는 매장을 옮기는 게 쓸데없는 비용 낭비라
는 생각이 들었다. 매장을 옮기면서 기존의 장비와 기물을 이동시
키고 새로 인테리어를 하려면 추가적인 비용이 발생하기 때문이
다. 프레드 입장에선 이게 너무 아까웠던 것이다. 그래서 손해가
나는 첫 매장을 그대로 유지하고 두 번째 매장을 추가로 내자고
제안한다. 매장을 추가로 내면 그만큼 고객도 장사가 잘되는 거라
생각할 테니 써브웨이로 더 자주 찾아올 테고 매장이 2개가 되면
그만큼 광고 효과도 생긴다는 게 프레드의 생각이었다. 2호점 개
장에 들어가는 돈은 공급 업체와의 외상과 신용으로 해결했다. 장
사가 잘돼서 매장을 늘리니 좀 도와달라고 요청한 것이다.

　프레드의 이 어이없을 정도로 무모한 결정은 두 번째 매장을 낸
직후부터 매출이 다시 회복되면서 성공적으로 끝난다. 그런데 여
기엔 함정이 하나 있다. 사실은 첫 매장을 낸 이후의 매출 감소가
계절 요인으로 인한 것이란 점이다. 프레드가 팔던 샌드위치는 생
햄과 생야채를 활용한 콜드 샌드위치였다. 메뉴 특성상 겨울이 될
수록 판매가 줄어드는 메뉴였던 것이다. 그런데 프레드가 샌드위
치 가게를 차린 시점이 여름이었으니 오픈 이후로는 아무리 뭘 하

더라도 매출은 줄어들게 되어 있다. 광고를 한 시점도 12월 한겨울이었으니 광고 효과도 있을 리가 없다.

프레드와 피터는 이 간단한 사실도 알아차리지 못할 정도로 샌드위치뿐 아니라 장사에 대한 지식이 부족했다. 이들이 두 번째 가게 확장에 성공한 것도 두 번째 가게 확장 시점이 초봄에 해당하는 3월이었던 덕분이다. 만약 12월이나 1월에 두 번째 가게를 열었더라면 2배로 늘어난 비용을 감당할 수 없어서 사업을 접어야 했을 것이다. 이들이 이 계절성이란 요인을 알게 된 것은 오픈 11개월쯤에 3호점을 내고 초반에 장사가 잘되다가 9월부터 다시 매출이 감소하는 경험을 하고 나서다. 이들에겐 운이 따랐던 것이다.

아무튼, 프랜차이즈

이들의 경영적 무능은 여기에 그치지 않는다. 오픈 2년째인 1967년에 프레드 데루카는 차가 고장이 나서 히치하이킹을 하게 되었다. 이때 만난 운전자가 알고 보니 써브웨이의 팬이었던 것이다. 프레드는 기분이 좋았지만 조사 차원에서 자신이 사장이란 사실을 숨기고 써브웨이가 왜 좋은지 이유를 물어봤다. 그런데 그 이유가 매우 황당했다. 써브웨이의 샌드위치도 좋지만 탄산음료가 공짜라서 좋다는 것이다. 알고 보니 주문을 하면 직원이 등을 돌려 샌드위치를 만드는 동안 셀프 쿨러통에 있는 탄산음료 캔을 훔

친다는 이야기였다. 그런데 이런 행위를 모든 고객이 다 하고 있었다. 즉, 탄산음료를 누가 구매했는지 훔쳐갔는지도 모를 정도로 운영이 엉망진창이었던 셈이다.

이 외에도 사업을 개시하고 7년이 되던 1972년까지도 재무재표라는 개념에 대해 전혀 알지 못했다. 그런 탓에 그해에 100만 달러의 매출을 기록했지만 10만 달러의 손실도 발생했단 사실을 회계사에게서 듣고서야 겨우 알아차린다.

이렇게 대체로 엉망진창임에도 회사가 굴러갈 수 있었던 것은 먼저 1970년대 초반까지만 하더라도 샌드위치의 경쟁 강도가 높지 않았던 덕분이었다. 샌드위치는 햄버거의 인기에 밀린 다소 마이너한 음식이었고 대부분은 소규모 가게들이 판매하고 있었기에 경쟁으로 인한 위기나 문제가 특별히 발생하지 않았던 것이다. 또한 확장에 주력하면서 금년도의 매출로 전년도의 비용을 갚아나가는 방식이었기에 성장이 지속되는 이상은 문제가 될 것이 없었다.

사업 시작 8년째인 1973년, 써브웨이의 점포 수는 총 16개였다. 프레드와 피터는 써브웨이 사업을 처음 시작할 때 '마이크스'를 롤모델로 삼아 10년 동안 32개의 점포를 내는 것을 목표로 삼았다. 이 목표치를 달성하자면 남은 2년 동안 16개의 점포를 더 내야 했는데 이는 사실상 달성 불가능한 목표였다. 보통의 사람이라면 아마 현실적인 한계를 인정하고 20개까지 점포를 늘리는 선에서 그쳤을 것이다. 하지만 이때 프레드는 써브웨이를 프랜차이즈로 전환해서 매장을 늘려 목표를 달성하는 방법을 선택한다. 1970년 대는 KFC와 맥도날드가 미국 전역에서 3천여 개의 매장을 운영하던 시기였으니 자신도 가능할 거라고 여긴 것이다.

1974년에 드디어 써브웨이는 프랜차이즈 사업에 돌입했다. 가맹비는 1천 달러, 로열티는 8퍼센트로 정했다. 더 많은 가맹점주들을 유인하기 위해 가맹비는 다른 프랜차이즈보다 훨씬 저렴하게 책정했지만 로열티는 일반적인 미국 프랜차이즈보다 높게 책정했다. 당시 미국 프랜차이즈들의 로열티가 4~5퍼센트 선인 것을 고려하면 매우 높은 수준이었다. 그럼에도 불구하고 가맹비가 저렴하다는 장점과 코네티컷주에서 알려진 명성 덕분에 매장 확장은 수월하게 진행되었다. 결국 원래 정한 시기보다 1년 늦었지만 1976년에 32번째 매장을 내면서 목표치를 달성한다.

써브웨이의 DA 제도

프레드 데루카는 목표를 달성하고 나자 이후 더 많은 매장을 늘리는 목표를 다시 세운다. 이를 위해 일종의 영업사원에 해당하는 DA(디벨롭먼트 에이전트)란 직책을 만드는 데 이 점이 써브웨이의 특징 중 하나가 되었다. 이 제도는 해당 지역을 잘 알고 있는 사람을 DA로 지정하고 이 사람이 해당 지역의 가맹점을 직접 모집하는 방식이다. 이들의 수익은 유치한 매장의 수익에 비례해 인센티

브를 제공하는 구조를 가졌기 때문에 이들은 매장 수 확장에 적극
적일 수밖에 없었다.

덕분에 써브웨이는 1978년엔 100호점을 돌파하고 1982년
엔 200호점을 돌파했으며 1987년엔 1,800호점, 1995년엔 1만
1,000호점, 2008년엔 3만 호점을 돌파하는 엄청난 성장을 기록한
다. 특히 1988년부터 1997년까지는 1만 개의 매장을 신규로 출점
했는데 당시 전 세계에서 이 정도로 빠른 성장을 기록한 프랜차이
즈는 써브웨이뿐이었을 정도였다.

이러한 확장은 오로지 프레드 데루카의 성향에 힘입은 바가 크
다. 그의 저서를 잘 읽어보면 샌드위치의 품질이나 맛에 대한 이
야기는 별로 없다는 사실을 알 수 있다. 저서에는 매장 수 확장에
대한 이야기와 몇 년까지 몇 개의 매장을 늘린다는 식의 이야기만
가득하다. 기업가라면 누구나 확장과 성장을 생각하고 그 목표를
이야기하기 마련이지만 프레드 데루카는 그 정도가 좀 지나친 면
이 있다. 바로 그러한 성향 덕분에 DA 제도를 운영하고 엄청나게
매장 수를 늘려나갔던 것이다.

이러한 무모한 초확장 전략이 통할 수 있었던 이유를 설명하
려면 먼저 그 배경을 이해할 필요가 있다. 앞서도 언급했듯이
1970년대 초반까지만 하더라도 미국에서 샌드위치는 햄버거와
비교해서 다소 마이너한 메뉴였다. 그러므로 당연히 시장이 작았
다. 이런 이유로 샌드위치 가게를 운영하는 사업가 중 누구도 매장

수 확장에 적극성을 보이지 않았다. 하지만 써브웨이의 창업자들은 샌드위치에 대해 무지했으며 식당 운영에 대해서도 잘 몰랐기 때문에 별다른 고민 없이 매장 수를 늘리는 시도를 할 수 있었던 것이다. 애초에 샌드위치의 맛이나 품질에 대한 애착이 없었기 때문에 더 좋은 샌드위치를 만드는 데 초점을 두지 않고 더 많은 가게를 내는 데만 관심을 뒀던 것이다.

그런데 이것이 1970년대 들어 미국 소비자들 사이에서 건강에 대한 인식이 증가하고 설탕과 정크푸드에 대한 경계심이 매우 높아지면서 전환점을 맞는다. 사람들이 야채가 듬뿍 들어간 샌드위치를 햄버거보다 건강한 음식으로 인식하기 시작한 것이다. 덕분에 1980년대 들어 샌드위치는 미국인들 사이에서 큰 인기를 얻는다.

써브웨이의 경쟁 브랜드들이 대부분 1980년대에 등장하거나 프랜차이즈로의 전환을 시도했다는 점은 이러한 사실을 잘 드러낸다. 1981년의 '퀴즈노스'를 시작으로 1983년의 '지미존스', 심지어 초기 써브웨이의 롤모델이었던 마이크스마저도 '저지 마이크스써브'로 이름을 바꿔 1987년부터 프랜차이즈를 시작했다. 이는 1980년대가 샌드위치 시장의 폭발적인 성장시대라는 것을 의미한다.

의도나 계획이 어떠했든 간에 이렇듯 폭발적으로 성장하는 시장 속에서 빠르게 매장을 늘려가며 시장을 선점했던 써브웨이의 확장 전략은 아주 효과적으로 작용했다. 선발주자라는 이점도 작용하여 수많은 소비자가 써브웨이로 몰려들었고 또 그만큼 가맹점 오픈을 희망하는 사람들도 써브웨이로 몰려드는 선순환이 이뤄졌다. 덕분에 써브웨이는 샌드위치 시장의 대표 브랜드로 사람들 사이에 단단히 자리 잡고 지배적인 위치를 구축할 수 있었다.

샌드위치 프랜차이즈 중 매장 수에서 2위를 기록하는 '아르비스 Arby's'의 경우 매장 수가 3천여 개에 불과하다는 사실을 떠올려보면 이 격차가 어느 정도인지 짐작할 수 있을 것이다. 공격적인 확장이란 측면에서도 2007년에 퀴즈노스가 점포 수를 5천 개까지 늘리다 자멸한 이후 써브웨이에 위협이 되는 브랜드는 나오지 못하고 있다. 빠른 확장을 통한 시장 장악이 얼마나 효과적인 전략인지를 잘 보여주는 사례라고 할 수 있다.

고속 성장의 부작용

빠른 확장에서 발생하는 가장 큰 부작용은 퀄리티 컨트롤이다. 프랜차이즈의 특성상 누가 만들어도 동일한 퀄리티를 제공할 수 있어야 하는데 빠르게 확장하다 보면 재료 공급과 직원 숙련도의 문제로 인해 동질적 상품을 제공하는 데 어려움을 겪는다. 그런데 써브웨이는 퀄리티 컨트롤의 문제를 크게 겪지 않았다. 이는 샌드위치가 가진 특성 때문이다.

빵에 미리 준비된 야채와 햄, 고기 등을 조립하면 되는 콜드 샌드위치는 누가 만들든 큰 차이가 날 여지가 적다. 심지어 햄버거의 경우에도 패티를 굽는 조리 과정이 들어가기 마련인데 샌드위치는 그런 과정조차 없기에 훨씬 유리한 조건을 가지고 있다. 그러다 보니 1년에 매장을 1천 개씩 늘려도 퀄리티 컨트롤에서 별다른 문제가 발생하지 않은 것이다. 프레드 데루카와 피터 벅이 이러한 사실을 알고 전략적으로 매장 수 증가에 집중했다는 증거는 부족하다. 오히려 이들이 아무것도 모르고 이를 추진했다는 기록은 많아도 말이다.

써브웨이의 이런 급격한 확장이 문제가 없었던 것은 아니다. 미 하원 중소기업위원회Small-business Committee에서 1992년부터 1998년까지 프랜차이즈 산업을 조사한 결과, 써브웨이가 최악의 프랜차이즈로 이름을 올렸기 때문이다.[12] 일반적으로 동일 지역에서 매장 수를 늘리면 늘릴수록 매장의 평균 수익은 줄어들기 마련이다. 특히나 써브웨이는 엄청난 규모로 단기간에 많은 매장을 늘렸기에 매장의 평균 수익이 감소할 수밖에 없다.

이에 대해 프레드 데루카는 클러스터링clustering 효과가 나타나기 때문에 모든 매장의 수익이 증가한다고 주장했다. 사실 말도 안되는 이야기다. 특정 지역에 매장을 집중적으로 내는 전략은 국내에서 스타벅스가 실행하고 있는 전략인데 이는 매장당 평균 매출은 감소하더라도 집중을 통해 해당 지역의 총수익을 늘리는 전략에 해당한다. 즉, 본사에는 이익이지만 가맹점에는 손해가 되는 전략인 셈이다.

또한 이 기간에 신규 가맹점의 30~50퍼센트가 이민자 가맹점주로 이들은 써브웨이의 가맹비가 경쟁사 대비 매우 낮다는 점에 끌려 가맹점을 신청한 사람들이었다. 따라서 이들은 본사에 유리한 독소 조항이 잔뜩 들어가 있는 계약서를 해석하는 데 어려움을 겪어 계약의 상세한 내용은 모른 채 일단 계약서에 사인을 했다. 이를 증명이라도 하듯 해당 기간 써브웨이의 법적 분쟁 건수는 총 160건으로 맥도날드, 버거킹, KFC, 피자헛, 웬디스, 타코벨, 하디스의 분쟁 수를 합친 것보다도 많았다.

써브웨이의 빠른 성장에 큰 역할을 한 DA 제도에서도 수많은 문제점이 드러났다. 회사가 설정한 목표치를 달성하지 못할 경우 DA는 자신의 영역을 잃을 수 있었다. 말 그대로 고속 성장하는 프랜차이즈에서 발생할 수 있는 모든 문제가 써브웨이에서 벌어지고 있었다.

이를 생각하면 프레드 데루카의 저서에서 비전과 믿음, 노력, 긍정적인 사고방식 등 전통적으로 자기개발서에서 강조하는 용어를 많이 볼 수 있다는 점이 다르게 보일 것이다. 좋은 표현과 좋은 말은 누구나 할 수 있지만 실상은 그와 다를 수 있음을 보여주는 사례라고 할 수 있다.

카페베네는 왜 실패했을까?

프레드 데루카와 김선권 대표는 닮은 점이 많다. 우선 둘 다 어린 시절 가난했고 그 와중에 자수성가로 사업을 일궈냈다. 또한 두 사람 다 자신의 사업 아이템에 대한 큰 애착은 없었으며 해당 산업에 대한 이해도도 높다고 보기 어려웠다. 그리고 양적 성장을 그 무엇보다 중요시한 점도 동일하다. 하지만 두 사람의 결말은 정반대다. 프레드 데루카는 억만장자로 사망했지만 김선권 대표는 연이은 실패로 기업가로서의 커리어를 마감했다. 이 차이는 무엇에서 오는 것일까?

일단 커피와 샌드위치라는 아이템의 특성 차이를 이야기할 수밖에 없다. 퀄리티 컨트롤에서 장점이 있는 샌드위치와 달리 커피는 퀄리티 컨트롤이 매우 까다롭다. 수십 수백 개의 매장에 동일한 품질과 상태의 원두를 공급하는 것도 일이지만 커피의 품질은 커피를 내리는 바리스타의 실력에도 큰 영향을 받는다. 그 때문에 충분한 직원 교육과 품질 유지에 대한 관리가 뒤따르지 않으면 퀄리티 컨트롤은 무너질 수밖에 없다. 스타벅스가 강배전 원두를 계속 고집한 것도 바로 동질적 상품이 가져다주는 브랜드에 대한 신뢰가 중요하단 것을 알고 있었기 때문이었다.

또한 비용 측면의 관리가 부실한 점도 언급하지 않을 수 없다. 샌드위치는 메뉴 하나를 추가하는 데 발생하는 비용이 상대적으로 적은 편이다. 기존의 재료를 충분히 활용하면서도 부가적인 재료가 더해지는 방식이기 때문이다. 하지만 카페베네는 커피와 곁들여 먹을 수 있는 디저트를 차별화 요소로 내세우면서 각각 개별적인 비용이 발생하는 메뉴를 마구잡이로 늘렸다. 와플은 와플대로, 젤라또는 젤라또대로, 빙수는 빙수대로, 모두 별개의 장비와 재료를 갖추어야 한다. 이는 그만큼 비용과 운영 효율 측면에서 문제가 될 수밖에 없는 부분이다. 매출이 지속적으로 계속 높게 나온다면 큰 문제가 없겠지만 매장 수를 늘릴수록 매장의 평균 매출이 감소하는 문제가 카페베네에도 동일하게 발생했기 때문에 이는 가맹점에 그만큼 비용 압박으로 다가온 것이다.

더 큰 문제는 카페베네의 경영자들이 보여준 경영 능력 자체에 있다. 김선권 대표의 초창기 사업을 분석해보자면 공통적으로 300개의 점포까진 무난하게 늘렸으나 이후 이 점포를 운영하고 관리하는 부분에서 많은 문제점을 드러냈다. 이는 기존에 그가 해왔던 그의 오락실 사업, 삼겹살 사업, 감자탕 사업 모두에서 공통적으로 확인되는 부분이다. 시장의 초기 개척자로 얻을 수 있는 이점이 상당함에도 불구하고 그 우위를 지켜내지 못하고 3~4년 만에 하락세로 접어든 것이다.

강훈 대표가 카페베네를 떠난 2011년부터 김선권 대표의 독자운영이 시작되었다고 한다면 이 역시 3~4년 만에 하락세로 접어든 사례에 해당한다. 카페베네의 성공 와중에 동일한 방식으로 시작한 블랙스미스나 경영난 와중에 시작한 토니버거 또한 초기에 많은 가맹점을 확보한 후 빠르게 쇠퇴한 점은 프랜차이즈 사업을 운영하는 경영 능력에 한계가 드러나는 부분이다.

어떤 사람들은 바로 이 점으로 인해 강훈 대표가 계속 카페베네에 있었다면 달라졌을 거라는 이야기를 하기도 한다. 하지만 다양한 요소를 고려해보건대 크게 달랐을 것이라고 보긴 어렵다. 강훈 대표는 브랜드 초기에 양적 성장이 중요하다고 주장했지만 그의 커리어에서 초기를 넘긴 적은 없었다. 할리스는 초기에 브랜드를 안착시킨 후 매각했고 카페베네 또한 초기 성장을 이끌고 회사를 나왔다. 그의 마지막 도전이 된 망고식스는 초기 안착에 실패했다. 이는 그가 질적 성장에 초점을 맞춰본 경험이 없음을 뜻한다.

할리스 시절부터 그의 목표는 스타벅스보다 더 큰 토종 카페를 만드는 것이었지 더 훌륭한 카페를 만드는 것이 아니었다. 그 또한 어디까지나 양적 성장에만 관심을 둔 사람이었던 것이다. 이를 잘 보여주는 사례가 그가 브랜드를 오픈할 때마다 강남 지역을 중시하고 스타 마케팅을 반복했다는 사실이다.

스타벅스가 국내에 들어온 이후 10년이 넘는 기간 동안 커피와 음료 시장은 크게 변했고 소비자의 소비 성향도 크게 달라졌다. 소비자는 점점 질적 소비를 추구하기 시작했고 커피 시장에서도 2000년대 후반부터 스페셜티 커피 시장이 탄생하고 성장하기 시작했다. 그럼에도 불구하고 그는 옛날의 공식을 반복한 것이다.

바로 이 점 때문에 그가 질적 성장을 이뤄냈을 가능성이 있었다고 하더라도 그 가능성을 그다지 크게 보지 않는 것이다.

실패에 대해 그 원인을 분석하고 평론하는 것은 비교적 쉽다. 결과를 보고 나면 무얼 갖다 붙이든 대체로 말은 되기 때문에 이야기를 짜맞추기가 수월하기 때문이다. 이 때문에 카페베네의 실패에 대해 이야기하는 것은 조심스럽다. 하지만 동일한 잣대로 써브웨이와 프레드 데루카를 바라본다면 어느 정도 균형을 잡을 수 있을 것이다.

같은 전략, 다른 결말의 요인

프레드 데루카의 써브웨이는 그 성공에 상당한 운이 따랐다. 우선 그의 저서와 알려진 창업 일화에 따르면 그는 아이템을 선정하는 데 그리 깊은 고민을 하지 않았다. 샌드위치를 만들어본 적도 없고 만들 줄도 모르는데 샌드위치라는 아이템을 선택했다. 그리고 초기 3~4년간은 대학 수업을 듣느라 가게의 운영을 자신의 어머니에게 맡겼다. 이 때문에 위키피디아에선 그의 어머니 카멜라 데루카를 공동 창업자로 올리고 있을 정도다.

데루카의 목표는 좋은 샌드위치를 만드는 데 있지 않고 큰 샌드위치 기업을 만드는 데 있었다. 그런데 이것이 시대적 상황과 잘 맞물려 그가 한 선택은 결과적으로는 최적의 전략이 되었다.

프레드 데루카의 성공이 전적으로 운이라는 말은 아니다. 사업 초창기에는 최악의 비용관리와 상당히 미흡한 경영 능력을 선보였지만 이후 다양한 부분을 보완해나가며 장기간 사업을 이끌었기 때문이다. 그럼에도 불구하고 우연히 맞아떨어진 부분들이 그가 의도적으로 선택한 결정보다는 많다는 점에서 써브웨이와 프레드 데루카의 성공은 생각할 부분이 있다. 적어도 이 사례에서 배울 점은 결과에 속지 말아야 한단 시사점에 있지 않을까?

사람들은 성공한 사람들의 방법론과 전략을 모방하는 경우가 많다. 그렇게 하는 이유는 바로 성공한 사람들의 사례를 자신도 재현해 성공해보고자 하기 위해서다. 프레드 데루카와 같은 사업가는 자신의 성공을 바탕으로 꿈과 비전을 가지고 노력하고 도전하면 성공할 수 있다고 이야기한다.

아마 많은 사람이 이런 말을 듣고 그대로 따라 하려고 할 것이다. 하지만 앞서 살펴보았듯이 이와 정확히 반대되는 사례가 바로 카페베네의 사례다. 모든 방법론과 전략은 상황과 환경의 영향을 매우 크게 받는다. 어떤 상황에서 최적의 전략과 방법론이 다른 상황에선 최악이 될 수 있다. 그렇다면 성공한 방법이라고 무작정 받아들이는 게 과연 좋다고 할 수 있을까? 반대로 실패한 방법이라고 무작정 배척하는 것은 어떨까? 두 기업의 서로 다른 결말이 우리에게 던지는 질문이다.

10

오너 경영은
지속될 수 있을까?

브 랜 드   #타바스코 #코카콜라 #허쉬 #마즈

주 제 어   #가족 기업 #오너 경영

2020년에 이재용 삼성전자 부회장이 기자회견에서 '자녀에게 경영권을 승계하지 않을 것'이라고 발표하자 대단히 큰 화제가 되었다. 발표 내용을 접한 사람들의 의견은 매우 분분했다. 그때 뉴스를 보던 나는 '우리나라 기업도 드디어 변곡점을 맞이하는구나'라고 생각했다.

지금은 더는 논의가 되지 않는 주제이지만 2000년대, 나아가서 2010년대 초반까지만 하더라도 어떠한 경영 체제가 옳은지에 대한 논의가 활발하게 이루어졌다. 우리나라 기업들의 대부분은 오너와 그 일가가 경영권을 가지고 경영에 직접 참여하는 오너 경영인 반면 미국의 기업들은 전문 경영인에 의해 기업이 돌아가는 CEO 경영 체제였기 때문이다. 이 때문에 당시 국내 신문 등에서는 어떠한 경영 방식이 더 우월하고 효과적인가에 대한 논의가 자주 다루어졌다.

이런 활발한 논의가 이후 잦아든 것은 서로 장단점이 명확하여 답이 없는 문제이기도 했던 데다 국내에서도 삼성전자를 비롯해 전문 경영인을 통한 경영을 시도하는 기업이 늘어났기 때문이었다. 오너 경영과 전문 경영 중 어떠한 방식이 옳은지를 논의하는 건 무의미하다. 다만 이재용 부회장의 자녀 경영권 승계 포기를 계기로 우리나라의 기업들이 앞으로 어떠한 방식으로 운영될지를 이야기해볼 수는 있을 것 같다. 이 이야기를 하기에 적절한 기업이 있다. 바로 타바스코 핫소스로 유명한 매킬레니 컴퍼니로, 이 기업은 이 책에서 앞서 다룬 사례들의 집합체라고 할 수 있다.

타바스코 핫소스를 만든 가문

타바스코 소스에 대한 이야기를 인터넷이나 유튜브에서 검색하면 아마 전설 같은 멋진 이야기를 접할 수 있을 것이다. 뉴올리언스의 유명한 은행가였지만 남북전쟁으로 모든 것을 잃고 집도 없었던 50대의 남성. 전쟁이 끝나고 가족과 함께 장인어른이 소유한 사탕수수농장으로 갔지만 남은 건 폐허뿐이었다. 이 장인어른은 알거지가 된 사위를 푸대접해서 채소밭을 돌보게 했으니 사실상 은퇴만 남은 셈이었다. 그런데 어느 날 이 채소밭에 멕시코 여행을 다녀온 여행가가 준 고추를 심게 되었다. 이 고추를 수확해서 갈아 식초와 함께 숙성시켰더니 기가 막힌 소스가 탄생한다. 이 소스를 버려진 향수병에 넣어서 소스를 좋아하는 친구들에게 주었더니 반응이 너무 좋았다. 그래서 정식 판매를 시작했고 한 도매상의 눈에 띄어 유통을 하게 되었다. 이 신선하고 독창적인 조미료에 흥분한 도매상이 전국 유통을 위해 680병을 개당 1달러(현재 가치로는 약 14달러)에 주문했던 것이다. 우리가 알고 있는 타바스코 소스는 이렇게 탄생했다.

19세기 말, 50대의 늦은 나이에도 불구하고 우연과 기회를 잘 활용하여 성공을 거둔 이 이야기는 우리에게 울림을 주기에 충분하다. 그러나 이 이야기는 한동안 타바스코 소스를 만들던 매킬레니 컴퍼니에서 브랜드 스토리로 언급하던 이야기이기도 하거니와 많은 부분이 미화된 마케팅적인 우화이기도 하다.

타바스코 소스를 만든 사람은 매릴랜드 출신의 에드워드 매킬레니라는 인물이다. 에드워드 매킬레니는 사실 음식이나 소스와는 전혀 상관이 없는, 매릴랜드에서 은행원으로 일하다가 추천장을 받아 19세기 중반 당시 미국에서 세 번째로 큰 은행이었던 루이지애나 은행으로 이직한 엘리트 은행가였다. 은행가란 직업 덕분에 뉴올리언스의 상류층과 부유층을 많이 만났고 그 덕분에 뉴올리언스의 판사이자 사탕수수 농장주였던 대니얼 에이버리와도 연을 맺게 되어 그 딸과 결혼도 했다. 전형적인 미국 남부 상류층의 코스를 밟았던 인물인 것이다.

하지만 1861년에 미국 남북전쟁이 발발하면서 잘나가던 그의 인생은 한순간에 추락한다. 1862년에 북부 연방군이 뉴올리언스를 점령하고 루이지애나 은행이 폐쇄되자 실직자가 되고 만 것이다. 장인이 사탕수수 농장을 소유한 지역 유지였으므로 여기에 몸을 의탁해도 되었지만 그 사탕수수 농장도 연방군에게 점령당했다는 것이 문제였다. 일반적이라면 연방군이 전쟁에 그리 중요하지 않은 사탕수수 농장 같은 시설을 점령할 일은 없었다. 하지만 대니얼 에이버리의 사탕수수 농장이 있던 퍼티트 앙스Petite Anse란 섬에는 당시 미국에서 손 꼽히는 암염 광산이 있었기에 사정이 달랐다. 소금은 그때나 지금이나 필수품이었고 당시 미국에는 제대로 된 암염 광산이 별로 없었던 터라 점령할 필요가 있었던 것이다. 이 때문에 일가족이 피난을 갔다가 전쟁이 끝난 1864년에야 다시 루이지애나로 돌아오게 된다.

다시 은행업으로 돌아가려 했지만 다 망가진 뉴올리언스엔 아무것도 없었고 자신을 도와줄 친구들도 다 떠나고 없었다. 결국 갈 곳이 없어진 에드먼드 매킬레니는 장인의 농장인 퍼티트 앙스로 가게 되고 여기서 핫소스를 만들어 판매하기로 결정한다.

뭔가 이야기가 자연스럽지 않고 뜬금없이 핫소스 이야기가 나오는 게 아니냐는 생각이 들 것이다. 핫소스를 만들게 된 계기나 그 배경 이야기가 없으니 말이다. 이것은 핫소스를 처음 만든 것이 에드먼드 매킬레니가 아니기 때문이다.

타바스코 핫소스 탄생의 진실

매킬레니 가문의 타바스코 소스 사업 이야기를 다룬 제프리 로스 페더의 《매킬레니 가문의 황금McIlhenny's Gold》에 뒷이야기가 상세히 소개된다.[13] 여행자가 고추를 주고 갔다는 에드먼드 매킬레니의 주장과 달리 이 지역에서 타바스코 고추를 진작부터 재배하고 있었다는 기록은 1849년에 처음으로 등장한다. 진작부터 고추를 재배하고 있던 농장은 바로 뉴올리언스의 상원의원이자 사업가였던 먼셀 화이트가 소유한 디어 레인지 농장이었다. 이 농장에 방문했던 사람이 1849년에 기록을 남겼는데 이 기록에 화이트가 '토바스코' 고추를 기르고 있었다는 내용이 나온다. 또한 1850년 뉴올리언스의 지역 신문에서는 화이트가 만든 고추 소스를 기사로 다루었다. 토바스코 고추는 기름진 특성 때문에 건조 보관이 어려워 끓인 후에 식초를 부어서 소스로 만들어 보관했는데 이걸 음식에 사용하면 전체적인 풍미가 살아난다는 것이다.

이를 보면 매킬레니 이전에 이미 화이트가 타바스코 고추를 이용한 소스를 여러 곳에 활용했다는 것을 알 수 있다. 게다가 1859년부턴 광고까지 실으며 '토바스코 페퍼 농축 에센스'라는 이름으로 정식 판매에도 나섰다. 매킬레니는 먼셀 화이트의 소스와 자신들의 소스 간의 연관성을 부정했다. 2010년대 초반까지는 홈페이지에 신화라는 별도의 페이지를 만들어 에드먼드가 화이트를 몰랐다고 이야기하며 잘못된 정보라는 걸 알리기도 했다. 하지만 생각해보자. 에드먼드는 사업가와 정치인 및 지역 유력 인사들과 가까이 지내야 하는 은행가였고 그 덕분에 자신의 장인을 만나 결혼을 할 수 있었던 인물이다. 그렇다면 과연 당시 뉴올리언스의 상원의원이자 사업가였던 먼셀 화이트를 몰랐다고 할 수 있을까?

매킬레니 측은 소스를 만드는 방법에 대해 자신들은 타바스코 고추를 숙성시키는 방식이고 화이트는 끓이는 방식이기에 다르다고 이야기한다. 이 말대로 에드먼드 매킬레니가 화이트의 레시피를 도용했다고 주장하는 것은 무리일지도 모른다. 하지만 두 핫소스가 전혀 상관이 없으며 일절 영향이 없었다고 보는 것도 무리가 있다. 화이트가 1862년에 사망하면서 화이트의 소스도 시장에서 사라졌는데 에드먼드 매킬레니는 예전에 맛을 본 화이트의 타바스코 핫소스를 자신의 방식대로 만들었을 확률이 높지 않을까?

현재 타바스코의 홈페이지에서 신화 항목이 사라지고 창업 일화를 비교적 중립적으로 기술하는 것으로 바뀌 아예 이 문제에 대한 언급을 회피하고 있다. 이러한 태도 변화에 비추어볼 때 앞서 언급한 스토리들이 마케팅에 입각한 이야기였음을 간접적으로 인정한 셈이다.

이 스토리가 허구의 일화라는 점은 향수병 일화에서도 드러난다. 에드먼드는 자신이 만든 소스를 버려진 향수병에 담아서 팔았다고 했지만 이 이야기도 사실이 아니다. 제프리 로스페더의 저서에 따르면 뉴올리언스의 글래스워크란 곳에서 디자인한 용기를 주문해서 사용했기 때문이다. 향수병 이야기도 역경에 굴하지 않는 도전적인 기업으로 보이기 위한 포장에 불과했던 것이다.

에드먼드 매킬레니는 좋은 상품에는 멋진 스토리가 필요하단 사실을 잘 알았던 기업가였다. 이는 1870년의 레시피 특허 등록에서도 잘 드러난다. 이때 당시 에드먼드가 등록한 특허에 따르면 매우 복잡한 공정을 거쳐서 타바스코 소스를 만드는 것으로 나와 있다. 그런데 왜 특허 등록을 했을까?

첫 번째 이유는 특허 등록을 통해 '특허를 받은 유일한 상품'이라는 이미지 마케팅을 하기 위해서였다. 매킬레니가 타바스코 소스를 출시하고 난 이후 비슷한 핫소스가 많이 등장했는데 에드먼드는 소비자에게 자신의 상품이 좀 더 특별하다는 것을 어필할 필요가 있었다. 이때 특허를 받은 상품은 소비자에게 매우 특별하고 우수한 상품이란 인식을 심어주기에 유리했다. 이 전략은 지금도 종종 중소 식품 기업들이 사용하는 전략이다.

두 번째 이유는 경쟁자들을 교란하기 위해서다. 특허로 등록을 한다는 건 세부적인 내용과 제조 방법을 모두 공개한다는 뜻이다. 그래서 일반적으로 레시피나 제조 방법을 기밀로 유지하고 싶다면 특허 등록을 하지 않는다. 에드먼드는 이를 역이용해 가짜 제조법으로 특허를 낸 것이었다. 즉, 진짜 타바스코 소스를 만드는 방법 대신 훨씬 복잡하고 어려운 방법으로 특허 등록을 내면서 그 방법을 공개했다. 이제 경쟁자들은 카피를 할 경우 특허로 등록된 그 레시피를 참고로 할 것이다. 이러면 생산 효율 측면에서 에드먼드가 훨씬 유리한 입장에 서는 것이다.

이처럼 에드먼드 매킬레니는 전설과 신화를 만들기 위해 온갖 방법을 가리지 않았다. 그는 상품과 서비스 판매엔 가격과 질도 중요하지만 전설 같은 멋진 이야기도 매우 중요하단 사실을 잘 알았기 때문이다. 설사 그것이 만들어진 이야기라고 할지라도 말이다.

신화를 창조한 또 다른 기업으로는 코카콜라를 빼놓을 수 없다. 코카콜라는 이 부분에서 가장 대표적인 사례다.

코카콜라의 비밀 레시피

나는 아직도 코카콜라의 신화를 믿는 사람이 많다는 점이 신기하다. 코카콜라 신화는 코카콜라 제조법에 관한 것으로 전말은 이렇다. 코카콜라의 개발자인 존 펨버턴은 자신이 만든 특급 레시피를 은행의 대형 금고에 넣고 이를 기밀로 유지했다. 덕분에 현재 이 완전한 레시피를 아는 사람은 3명뿐이며 이 3명마저도 비법의 3분의 1씩밖에 모른다. 이 세 사람의 신분은 완전히 비밀로 보장되어 있고 평생 비밀 유지 서약서를 썼다.[14] 여기서 더 나아가 이 비밀금고는 미사일로 폭격을 해도 열리지 않는다는 게 그 내용이다.

그런데 이러한 내용은 조금만 생각해봐도 이상하단 걸 알 수 있다. 코카콜라의 주장에 따르면 이 금고는 이사회의 전원 동의가 있어야 열린다. 그만큼 열릴 일이 없단 말이다. 그렇다면 이 코카콜라의 비밀 레시피는 사실상 사람들의 기억에 의존한단 이야기다. 기억이 틀릴 가능성은 없을까? 어떤 것을 장기간 숙달할 경우 장기기억으로 저장되어 오랜 시간 기억할 수는 있지만 그 정도가 되려면 얼마나 반복해야 할까? 당장 나도 요리를 할 때 레시피를 많이 참고하는 편이지만 1년만 지나도 그 디테일이 잘 생각나지 않는다. 매일 수없이 만들지 않는 이상 기억에 한계가 있는 것이다.

레시피 보관자들이 기억력이 비상하다고 치자. 레시피를 아는 3명의 인물이 코카콜라 원액을 만드는 과정을 상상해보라. 비밀 유지를 위해서는 서로 독립적인 공간에서 각자가 기억하는 레시피대로 만든 후 조합해야 한다. 비밀을 위해 이 레시피를 아는 인물이 직접 배합한다고 생각해보자. 비밀 유지의 특성상 다른 사람을 쓰지 못하고 직접 만들어야 할 것이다. 그런데 이 작업은 본인들이 직접 하기엔 코카콜라의 소비량이 어마어마해서 감당할 수 없는 규모다.

코카콜라의 하루 소비량은 약 7억 잔으로 알려져 있다. 1잔당 300밀리리터로 가정할 경우 2억 1천 리터이고 이 중 원액의 비율은 1퍼센트 미만으로 알려져 있으니 원액만 해도 약 2백만 리터다. 원액에서 비밀 레시피가 차지하는 비율이 1퍼센트라고 가정해도 여전히 2만 리터의 엄청난 양이다. 레시피를 아는 3명이 나

뭐 만든다고 해도 1명당 담당해야 하는 양이 약 7천 리터다. 게다가 이건 겨우 하루치 분량이다. 절대 혼자서는 제조할 수 없는 규모다. 따라서 기계를 이용해 배합해야 하는데 이 경우 기계의 사용량을 역산하면 레시피 배합 비율을 충분히 계산해낼 수 있다. 특히 대량 생산을 위해 자동 생산을 채택하는 경우라면 더는 비밀이 아니다.

이 또한 백번 양보해서 어떻게든 비밀을 지킬 수 있다고 하자. 그런데 만약 3명 중 한 사람이라도 병이 들거나 사고를 당해 원액 제조 과정에 참여할 수 없다면 공장 가동을 멈춰야 할 것이다. 결국 다른 인물이 레시피를 알아야 하는 상황이 발생한다. 한마디로 어떤 식으로 생각하든 코카콜라의 비밀 레시피란 신화는 성립할 수가 없다. 사실 조금만 비판적으로 보아도 빈 틈을 찾을 수 있지만 대부분의 사람은 이야기가 멋지다는 이유로 의심하지 않는다.

코카콜라의 신비주의 마케팅

그렇다면 이 비밀 레시피는 언제 탄생한 것일까? 코카콜라는 1886년에 존 펨버튼이 발명하긴 했지만 레시피 자체가 완전히 비밀은 아니었다. 마크 펜더그라스트의 저서 《신, 국가, 코카콜라를 위하여For God, Coutnry, and Coca-Cola》에 따르면 1888년에 에이서 캔들러가 펨버튼에게서 코카콜라의 레시피와 권리를 사들일 당시 최소 10명이 팸버튼의 레시피를 알고 있었다. 그리고 이들이 레시피를 여기저기에 팔면서 수많은 유사 상품이 등장하기도 했다.[15]

캔들러는 이 레시피를 정식으로 사들인 사람으로서 자신의 권리와 상품을 보호하기 위해 특별한 의식을 만들었다. 원액 오일을 만드는 공간에서 재료 병의 라벨을 다 떼고 1에서 9까지 숫자를 부여한 후 이 조합으로 만든 원액을 '머천다이즈 7X Merchandise 7X'로 부른 것이다. 이 원액은 초기엔 캔들러와 동업자 로빈슨만 만들었고 후에 캔들러의 아들인 하워드가 합류하면서 3명만 만들게 되었다. 현대에도 전해지는 코카콜라의 신화가 아예 거짓은 아니었던 셈이다.

팸버튼에게서 정식으로 사들인 레시피라는 정당성과 원액에 붙은 7X라는 신비한 이름은 곧 사람들에게 '이것이 진짜 팸버튼의 코카콜라'라는 생각을 갖게 만들었다. 덕분에 팸버튼의 레시피로 만든 다른 콜라들을 잠재울 수 있었다. 코카콜라의 신비주의가 여기서 시작된 것이다.

그렇다면 이 신비주의의 정점인 '금고에 보관된 비밀 레시피'란 이야기는 언제 나온 걸까? 이는 캔들러와 그 자녀들에게서 코카콜라를 인수한 어니스트 우드럽이 만든 신화다. 1919년에 우드럽이 코카콜라를 사들였을 때 회사 내에서 코카콜라의 제조법을 아는 사람은 최소 4명이었다. 그리고 시럽 제조는 에이서의 아들이었던 하워드 캔들러가 전담했다. 하지만 하워드가 설탕 구매 계약을 잘

못 맺으면서 막대한 지출이 발생했고 이 금액을 마련하기 위해 7X 제조법을 문서화하여 투자자 중 1명이 운영하고 있던 게런티 트러스트 은행에 담보로 맡기고 돈을 빌린다. 이게 코카콜라의 레시피가 금고에 보관된 이유다.

그런데 우드럽은 여기서 한 발짝 더 나아갔다. 프레더릭 앨런의 저서 《비밀 방정식Secret Formula》에 따르면 우드럽은 금고에 보관된 레시피를 일종의 품질 보증서로 여겼다.[16] 명확한 레시피가 존재하기 때문에 어디서 코카콜라를 사든 그 맛이 레시피에 따라 일관되게 유지될 수 있다는 믿음을 소비자에게 줄 것으로 본 것이다. 그래서 그는 뉴욕의 게런티 트러스트 은행에서 레시피를 가져와 자신의 아버지가 소유하고 있던 트러스트 컴퍼니 오브 조지아의 안전 금고에 이를 보관한다. 그리고 규칙을 만들었다. 이사회의 공식 허가 없이는 금고를 열어 레시피를 열람할 수 없으며 회사 관계자 2명만 해당 공식을 알 수 있게 하고, 어떤 이유로든 신원을 공개해서는 안 된다고 규정한 것이다.

하지만 앞에서 살펴봤듯이 이 규정은 이미 공식을 아는 사람이 여럿이었으므로 큰 의미는 없는 사내 규정이었다. 이 규정의 진정한 목적은 외부에 보여주기 위한 것이었다. 레시피가 금고에 있다는 사실을 널리 알리고 레시피의 보안 규정을 사람들에게 공개적으로 홍보했을 뿐 아니라 방송을 통해서도 알렸다. 이는 곧 대단한 효과를 불러왔다. 우선 우드럽이 원한 대로 어느 곳에서 코카콜라를 사든지 간에 동일한 품질의 상품을 살 수 있다는 소비자의 신뢰가 형성되었다. 하지만 그보다 더 큰 영향은 코카콜라가 엄청난 비밀로 만들어지는 훌륭한 상품이란 사실을 소비자에게 각인시키고 비밀 레시피라는 멋진 신화와 스토리를 브랜드에 입힌 점이었다. 이 때문에 코카콜라의 이 비밀 마케팅은 매우 뛰어난 마케팅 사례로 여전히 회자되고 있다.

애틀랜타에 있는 코카콜라 박물관에 가면 바로 그 비밀 레시피가 보관되어 있다는 육중한 철제 금고를 볼 수 있다. 일명 '비밀 금고The Vault'라는 이름으로 일반인에게 공개하고 있기 때문이다. 이 금고를 보기 위해 매년 100만 명이 넘는 사람들이 코카콜라 박물관을 방문하는 데 이 관광객들을 위해 박물관에선 다음과 같은 안내방송을 한다.

"여러분이 제조비법을 보더라도 이해할 수 없을 겁니다. 이건 역사상 가장 큰 미스터리입니다."

이쯤 되면 코카콜라의 뻔뻔함에 오히려 놀라게 된다.

2세 경영으로 망할 뻔하다

다시 에드먼드 매킬레니의 이야기로 돌아오자면, 그는 코카콜라의 경영진보다 50년 빨리 신화 마케팅에 눈을 뜬 인물이었기에 자신의 타바스코 소스에 멋진 이야기를 적극적으로 붙여 판매했다. 타바스코 소스의 훌륭한 맛과 더불어 멋진 스토리는 당시 뉴올리언스의 연방 병사들을 매혹했고 이들이 고향으로 돌아가면서 북부에도 타바스코 소스가 널리 알려진다. 덕분에 사업은 더욱 번창했다.

에드먼드가 잘한 것은 이런 신화와 전설을 만들어내는 능력뿐만이 아니었다. 경영에서도 두각을 보인 것이다. 장인 장모가 빚을 지고 사망하자 타바스코 생산공장이 있던 퍼티트 앙스섬을 매수했는데 이는 고추를 생산하는 농장과 소금을 생산하는 암염 광산을 직접 소유한다는 점에서 매우 중요한 투자였다. 핵심 원재료 3가지 중 2가지를 직접 생산하는 만큼 다른 경쟁자보다 생산 비용 측면에서 우위에 설 수 있었기 때문이다. 그러면서도 섬 이름을 장인어른의 성을 본따 '에이버리'로 바꾸며 집안의 분쟁 위험 역시 줄였다.

다만 은행가란 경력과 전쟁을 겪었던 이력 때문인지 상당히 보수적이고 방어적인 경영 방식을 지녔다. 대표적인 것이 암염 광산의 운영이다. 공격적인 경영자였다면 암염 광산을 직접 채굴하면서 소금 산업에도 진출했을 것이다. 하지만 에드먼드는 소금 회사에 채굴권을 주고 로열티를 받아 회사의 재정을 충당하는 선에서 그쳤다. 이러한 면모는 타바스코 소스의 생산 방식에서도 그대로 드러난다. 산업혁명의 후기로 접어들며 모두가 기계를 통한 대량 생산을 추구하던 시기에도 핸드 메이드를 고집한 것이다. 그도 대량 생산의 이점을 모르지는 않았다. 하지만 불황이 닥치면 무리한 차입으로 인해 회사가 망할 수 있다는 판단이 기계 도입을 막았다.
실제로 불황과 위기가 끊임없이 발생했던 19세기 미국에서 하인
즈, 캠벨 같은 기업들도 부도 직전까지 몰린 적이 있었지만 매킬레
니는 보수적 경영과 소금 로열티 덕분에 흔들림 없이 경영을 이어
갈 수 있었다.

에드먼드가 1890년에 사망하면서 타바스코 사업은 장남인 존
매킬레니가 이어받게 된다. 에드먼드는 회사 지분을 자녀들에게
골고루 물려주면서도 경영은 경영자로서 자질이 가장 뛰어난 사
람이 맡아야 한다고 생각했다. 하지만 사망 당시에 성인이었던 자
녀는 존밖에 없었기에 어쩔 수 없는 선택이었다.

그렇게 회사를 맡게 된 존은 경영자로서 무능했다. 특히 마케팅
에 돈을 쏟아부었다. 마케팅이야 상품을 파는 데 필수적이고 돈을
투자하면 그만큼 많이 팔리니 이것 자체를 문제 삼을 순 없다. 다
만 타깃이 불분명하고 비효율적인 곳에 돈을 쓰는 게 문제였다. 대
표적인 실책이 위키피디아에도 나오는 '타바스코 오페라'다.[17] 이
오페라는 들어가는 돈은 많았지만 실구매로 이어진 비율은 미미
했기에 매우 비효율적인 투자였다.

또 타바스코 소스가 굴이나 새우와 잘 어울린다는 이유로 해산
물 유통업에 뛰어든 것도 문제였다. 가족 소유인 에이버리섬에서
모든 재료를 충당하고 생산하여 판매하는 소스와 달리 굴과 새우
는 직접 지역 어부와 계약해야 했고 별도의 새로운 유통망을 확충

해야 했다. 게다가 기존에 이미 강력한 경쟁자들이 존재하고 있었기에 비용은 비용대로 들면서도 그리 효과적이지 못한 사업 확장이었다. 경험 없는 경영자가 함부로 뛰어들 분야가 아니었던 것이다. 이 때문에 타바스코 소스의 도매상과 중개인들이 존의 무능을 간파해 회사를 속이고 이익을 갉아먹는 사태까지 벌어져 회사의 경영은 더욱 악화되었다.

형에게서 동생으로

존은 1988년에 시어도어 루스벨트의 의용군 '러프 라이더'에 가담해 마국-스페인 전쟁에 참여했다. 이는 회사로서는 무척 다행한 일이었다. 전쟁의 결과가 미국에 좋았고 또 시어도어 루스벨트가 1901년에 대통령이 되면서 강한 연줄을 확보하게 되었을 뿐만 아니라 이 인연을 계기로 존이 행정위원회 위원장으로 임명되면서 정치에 발을 들여놓게 되어 정계에 강력한 연줄을 구축할 수 있었기 때문이다. 존이 정치인의 길을 밟게 되면서 1906년부터 회사의 경영은 동생이었던 에드워드가 맡게 된다. 에드워드는 존이 러프 라이더에 가담했을 때부터 실질적인 경영을 맡으며 공백을 메웠으니 뒤늦게나마 정식 직함을 받은 셈이었다.

에드워드는 존과 달리 아버지의 능력을 물려받은 아들이었다. 존이 벌인 새우·굴·맥주 산업을 정리하고 타바스코 소스의 생산 공장을 재정비한다. 아버지인 에드먼드는 보수적이고 방어적인 경영을 위해 기계 설비에 대한 투자를 자제했던 반면 그는 기계를 도입하여 생산량을 늘렸다. 또한 기존의 토기 숙성 방식을 버리고 위스키 제조사인 잭 다니엘스와 계약해 잭 다니엘스의 오크통에서 소스를 숙성시키는 방법을 택한다. 그리고 대형 레스토랑들과 계약을 통해 식당에 타바스코 핫소스를 비치하게 함으로써 식당에 비치된 타바스코 병 자체가 광고판이 되게 만들었다. 사실상 현재에도 변함없이 유지되는 타바스코의 생산, 유통의 뼈대가 에드워드에 의해 확립된 것이다.

  덕분에 아버지 에드먼드 때에 연간 2만 병씩 팔리던 타바스코 소스는 에드워드 대에는 100만 병씩 팔릴 정도로 폭발적인 판매 증가세를 보인다. 본격적인 해외 판매 또한 이 에드워드 대에 이뤄졌고 유럽에서도 매우 큰 인기를 얻는다. 나중의 일이지만 제2차 세계대전 직전에 영국 정부에서 '영국 제품 구매' 캠페인을 벌이면서 의회 식탁에서 타바스코 소스를 빼려고 하자 하원 의원들이 분노했을 정도였다.

내 멋대로 상표권 갖기

하지만 에드워드는 여기에 만족하지 않았다. 당시 매킬레니의 타바스코 소스 외에도 핫소스를 만드는 곳이라면 모두 타바스코라는 이름을 붙여 팔았다. 매킬레니의 타바스코 핫소스가 그만큼 엄청난 인기를 얻었던 덕분에 모두가 타바스코를 핫소스의 동의어로 사용한 것이다. 이런 일이 가능했던 이유는 미국의 상표법 때문이다. 미국의 상표법은 1905년에 등장해 매킬레니가 타바스코 소스를 만들어 판매한 지 한참이 지나도록 상표 등록을 할 수가 없었던 것이다. 코카콜라나 하인즈 등의 브랜드도 상표법 이전에 등장했지만 이 경우는 독창적이거나 창업자의 이름에서 따온 것이기에 등록이 가능했다. 하지만 타바스코는 고유명사로서 고추의 이름이기도 하고 멕시코의 주 이름이기도 해서 여기에 해당되지 않았다. 더군다나 이미 동일한 이름을 쓰는 기업도 많았다.

에드워드는 이러한 사실을 싫어했다. 타바스코라는 이름은 자기 가족이 만든 고유한 브랜드라고 여겼기 때문이었다. 그는 타바스코를 고유 브랜드로 만들고 싶어 했다. 모두가 타바스코라는 이름을 쓰는 상황에서 이를 자신들만의 고유 브랜드로 만들면 그 어떤 마케팅보다 가장 효과적으로 경쟁자들을 주저앉힐 수 있다고 판단했기 때문이다. 앞서도 언급했듯이 에드워드는 사업가로서 아버지인 에드먼드를 닮은 인물이었다. 에드먼드가 핫소스의 탄생 신화를 만들어내고 가짜 레시피를 특허로 등록한 것처럼 에드워드도 더 많은 판매를 위해서 이를 활용할 줄 알았다. 그래서 타바스코란 이름은 자신들만 사용하는 상표라고 둘러대고 상표권을 등록해버린다. 그리고 어이없게도 이는 그대로 받아들여져 등록이 되었다.

이와 같은 사실은 매킬레니의 경쟁자들에게는 상상도 할 수 없는 불의의 일격이나 마찬가지여서 그들은 대책을 강구하기 시작했다. 하인즈와 캠벨 같은 대기업들은 상표권 등록에 이의를 제기하는 비용이 너무 높아서 핫소스를 포기하기로 결정했다. 하지만 핫소스만 생산하던 중소 업체들은 이를 포기할 경우 사업에 큰 타격을 입게 되어 연합해서 소송을 걸었고 상표권 취소에 성공한다. 앞서 언급한 먼셀 화이트의 타바스코 소스 기록을 발견해낸 것도 이 시기다. 하지만 항소심에서 결과는 다시 뒤집혔고 결국 매킬레니의 승리로 끝난다.

경쟁사들을 일거에 주저앉힌 이 희대의 판결은 당시에도 말이 많았다. 왜 이런 판결이 나온 것일까? 그 이유로는 매킬레니가 미국 남부에서 손꼽히는 거대 식품 기업이자 대표 기업 중 하나라는 사실을 상기할 필요가 있다. 또한 에드워드의 형이자 전 사장이었던 존이 워싱턴의 유력 정치인이었다는 사실 또한 빼놓을 수 없다. 이렇듯 거대한 자본력과 정치적 위상은 로비를 하기에 매우 유리한 조건이었다. 실제로 매킬레니에 대한 정치적 커넥션에 대한 의혹은 당시에도 세간에 자주 오르내리곤 했다. 어쨌든 결과적으로 타바스코는 고유의 상표권을 인정받았고 타바스코 소스의 판매량은 더욱 치솟으면서 경쟁자들은 몰락해버리고 만다.

3세 경영의 성공

타바스코 소스의 진정한 전성기를 이끌었다고 평가할 수 있는 에드워드는 1949년에 사망했다. 이후 경영권은 존의 아들이자 에드워드의 조카인 월터에게 넘어간다. 월터는 태평양전쟁 당시 해병대 장교로 복무하다 준장으로 제대했다. 그는 태평양 시절에 받은 훈장이 무척 많아 전쟁 영웅으로도 이름이 높았는데 이러한 명성은 사업에도 유리하게 작용했다.

월터는 타바스코 소스의 세계 확장에 큰 기여를 한 인물로 평가를 받는다. 여기에는 군 인맥을 동원해 미군이 주둔하는 곳마다 타바스코를 수출한 전략이 주효했다. 매운맛과 신맛은 모든 국가에서 보편적으로 받아들일 수 있는 맛이다. 덕분에 미군 네트워크를 활용한 판로 개척은 날개를 달았다. 당시 세계적으로 핫소스의 영역에서 매킬레니만큼 자본력과 규모를 갖추고 경쟁을 할 수 있는 기업은 없었다. 이것이 타바스코 핫소스가 진정 세계적인 핫소스가 될 수 있었던 이유다. 일본과 동남아에도 바로 이 시기에 타바스코 핫소스가 안착했다.

이러한 변화에 맞춰 생산 라인 또한 다시 한번 재정비한다. 타바스코 페이스트를 전 세계에 퍼져 있는 라이선스 공장에 보내고 이를 병입하여 파는 글로벌 생산 라인을 구축한 것이다. 이러한 모델은 코카콜라가 제2차 세계대전 당시 세계 확장에 활용했던 보틀

링 시스템과 유사하다. 보틀링 시스템은 코카콜라가 원액을 생산
하고 이를 보틀링 파트너에게 판매하면 이 보틀링사가 병에 탄산
수와 함께 원액을 넣어 최종적인 상품으로 만들어 판매하는 구조
다. 이러한 시스템의 장점은 물류비용을 절감할 수 있다는 것이다.
만약 최종상품을 직접 해외로 수출할 경우 병의 무게와 액체의 무
게가 추가로 더해져 많은 물류비용이 발생하는데 원액만을 수출
하면 무게와 부피가 크게 줄어들어 유통비를 크게 절감할 수 있는
것이다. 동일한 방식으로 매킬레니도 에이버리섬에서 만든 타바스
코 페이스트를 수출했고 유통비용의 절감 덕분에 해외에서도 일
정 이상의 가격 경쟁력을 확보할 수 있었다.

　이렇게 타바스코 소스가 해외로 뻗어나가며 판매량이 급증하자
타바스코 고추의 생산량이 판매량을 따라가지 못하는 상황이 벌
어졌다. 이 때문에 월터는 다시 한번 생산 방식을 바꾼다. 에이버
리섬에서 재배한 타바스코 고추로 소스를 만드는 방식에서 벗어
나 타바스코 고추의 종자를 관리하는 곳으로 체제를 바꾼 것이다.
종자를 베네수엘라, 브라질, 온두라스 등의 계약 농장으로 보내 재
배하고 그 고추로 페이스트를 만드는 거대한 글로벌 생산체제를
구축한 것이다. 기계를 통한 생산 자체는 에드워드 때도 도입되었
으나 현대식 생산 설비를 갖추게 된 것은 바로 이 월터의 시기였
다. 월터가 있었기에 타바스코 소스가 지금처럼 글로벌한 소스로
자리 잡을 수 있었다.

4세 경영과 위기

이렇듯 타바스코 소스의 전성기를 이끈 월터 또한 1985년에 사망한다. 월터가 사망할 당시 타바스코는 연간 6천만 병씩 팔려나갔고 매년 5천만 달러의 수익을 내는 글로벌 기업으로 성장해 있었다. 사업의 경영권은 에드워드의 외손자였던 네드 시몬스에게로 넘어갔다. 네드가 사업을 물려받았을 땐 경쟁의 판도가 변하던 시점이었다.

우선 멕시코를 비롯한 라틴계 이민자들이 늘어나고 스코빌 지수가 대중적으로 알려지기 시작하면서 더 매운 소스를 찾는 사람들이 증가하기 시작했다. 우리나라에서 불닭볶음면이 등장하면서 스코빌 지수로 표기된 매운맛의 경쟁이 붙었듯이 이 시기의 미국에서도 스코빌 지수로 매운맛이 수치화되면서 매운맛의 차별화와 경쟁이 벌어진 것이다. 단지 좀 더 맵고 스코빌 지수를 표기하기만 해도 타바스코 소스와 차별화가 가능했다. 덕분에 좀 더 저렴하면서도 더 매운 경쟁자들이 새롭게 등장하면서 과거 타바스코 소스가 독주하던 시장 또한 달라지기 시작했다. 타바스코 소스가 매워서 잘 소비되지 않는다는 이야기가 있지만 그건 주로 백인들의 이야기다. 당장 우리나라 사람들에게도 타바스코 소스는 매운 소스라기보다는 그냥 신맛이 나는 조금 매콤한 소스 정도로 취급되는 것을 보면 이해가 빠를 것이다. 타바스코 소스가 경쟁자들과 달리스코빌 지수를 따로 표기하지 않는 이유도 여기에 있다.

아울러 미국 국세청의 해석 변화로 인한 세금 문제도 매킬레니의 발목을 잡는다. 바로 매킬레니가 노동자에게 제공한 무상 주택이 소득세 회피 수단으로 해석되어 세금 추징 대상이 되었기 때문이다.

에드먼드가 창업한 19세기엔 존 데이비슨 록펠러나 앤드루 카네기처럼 노동자에게 가혹하고 약탈을 일삼는 경영자도 있었지만 한편으로는 종교적 가치관에 의거한 가부장적 경영자도 있었다. 대표적인 인물이 초콜릿 기업인 허쉬의 창업주 밀턴 허시다. 허시는 1904년 원래 사업을 시작했던 펜실베니아주 랭커스터에서 북서쪽으로 떨어진 허허벌판에 새로운 공장을 짓고 노동자를 위한 마을을 건설했다. 여기에 지은 집은 그냥 집이 아니라 전기, 실내 배관 및 중앙난방을 갖춘 최첨단 주택이었다. 당시 미국 가정의 전력보급률이 8퍼센트에 불과했다는 걸 고려하면 최첨단 주택이었던 것이다. 또한 공원과 문화시설, 상점과 신문사를 운영했고 본인이 시장의 역할을 겸임하기도 했다. 이것이 지금도 존재하는 허쉬라는 마을로 노동자들의 주거지이자 초콜릿 관광지로 유명한 곳이다.

밀턴 허시가 이런 일을 한 것은 그가 특별히 선량한 사람이어서가 아니라 종교적 가치관에 의거해 경영자와 노동자의 관계를 부자의 관계로 인식했기 때문이었다. 그렇기에 록펠러와 카네기처럼 노동자에게 가혹한 경영자와 대립각을 세우며 스스로를 차별화한 것이다. 하지만 밀턴 허시의 일대기를 다룬 마이클 댄토니오의 《허쉬Hershey》에 따르면 그 또한 어이없는 이유로 노동자를 해고할 만큼 무자비한 인물이었다.[18] 직원과 다른 사람들에겐 종교적 절제와 검약을 강조했지만 정작 본인은 세속적이고 카지노와 경마에 푹 빠져 있었으며 사치와 사교 모임을 즐기기도 했다. 그리고 자신이 만든 언론사를 통해 자신의 이상주의와 '타락한 자본가'를 비판하는 데 골몰했다. 이런 행태는 뒤로 갈수록 불법적인 수단을 동원해서라도 다른 기업의 흠결을 잡는 방식으로 발전했다. 이와 함께 밀튼 허쉬를 성인으로 포장하는 데 힘을 쏟으면서 밀턴 허시의 이미지 구축을 판매에 활용하기도 했다.

당대에는 이러한 성향의 기업이 여럿 있었는데 매킬레니 또한 그런 기업에 해당했다. 에드먼드 대부터 시작된 에이버리섬의 노동자 마을 조성은 에드워드 때에 이르러 본격적으로 무상 주택 제공과 회사에서 직접 운영하는 식료품점, 교회, 우체국 설립 등으로 이어졌다. 직원들을 자기 자녀처럼 여기고 직접 챙기고 돌본다는 점에서 밀턴 허시의 마을 건설과 동일한 것이다. 하지만 여기에도 경제적 이익은 깔려 있었다. 에이버리섬은 뉴올리언스, 배턴루지 같은 도시와 80~120킬로미터 정도 떨어진 곳이었고 이곳으로 노동자들을 불러들이기 위해선 더 많은 임금을 줘야 했다. 그렇기에 주택의 무상 제공을 비롯한 다양한 시설은 평균보다 낮은 임금과 임금 인상을 억제할 수 있는 최적의 방안이기도 했다.

하지만 1990년대 들어 미국 국세청은 이러한 무상 주택과 복지를 소득을 보조하는 보조금으로 해석했고, 보조금에 해당하는 만큼의 세금을 처리할 것을 요구했다. 이에 대해 경영자인 네드는 주택 보조금을 완전히 없애고 월세를 받는 걸로 바꾸게 된다. 하지만 평생 무상으로 살아온 노동자들 입장에선 안 그래도 적은 임금에 이에 해당하는 임금 인상 없이 주택까지 유료로 전환되는 게 마음에 들 리가 없었고 따라서 거세게 반발했다. 노동자들은 에이버리섬을 떠났고 초대부터 유지해온 기업-노동자의 공동체 마을은 무너지고 말았다. 이때부터 더는 낮은 임금을 유지할 수 없게 되었다.

경쟁 강도가 증가하고 임금 상승이 오르면서 회사의 수익은 전보다 급감했다. 그러자 이제는 가문에서 불만이 터져 나왔다. 매킬레니는 기업의 규모에도 불구하고 비상장 가족 기업을 유지했는데 이는 매킬레니의 수익을 온전히 가족과 가문을 위한 것으로 만들기 위해서였다. 하지만 세대를 내려갈수록 회사의 지분은 점점 더 잘게 나뉘었고 그만큼 더 큰 성장을 이뤄야 배당금도 유지될 수 있었다. 실제로 타바스코 소스의 판매량은 더 증가했지만 네드의 경영하에 발생한 수익 감소가 배당금의 감소로 이어지면서 가문 내에서도 불만이 나왔다. 결국 네드는 자신감을 잃게 되었고 가족 구성원 중에서도 마땅히 경영을 맡을 만한 인물이 없다는 것을 알게 되자 이사회에 외부에서 전문 경영인을 데려올 것을 제안하기에 이른다.

후계 문제에 빠진 매킬레니 가문

이렇게 데려온 프록터 갬블 출신의 전문 경영인 빈스 피어스도 사실상 회사의 문제를 해결하는 데 실패하고 만다. 그러자 매킬레니 가문은 빈스 피어스를 해고하고 다시 가문의 일원이었던 폴 매킬레니에게 경영을 맡긴다. 폴 매킬레니가 경영을 맡고 난 이후에도 사실상 크게 달라지는 것은 없었다. 이후 폴이 사망하고 사촌이었던 토니 시몬스가 경영을 맡게 된다.

매킬레니 가문은 가족 외의 인물이 회사를 경영하는 것에 큰 거부감이 있었다. 이는 아마도 가족의 전통과 폐쇄성 때문으로 추정된다. 바로 이 때문에 외부인에게 경영을 맡기더라도 큰 효과가 없으면 재빠르게 다시 가문의 일원에게 경영권을 맡긴 것이다. 가족 회사의 경영을 누구에게 맡기냐는 고민은 에드먼드 때부터 있었다. 이때 에드먼드가 세운 대원칙은 가족 중에서 가장 경영 능력이 뛰어난 사람에게 맡기는 것이었다.

동생들이 너무 어려서 어쩔 수 없이 경영을 맡았던 존의 시기를 제외하고는 에드워드, 그리고 월터에 이르기까지 이 원칙은 잘 준수되어 운영되었다. 그리고 여기엔 소스 시장이 글로벌 단위로 크게 성장하고 있었던 영향도 한몫했다. 하지만 2000년대 들어 타

바스코의 성장은 정체기로 접어들었다. 이미 전 세계 150여 개국
에 진출한 상태였고 성장도 한계에 이르렀다. 에드먼드가 만든 우
수한 상품 덕에 거기까지 이를 수 있었지만 가족의 전통에 얽매여
변화를 선택하지 않았기에 한계도 분명했다.

  그 와중에 경쟁자들은 더욱 새롭게 다양한 분야에서 두각을 드
러냈다. 2010년대 들어 두각을 드러낸 스리라차 소스 같은 경우가
대표적이다.

가족 기업의 구조적 한계

베트남 이민자였던 데이비드 트란은 미국에 자신의 입맛에 맞는
매운 소스가 없는 사실에 착안해 직접 소스를 만들기로 결정한다.
그게 바로 라벨에 수탉이 그려진 후이 퐁 스리라차 소스다. 이 스
리라차 소스는 미국의 아시아계 이민자들 사이에서 주로 사용되
다 2000년대 후반 들어 푸드트럭이 급증하면서 라틴 아메리카와
아시아 음식의 인기가 급증한 덕에 같이 인기를 얻게 된 제품이다.
여기에 특히 주목한 사람들은 힙스터들이었는 데 스리라차의 매
운맛이 맛있기도 했지만 스리라차 소스를 안다는 것은 동남아 음
식 같은 이국적인 음식을 먹어봤다는 증거가 되기 때문이었다. 정
작 자신들이 먹은 스리라차 소스가 미국에서 만든 미국 소스라는
것은 모른 채 말이다.

그 결과 이 스리라차는 미국에서 돌풍을 일으키며 새로운 소스로 자리 잡게 된다. 그 과정에서 힙스터들의 관심에서는 멀어졌지만 이는 뒤집어 이야기하면 그만큼 대중적인 소스가 되었다는 뜻이기도 하다.[19] 스리라차 소스는 매출 기준으로는 타바스코 소스보다 뒤지기는 했지만 시장 점유율에서는 타바스코의 영역을 성공적으로 빼앗아왔다. 후이 퐁 스리라차는 동남아시아로 수출되기도 했는데 이때는 오히려 미국 브랜드라는 점 때문에 신뢰를 얻어 잘 팔려나갔다.[20] 결과적으로 타바스코의 영역은 점점 축소되었다.

매킬레니와 타바스코 소스의 사례는 가족이 운영하는 오너 기업의 장점과 한계점을 명확하게 보여준다. 초기 타바스코의 성장은 오너와 그 가족들의 경영에서 비롯되는 강력한 추진력을 바탕으로 거둘 수 있었던 성과였다. 그리고 비상장 기업이란 특성과 이사회를 구성하고 있는 가족들이 오너의 결정을 지지하면서 단합된 의사결정으로 회사를 이끌 수 있었음은 물론이다.

하지만 세대를 이어 내려갈수록 오너 기업이 가지는 구조적 한계점이 드러났다. 가족 구성원 중에서만 경영자를 선택하다 보니 갈수록 경영에 적합한 능력을 갖춘 인물을 찾는 게 어려워졌기 때문이다. 우선 후계자가 될 만한 집안의 사람 중에 가족의 기업을 이끄는 일보다 다른 일에 더 관심을 보이는 부류가 있다. 이 경우 먹고사는 데 큰 문제가 없기 때문에 자신의 관심사로 아예 진로를 잡기도 한다. 이 경우는 경영 후계자에서 아예 제외된다.

　그다음으로 회사를 경영하는 데 관심은 있으나 회사의 본업에는 관심이 없는 부류다. 어떤 사업이건 최초엔 도전적이고 새로운 산업이었다고 하더라도 한 세대가 흐르고 나면 지루하고 재미없는 구산업이 되고 만다. 이 때문에 젊은 후계자가 가족 회사의 본업을 지루하게 여기는 일은 생각보다 찾아보기 어렵지 않다. 굴 소스로 유명한 '이금기'에서도 3대 회장 이만탓의 아들 새미 리는 소스에 관심이 없어서 건강식품 사업을 위해 회사를 차리기도 했다. 이 경우는 소스 산업은 형인 찰리 리가 물려받으면서 운영되니 서로에게 좋은 결과라고 할 수 있다. 하지만 두 사업을 동시에 이끌게 되는 경우라면 어떨까? 유능한 경영자라면 본 사업은 본 사업대로 키우면서 새로운 산업을 개척하여 기업을 새롭게 성장시킬 수 있겠지만 그렇지 않다면 본 사업이 오히려 흔들리게 될 수도 있다.

　결정적으로 충분한 경영 능력을 갖춘 후계자를 찾는 것이 불가능한 경우다. 이것이 제일 어려운 부분이다. 세상의 모든 능력이 그렇듯이 경영 능력 또한 배울 수 있는 부분과 타고나야 하는 부분이 존재한다. 기업의 창업주가 매우 뛰어난 경영 능력을 타고났다면 평균 회귀의 원리에 의해 그 후계자들은 창업주의 능력을 따라갈 확률이 상대적으로 낮다. 매킬레니의 경우 직계 가족뿐 아니라 방계 가족에서도 폭넓게 인물을 탐색했기에 상대적으로 이 문제에서 비교적 자유로울 수 있었다. 하지만 직계 가족 간의 승계만을 허용한다면 이 문제는 더욱 난제가 될 수밖에 없다. 특히 아이를 적게 낳는 요즘의 저출산 현상을 생각하면 더욱 어렵다.

네드 시몬스가 이 한계점을 인정하고 외부 인사인 빈스 피어스를 영입했지만 이사회는 이를 받아들이지 못했다. 이사회는 배타성으로 인해 피어스를 충분히 신뢰하지 않았고 외부적 관점을 배제해버렸다. 그 결과 시장과 인구 구조의 변화에 충분히 대응하지 못했고 치열해지는 경쟁에 제대로 대응하기 어려웠다. 회사의 성장에서도 한계에 부딪힌 것은 당연한 결과였다.

이와 비슷하면서도 반대의 케이스가 바로 스니커즈와 M&M's로 유명한 마즈다.

또 다른 가족 기업, 마즈

마즈란 기업 자체는 프랭클린 마즈가 설립했다. 하지만 마즈의 히트작인 밀키웨이와 스니커즈, M&M's를 만들고 현재의 마즈란 기업을 만든 인물은 그 아들인 포레스트다. 그래서 포레스트를 마즈의 실질적인 창업주로 보는 시각이 일반적이다. 이러한 시각에 따르자면 현재 마즈는 포레스트의 손녀까지 3대째 내려온 기업이다.

이 마즈도 비공개 기업으로 주식 또한 철저히 가족들끼리만 보유한 가족 기업이다. 그런데 마즈는 가족 기업 중에서도 가장 성공적이고 거대한 기업으로 꼽힌다. 연 400억 달러에 이르는 매출과 세계에서 세 손가락 안에 들어가는 제과 기업이라는 엄청난 규모를 자랑하기 때문이다. 포레스트 마즈가 자신의 회사를 비공개 가족 기업으로 결정한 것은 오너 경영이 가진 강점을 잘 이해하고 있었기 때문이다. 주주들의 간섭이나 요구에 흔들리지 않고 장기 적인 관점에서 자신이 옳다고 생각하는 방향으로 투자하고 사업 을 진행하기 위해서는 상장하지 않는 비공개 기업이어야 했다. 그 리고 실제로 이를 잘 수행하여 후발주자임에도 선두 기업인 허쉬 를 추월하고 세계적인 초콜릿 기업으로 성장할 수 있었다.

하지만 이런 마즈조차 1999년에 포레스트가 사망한 이후 2004년에 폴 마이클스를 사장이자 CEO로 임명하면서 전문 경영 인 체제를 도입했다. 그리고 2015년부터는 26년 동안 마즈를 다 니며 능력을 검증받은 그랜트 리드가 그 뒤를 이어서 경영을 맡고 있다. 포레스트 마즈의 자녀 몇몇은 회사에서 일을 하기도 하고 직 함을 가지고 있기도 하지만 CEO 자리는 가족이 아닌 다른 전문 경영자에게 맡긴 것이 특징이다. 일가족 모두가 포브스의 미국 부 자 순위에서도 상위 랭킹에 이름을 올릴 정도이지만 의외로 경영 에는 큰 욕심을 내지 않고 있다. 이 집안 또한 과거에 엄청난 내부 권력 투쟁이 있었으니 어쩌면 지금의 전문 경영인 체제는 휴전의 모습일지도 모른다.[21]

확실한 사실은 그랜트 리드가 마즈의 CEO로 재직하면서 회사 를 성공적으로 이끌고 있고 마즈 가문 사람들도 이사회에서 리드 를 지지한 덕분에 여전히 세계적으로 경쟁력 있는 모습을 보이고 있다는 것이다. 마즈의 사례는 기업의 영속성과 경쟁력 유지를 위해선 오너 가문이 대를 이어 경영을 하는 것보다 전문 경영자와 오너 이사회란 구조가 더 좋은 선택지가 될 수도 있음을 보여준다.

오너 경영에서 CEO 경영으로?

지금은 전문 경영인 체제로 운영되는 미국의 기업들도 한때는 오너가 직접 회사를 경영하는 오너 경영으로 운영되었던 적이 있다. 하지만 매킬레니가 겪었던 문제들과 동일한 문제를 경험하며 오너 일가는 점점 뒤로 물러나고 전문 경영인이 전면에 나서는 지금의 모양새를 갖추게 되었다. 이를 보면 우리나라의 기업들이 앞으로 어떠한 방식으로 변화할지 대략적인 모습을 그려볼 수 있다.

현재 우리나라의 주요 대기업은 대부분 2~3세 경영 체제로 넘어간 상태다. 여기엔 원래 한 그룹이었다가 형제간에 계열사를 분리 독립한 사례도 있으니 실제론 3~4세대라고 봐야 할 것이다. 한 가지 확실한 점은 이러한 오너가 계속 기업을 이어받으면서 회사를 경영하는 지금의 형태가 앞으로도 지속될 확률은 높지 않다는 것이다. 강력한 경쟁에 노출되어 있으며 글로벌 단위로 경쟁하는 현재 우리나라 기업들의 특성상 매킬레니와 다른 미국 기업들이 앞서 겪었던 문제를 곧 경험하게 될 것으로 보인다.

게다가 마즈나 매킬레니처럼 비상장 기업이라면 상대적으로 영향이 미미할지 모르겠으나 규모가 큰 3~4세대 기업의 경우 어김 없이 상장기업인 경우가 많다. 갈수록 늘어나는 주식투자자의 비율, 그리고 고령화에 따른 국민연금과 기타 연금기관의 영향력 증가는 국내 기업에서도 주주들의 입김이 과거보다 더 강해질 것을 의미한다. 이 때문에 어쩌면 미국 기업이 겪은 경영의 문제가 더 빨리 다가올 가능성도 있다.

그렇기에 2020년 당시 이재용 부회장의 자녀 승계 포기 선언 기자회견은 그러한 맥락에서 나온 결정이 아닌가 하는 생각이 들었다. 우리나라의 기업들도 이제 오랜 시간이 지나면서 기업의 장기 영속을 위한 변화에 돌입하는 것이다. 그렇다면 우리의 기업과 경영에 대한 인식도 큰 변화가 발생할지도 모른다.

현재 우리가 서 있는 곳이 바로 그 변곡점이다.

• Part 1

1   마크 랜돌프, 《절대 성공하지 못할 거야: 공동 창업자 마크 랜돌프가 최초 공
      개하는 넷플릭스 창업 이야기》(이선주 옮김, 덴스토리, 2020)

2   "불가리스가 코로나에 효과? 남양유업 '77.8퍼센트 억제' 주장", 〈연합뉴스〉
      (2021.4.13)

3   "특정 업자만 봐주고, 분유 공업 외화 배정 추천 말썽", 〈경향신문〉(1964.4.23)

4   "소비자는 왕인가? 인상 시대의 유통 과정을 추적해본다: 분유", 〈조선일보〉
      (1974.5.18)

5   "서울우유, 임원 반목·부실 경영으로 조합 운영 거의 마", 〈경향신문〉
      (1971.3.18)

6   "젖소 청약 진상 조사", 〈매일경제〉(1971.9.2)

7   "남양분유 허위 광고 서울시서 사과 지시", 〈조선일보〉(1969.5.29)

8   "남양분유 고발", 〈경향신문〉(1969.6.13)

9   "농개공 감사, 적자 경영 시 정책 서 있나", 〈경향신문〉(1970.10.20)

10   "아이스크림·불유·분유 등 유가공품 매출액 크게 늘어", 〈매일경제〉
      (1976.12.2)

11   "성황 이룬 어머니 교실", 〈동아일보〉(1976.8.20)

12   "파주 보육원 급유 불결, 집단 질병", 〈동아일보〉(1981.9.14)

13   "서리 맞은 과대 광고 공정거래위, 매일·남양유업에 시정명령", 〈매일경제〉
      (1982.1.23)

14 "파주 보육원 급유 불결, 집단 질병", 〈동아일보〉(1981.9.14)

15 "진짜 우유 논쟁 일어", 〈조선일보〉(1987.11.1)

16 "남양유업 가처분 신청 '이유 있다' 받아들여", 〈매일경제〉(1990.12.30)

17 "파스퇴르 최명재 사장 소비자보호원서 고소", 〈조선일보〉(1989.9.30)

18 "법 위반 공표 광고 낸 파스퇴르 회장·사장 고발", 〈한겨레〉(1995.12.16)

19 "진취적 2세 경영 일선 진두지휘", 〈매일경제〉(1988.5.12)

20 "남양유업 vs. 식약청, '뺐다' 한 단어로 공방", 〈조선비즈〉(2011.2.18)

21 "남양유업 '우리만 방부제 안 쓴다' 광고 치즈 업계 강력 반발", 〈매일경제〉
   (1989.11.18)

22 "분유 업계 "밀가루 논쟁" 남양 광고 발단, 매일 발끈·제분협도 가세", 〈경
   향신문〉(1994.12.9)

23 "매일 '비방하지 마' vs. 남양 '아니거든'", 〈뉴시스〉(2009.10.8)

24 "맘 카페에 '경쟁사 비방 댓글 유포 혐의' 홍원식 남양유업 회장, 경찰 소환
   조사받았다", 〈중앙일보〉(2020.7.13)

25 Karen Landay, Peter D. Harms, Marcus Credé, "Shall we serve the
   dark lords? A meta-analytic review of psychopathy and leadership",
   Journal of Applied Psychology 104(1)(2018)

26 "The World's Top-Selling Ice Cream Brands", *Forbes*(2016.6.21)

27 Fred Lager, *Ben & Jerry's: The Inside Scoop: How Two Real Guys Built
   a Business with a Social Conscience and a Sense of Humor*(New York:
   Currency, 1995)

28 "Fat Times Are Over for Premium Ice Cream Makers", *New York
   Times*(1994.7.31)

29 "Both Ben and Jerry Turn Down an Offer", *New York Times*(1998.2.25)

30 "Ben & Jerry's Dumps Dreyer's As Its Exclusive Distributor", *Wall Street Journal*(1998.8.31)

31 "Dreyer's Enters The Cold War / New Dreamery line is going cone to cone with Haagen-Dazs and Ben & Jerry's", *SFGATE*(1999.8.28)

32 Brad Edmondson, *Ice Cream Social: The Struggle for the Soul of Ben & Jerry's*(San Francisco: Berrett-Koehler Publishers, 2014).

33 벤 호로위츠, 《하드씽: 경영의 난제를 푸는 최선의 한 수》(안진환 옮김, 한국경제신문, 2021)

34 리처드 럼멜트, 《전략의 거장으로부터 배우는 좋은 전략 나쁜 전략: 성패의 50퍼센트는 전략을 선택하는 순간 결정된다》(김태훈 옮김, 센시오, 2019)

35 가우탐 무쿤다, 《인디스펜서블: 시대가 인물을 만드는가, 인물이 시대를 만드는가》(박지훈 옮김, 을유문화사, 2014)

36 댄 애리얼리, 《거짓말하는 착한 사람들: 우리는 왜 부정 행위에 끌리는가》(이경식 옮김, 청림출판, 2012)

• Part 2

1 "그때 그 결단: 삼양식품 전중윤 회장 1", 〈중앙일보〉(2009.8.7)

2 무라야마 도시오, 《라면이 바다를 건넌 날: 한국과 일본, 라면에 사활을 건 두 남자 이야기》(김윤희 옮김, 21세기북스, 2015)

3 "분식의 총아 식량난 해결의 역군 '삼양라면'", 〈매일경제〉(1967.6.3)

4 "삼양식품 AID 차관", 〈매일경제〉(1967.5.6)

5 "삼양에 1년간 부여, 라면 대월 독점권", 〈매일경제〉(1971.5.12)

6 "식료품 조미료 안 팔려, 밀가루 과당 경쟁", 〈매일경제〉(1970.3.14)

7 "꿀꿀이죽 배고픔 해결한 '한국 라면의 대부' 전중윤 삼양식품 명예회장 별

세", 〈매일경제〉(2014.7.11)

8 "삼양라면, 해태과자 등 우수식품 지정", 〈조선일보〉(1971.2.16)

9 "연구실의 새 구상: 삼양식품연구소", 〈매일경제〉(1976.1.20)

10 "기업과 인물: 전중윤 삼양식품 사장", 〈매일경제〉(1972.8.24)

11 공제욱, "국가동원체제 시기 '혼분식 장려운동'과 식생활의 변화", 〈경제와
사회〉 77(비판사회학회, 2008)

12 "과열된 스낵 식품 판매", 〈매일경제〉(1972.12.7)

13 "상인들 새우깡 농간", 〈경향신문〉(1972.4.18)

14 "식품, 알고나 먹자: 라면", 〈조선일보〉(1978.7.20)

15 이휘현, "1960년대 이후 식생활 문화의 변동과 삼양-농심 라이벌전", 〈역사
비평〉 129(역사비평사, 2019)

16 "청보식품 어떤 회사인가? 야구팀 인수로 화제 모은 기업 내막", 〈조선일보〉
(1985.5.3)

17 "'국민 식량' 절실했던 60년대, 삼양라면 창업", 〈조선일보〉(2014.7.12)

18 "라면 판매전 치열해질 듯, 야쿠르트 내년 출고 준비", 〈매일경제〉(1982.9.16)

19 "'여름 라면 강자 팔도비빔면' 원재료 황금비율 + 진공 밀봉기술, 30여 년간
소비자 입맛 잡았죠", 〈서울경제〉(2016.8.8)

20 "나라 사랑 피임으로 주부클럽 연 76년 산아제한 사업 방향", 〈매일경제〉
(1976.1.19)

21 "청보식품 어떤 회사인가? 야구팀 인수로 화제 모은 기업 내막", 〈조선일보〉
(1985.5.3)

22 "상전 치열한 기업 경쟁의 현장: 라면, 수성과 공략의 5파전", 〈동아일보〉
(1986.7.10)

23 "변질 방지제 유해 시비서 발단 '토코페롤 논쟁', 라면 싸움 가열", 〈중앙일

보〉(1986.4.21)

24 "농심, 라면 시장 62퍼센트 점유", 〈매일경제〉(1990.8.4)

25 "'사발면 맛이 이상해요' '저 농심 회장입니다, 그건 말이죠'", 〈한국경제〉
(2009.4.26)

26 "나도 한번? 유튜버 호기심에 불 댕긴 '파이어 누들'", 〈동아일보〉
(2018.12.26)

27 "눈물, 콧물 쏙 빼는 한국의 매운맛 전 세계 도전의 아이콘 되다", 〈동아비즈
니스리뷰〉263(2018)

28 "하성호 신전떡볶이 대표 '매운 떡볶이' 배달로 마니아 열광, 1위 등극", 〈매
경이코노미〉(2018.11.5)

• Part 3

1 "맑은 공기를 팝니다… 동경서 한 봉지 5원", 〈경향신문〉(1970.9.23)

2 "The Entrepreneurs Making Money Out of Thin Air", *BBC*(2017.5.17)

3 "Fresh air for sale", *Guardian*(2018.1.21)

4 "Selling Air(a.k.a. the Idea They Thought of Next)", *New York Times*(2016.10.31)

5 Barry Leonard, *25 Years of the Safe Drinking Water Act: History and Trend* (University of Michigan Library, 1999)

6 "페리에가 페리에로 명성을 떨치기 전의 이야기", 페리에 공식 홈페이지,
https://www.perrier.co.kr/since-1863/history/?idx=5

7 Wikipedia, https://en.wikipedia.org/wiki/Apollinaris_(water)

8 "The Highs and L'eaus of Perrier, Let's Look Again", http://
letslookagain.com/tag/perrier-water-history/

9 "Advert for Perrier Water, taken from *Fighting Australasia*", British

Library, https://www.bl.uk/collection-items/advert-perrier-water

10 "Gustave Leven, patron de Perrier et *Golden Papy*", *Les Echos*(2008.8.12)

11 "Gustave Leven, ancien PDG du groupe Perrier", *Le Monde*(2008.8.12)

12 *Notre Histoire*, https://www.evian.com/fr/la-marque-evian/notre-histoire/

13 Nicolas Marty, "The True Revolution of 1968: Mineral Water Trade and the Early Proliferation of Plastic, 1960s~1970s", *Business History Review* 94(3)(2020)

14 "How Bottled Water Became US' Top Sold Beverage", *Medium* (2020.8.2.) https://medium.com/illumination/how-bottled-water-became-us-top-sold-beverage-7e81cc54d8ab

15 "Perrier's New American Assault", *New York Times*(1988.10.30)

16 "맑은 물 선택권 생수 시판 '계층 간 위화감'", 〈동아일보〉(1991.4.9)

17 "제조사 끼워팔기 강요 여전", 〈매일경제〉(1998.9.2)

18 미국 질병통제예방센터 홈페이지, https://wwwnc.cdc.gov/travel/destinations/list

19 "'코시국' 외출 줄었지만 스포츠 음료 매출 증가한 이유는?", 〈인더뉴스〉 (2022.2.13)

20 Timothy D. Noakes, "Is Dringking to Thirst Optimum?", *Annals of Nutrition and Metabolism* 57(2)(2010)

21 대니얼 카너먼, 《생각에 관한 생각: 우리의 행동을 지배하는 생각의 반란》(이창신 옮김, 김영사, 2018)

22 "Olympade Joins Athletes' Drinks", *New York Times*(1970.8.11)

23 "COMPANY NEWS: New Coca-Cola Drink", *New York Times*(1990.3.6)

24 "Coca-Cola Turns From Talk To Contest With Gatorade", *New York Times*(1992.4.25)

25 대런 로벨,《절대음료, 게토레이: 땀의 과학을 문화현상으로 바꾼 특별한 마케팅》(서종기 옮김, 미래를소유한사람들, 2015)

26 "Coke to Launch Powerade In Tough European Market", *Wall Street Journal*(2001.10.12)

27 Wikipedia, https://en.wikipedia.org/wiki/Pocari_Sweat

28 사퍼 바칼,《룬샷: 전쟁, 질병, 불황의 위기를 승리로 이끄는 설계의 힘》(이지연 옮김, 흐름출판, 2020)

29 Wikipedia, https://en.wikipedia.org/wiki/Bob_Devaney

30 Wikepedia, https://en.wikipedia.org/wiki/Bob_Devaney

31 Peter Balakian, *Black Dog of Fate: A Memoir*(New York: Basic Books, 2009)

• Part 4

1 Deborah Cadbury, *Chocolate Wars: The 150-Year Rivalry between the World's Greatest Chocolate Makers*(New York: Public Affairs, 2011)

2 "양조장 '흥망성쇠'", 〈한겨레〉(2009.11.1)

3 "참이슬 성공신화", 하이트진로 홈페이지, https://www.hitejinro.com/socialmedia/chamisul_marketing_1.asp

4 "생활 속 우리 기업: 부동의 1위, 국민 소주 '진로'", 〈스포츠한국〉(2020.6.18)

5 "한국 주류산업의 발전과 변화", 〈주류산업〉 26(3)(한국주류산업협회, 2006)

6 "서민의 삶에 살아있는 '600년 수주 역사'", 〈파이낸셜뉴스〉(2006.9.12)

7 "세 마리 학은 다시 날아오를 날이 올 것인가", 〈월간조선〉(2012. 4), http://monthly.chosun.com/client/news/viw.asp?nNewsNumb=2012

04100024

8 "소주 지역 판매제로 원가 2백억 절감", 〈매일경제〉(1980.1.21)

9 "상품값 유통 업체가 주도한다", 〈매일경제〉(1997.11.14)

10 "프라이스클럽 올 매출 세계 256개 점포 중 "3위"", 〈매일경제〉(1995.12.29)

11 "유통 시장, 제조업 손아귀 탈출", 〈한겨레〉(1996.3.25)

12 "백화점 인지도 롯데 1위", 〈매일경제〉(1996.12.10)

13 "할인점 매출 급신장", 〈매일경제〉(1997.8.19)

14 "까르푸–신세계 할인점 시장 '쟁패'", 〈조선일보〉(1997.11.5)

15 "까르푸 2, 3호점 잇달아 개점", 〈매일경제〉(1996.11.6)

16 "IMF 불똥에 '커피 수난 시대'", 〈매일경제〉(1998.3.13)

17 "한국인 반외세에 두 손 든 까르푸", 〈조선일보〉(1998.3.20)

18 "까르푸 대형 할인 유통 프랑스 업체 340억 밀반출", 〈경향신문〉(1998.3.27)

19 "월마트: 상표 다툼 '제2 라운드' 예고", 〈조선일보〉(1998.6.18)

20 "한국 진출 월마트 1년 만에 간판 걸어", 〈조선일보〉(1999.7.29)

21 "新유통 트로이카: 할인점 이마트 아성 난공불락", 〈한국경제〉(2003.11.13)

22 "할인점, 이젠 문화센터로 승부", 〈한국경제〉(2005.6.19)

23 "홈플러스 브랜드 역수출", 〈한국경제〉(2005.11.16)

24 "홈플러스, 할인점 계산도 '셀프'", 〈매일경제〉(2005.8.24)

25 "대형 할인점 시장 쟁탈 4파전", 〈조선일보〉(1999.5.11)

26 "롯데마트 '가전 체험형 매장, 장사 잘됩니다'", 〈연합뉴스〉(2009.12.9)

27 "대형 유통 업체 셔틀버스 운행 규제될 듯", 〈연합뉴스〉(2000.9.27)

28 "팔고는 싶은데 '덩치 큰' 홈플러스, 결국 공중분해 될까?", 〈머니투데이〉
    (2014.12.30)

29 "상공부 슈퍼체인 등 근대화", 〈매일경제〉(1981.7.15)

30 "중소상인 조직화로 유통 개선", 〈경향신문〉(1988.7.28)

31 "외국 편의점 '골목 상권' 잠식", 〈경향신문〉(1991.8.9)

• Part 5

1 김재민 · 김태경 · 황병무 · 옥미영 · 박현욱, 《대한민국 돼지산업사史: 삼겹살,
    한국인의 소울푸드가 되기까지》(팜커뮤니케이션, 2019)

2 "카페풍 삼겹살집 성업, 삼겹살에 와인 한 잔" 〈중앙일보〉(2001.1.26)

3 "감자탕에 묵은지 결합해 가족 입맛 사로잡아", 〈매일경제〉(2008.3.21)

4 "인생 역전! 창업성공기: 김선권 행복추풍령 대표", 〈서울경제〉(2006.7.30)

5 "더 테이블: 사스, 코로나, 그리고 김치", 〈매일경제〉(2020.3.21)

6 김선권, 《꿈에 진실하라 간절하라: 더불어 행복한 생존을 꿈꾸는 카페베네
    CEO 김선권 스토리》(21세기북스, 2012)

7 강훈, 《카페베네 이야기: 스타벅스를 이긴 토종 카페》(다산북스, 2011)

8 "카페베네 매장 관리 안 되니 커피 맛 떨어져", 〈오마이뉴스〉(2011.5.21)

9 "카페베네 中 진출, 3년 내 1,500개 매장 열고 스타벅스 잡는다", 〈뉴스1〉
    (2012.4.29)

10 "카페베네, 점포 수 1천 개 돌파, '2020년까지 1만 개'", 〈연합뉴스〉
    (2013.8.19)

11 Fred De Luca, John P. Hayes, *Start Small Finish Big*(Mandevilla Press,
    2012)

12 "Why Subway Is 'The Biggest Problem In Franchising': That's the
    assessment of a congressional staffer who studied the industry",
    Fortune(1998.3.16)

13 Jeffrey Rothfeder, *McIlhenny's Gold: How a Louisiana Family Built*

the Tabasco Empire(New York: Harper Collins, 2009)

14 "코카콜라 100년 넘게 봉인된 비밀, 레시피를 둘러싼 소문", 〈조선일보〉 (2017.7.24)

15 Mark Pendergrast, *For God, Country, and Coca-Cola: The Definitive History of the Great American Soft Drink and the Company That Makes It*(New York: Basic Books, 2013)

16 Frederick Allen, *Secret Formula: The Inside Story of How Coca-Cola Became the Best-Known Brand in the World*(New York: Open Road Media, 2015)

17 Wikipedia, https://en.wikipedia.org/wiki/Burlesque_Opera_of_ Tabasco

18 Michael D'Antonio, *Hershey: Milton S. Hershey's Extraordinary Life of Wealth, Empire, and Utopian Dreams*(New York: Simon & Schuster, 2006)

19 "Who Killed Sriracha?", *Thrillist*(2016.2.11)

20 "'American Sriracha': How a Thai Sauce That Migrated to the U.S. Became a Global Phenomenon", *Fortune*(2019.10.5)

21 "Life on Mars: The Mars family saga has all the classic elements", *Independent*(1992.7.26)

지금 살아남은
승자의
이 유
먹히는 브랜드의 비밀